BERTHOLD VON REGENSBURG

Vier Predigten

MITTELHOCHDEUTSCH / NEUHOCHDEUTSCH

ÜBERSETZT UND HERAUSGEGEBEN
VON WERNER RÖCKE

PHILIPP RECLAM JUN. STUTTGART

Universal-Bibliothek Nr. 7974 [3]

Gesamtherstellung: Reclam, Ditzingen. Printed in Germany 1983
ISBN 3-15-007974-8

Inhalt

Die ander
Von den funf phunden
D[n]e quinque talenta*

Wer ist der wîse kneht, der getriuwe kneht, dem sîn herre sîn guot enpfalch, und er im dâ mit getriuwelîche wirbet, sô sprichet er: ‘nû wis frô, getriuwer kneht, dû bist getriuwe gewesen über ein wênic guotes, unde dar umbe wil ich dich nû setzen über allez mîn guot. Nû wis frô, getriuwer kneht! gang in die freude dînes herren’: wer ist nû dirre wîse kneht unde der getriuwe kneht? Den dürfen wir niht verre suochen: daz ist der guote sant Alexius, des tac man hiute an etelîcher stat begêt in der kristenheit. Wan er ist ein nôthelfer unde was eins fürsten sun von Rôme, ein rehter Rômaere, und ez hete sîn vater grôze rîcheit, und er gab im eine gemahelen. Von der lief er und wolte gote dienen unde daz êwige leben erwerben. Und er lief von ir, ê danne er mit ir hete ze tuonne, unde lief in fremdiu lant unde was dâ als lange, unz daz er sich an gotes dienste verarbeite alsô sêre, unz daz er unkuntlich wart. Unde quam dô wider in sînes vaters hûs unde sprach alsô: ‘herre, behalt mich durch dînes sunes willen, der wîlent von dir lief’; und er behielt in. Unde dô wart er siech; dô leite man in under eine stegen unz daz er gestarp. Unde dô er erstarp, dô lûten sich die glocken selber ze Rôme, sô grôziu heilikeit was an im, wan er gemach und êre liez durch die liebe unsers herren und leit grôze versmâcheit und arbeit durch got und ouch gebresten. Unde sîn marter hât nû ende, aber sîn freude hât niemer mêr kein ende: unser herre sprichet nû zuo im: ‘nû wis frô, getriuwer

* So die Formulierung im Inhaltsverzeichnis der Handschrift A (vgl. »Zu Text und Übersetzung«, S. 185); über der Predigt selbst steht nur »Die ander predige«. [Anm. d. Hrsg.]

Von den fünf Pfunden

Wer ist der kluge und rechtschaffene Knecht, dem sein Herr seine Habe anvertraute und zu dem er, wenn der Knecht damit ohne Rücksicht auf seinen eigenen Vorteil wirtschaftet, schließlich sagt: »Freue dich, du rechtschaffener Knecht, über eine geringe Habe hast du rechtschaffen verfügt; deshalb will ich dir jetzt über meinen gesamten Besitz Vollmacht geben. Freue dich, du rechtschaffener Knecht und tritt ein zum Freudenfest deines Herrn!«[1] Wer ist wohl dieser kluge und rechtschaffene Knecht? Den brauchen wir nicht lange zu suchen: es ist der treffliche[2] St. Alexius, dessen Gedenktag man heute mancherorts in der Christenheit feiert, ist er doch einer der Nothelfer.[3] Er war der Sohn eines römischen Fürsten: ein freier Römer[4]. Sein Vater verfügte über erhebliche Reichtümer und verheiratete ihn. Er aber verließ die Gattin, um nur noch Gott zu dienen und das ewige Leben zu erlangen. Er verließ sie, noch bevor er mit ihr zusammengekommen war, und zog in fremde Länder und hielt sich dort so lange auf, bis er sich im Dienst an Gott so sehr abgemüht hatte, daß er ein ganz fremdes Aussehen erlangt hatte. Daraufhin kehrte er in seines Vaters Haus zurück und sagte: »Herr, beherbergt mich um Eures Sohnes willen, der einst von Euch fortging.« Und sein Vater nahm ihn bei sich auf. Bald darauf wurde er krank; da legte man ihn unter eine Treppe, bis er starb. In seiner Todesstunde aber begannen die Glocken in Rom von selbst zu läuten, eine solche Heiligkeit ruhte auf ihm: verließ er doch um seiner Liebe zu unserem Herrn willen sein bequemes Auskommen und seine hohe gesellschaftliche Stellung, ja er erduldete um Gottes willen schlimme Schmach, Mühe und Not. Seine Qual ist nun beendet, aber seine Seligkeit dauert ewig. Jetzt sagt unser Herr zu ihm: »Freue dich, du recht-

kneht, nû gang in die freude dînes herren', alse man hiute liset in dem heiligen êwangeliô.
Ez hâte ein herre drîe knehte. Der bevalch dem ainen [12] ein pfunt, dem andern zwei, dem dritten fünfiu. Der herre bezeichent unsern herren, den almehtigen got. Der êrste kneht, dem unser herre daz eine pfunt bevolhen hât, daz sint diu ungetouften kint. Der ander kneht, dem er diu zwei pfunt bevolhen hât, daz sint diu getouften kint. Der dritte kneht, dem er diu fünf pfunt bevolhen hât, daz sint alle, die ze ir tagen komen sint: den sint fünf pfunt bevolhen. Dem er daz eine bevolhen hât unde diu zwei, daz gêt uns gewahsen liute niht ane, die zuo ir tagen komen sint: ich wil von den sagen, den diu fünf pfunt bevolhen sint. Von den hân ich willen ze sprechen. Bitet alle unsern herren etc.
Alle die zuo ir tagen komen sint, den hât unser herre fünf pfunt bevolhen unde hât uns diu an geschriben, daz wir ir niemer vergezzen mügen, wan er des niht enbern wil von dekeinem menschen der ze sînen tagen komen ist, er müeze unserm herren diu fünf pfunt widergeben, er sî rîch oder arm, gelêrt oder ungelêrt, frouwe oder man, edel oder unedel: die müezent eht alle unserm herren diu selben fünf pfunt widergeben unde widerreiten. Unde wer si gote niht kan wider gereiten als er sie im bevolhen hât, der muoz êwiclîchen verlorn sîn. Buoze lâz ich alle zît vor ûz. Unde wer sie im wider gereiten mac, als der guote sante Alexius unde die andern alle samt die daz himelrîche besezzen hânt, zuo dem sprichet unser herre: 'nû wis frô, getriuwer kneht, ganc in die freude dînes herren! dû bist getriuwe gewesen über ein wênic guotes: nû wil ich dich setzen über allez mîn guot. Nû wis frô, getriuwer kneht, ganc in die freude dînes herren!' Dâ von hât der almehtige got diu selben fünf pfunt

schaffener Knecht und tritt ein zum Freudenfest deines Herrn«, wie wir es heute im heiligen Evangelium lesen.
Ein Herr hatte drei Knechte; dem einen vertraute er ein Pfund an, dem zweiten zwei, dem dritten fünf. Der Herr bedeutet unseren Herrn: Gott den Allmächtigen. Der erste Knecht, dem unser Herr das eine Pfund anvertraut hat, das sind die ungetauften Kinder. Der zweite Knecht, dem er zwei Pfund anvertraut hat, das sind die getauften Kinder. Der dritte Knecht schließlich, dem er die fünf Pfund anvertraut hat, das sind sie alle, die bereits volljährig geworden sind: Ihnen sind fünf Pfund anvertraut worden. Uns Erwachsene, die wir bereits volljährig geworden sind, betrifft es nicht mehr, daß Gott den Kindern ein oder zwei Pfund anvertraut hat. Deshalb will ich einzig und allein über die sprechen, denen fünf Pfund anvertraut sind. Nun bittet alle unseren Herrn ... usw.
Unser Herr hat allen, die volljährig geworden sind, fünf Pfund anvertraut und hat die in unserem Schuldbuch festgehalten, damit wir sie niemals vergessen können. Denn bei keinem Erwachsenen will er darauf verzichten, daß er unserem Herrn die fünf Pfund rückerstattet, ob er nun arm oder reich ist, gebildet oder ungebildet, eine Frau oder ein Mann, von Adel oder nicht von Adel: Sie alle müssen doch unserem Herrn diese fünf Pfund rückerstatten und über sie Rechenschaft ablegen. Wer sie Gott nicht so aufrechnen kann, wie er sie ihm anvertraut hat, der ist für alle Ewigkeit verdammt; ausgenommen nur den Fall, daß Buße geübt wird. Zu dem aber, der sie ihm aufrechnen kann, wie der treffliche St. Alexius und mit ihm all die anderen, die ihren Platz im Himmelreich eingenommen haben, sagt unser Herr: »Freue dich, du rechtschaffener Knecht, und tritt ein zum Freudenfest deines Herrn! Über eine geringe Habe hast du rechtschaffen verfügt; deshalb will ich dir jetzt über meinen gesamten Besitz Vollmacht geben. Freue dich, du rechtschaffener Knecht und tritt ein zum Freudenfest deines Herrn!« Deshalb hat Gott der Allmächtige diese fünf Pfund

geschriben an unseriu lider. An die hende fünf vinger, an die füeze fünf zêhen, an die fünf sinne, die wir von gote hân, daz wir deste baz dran gedenken und ir deste minner vergezzen. Als wir unser hende ansehen sô suln wir gedenken, wie wir disiu fünf pfunt wider gereiten, daz unser herre spreche: 'nû wis frô, getriuwer kneht, ganc in die freude dînes herren'. – Unde disiu fünf pfunt müezen wir zwivalt widerreiten, ieglich pfunt zwivalt. Der stücke sint zeheniu, diu wir dem almehtigen gote müezen widerreiten; und ist, daz uns niwan einez an der rechenunge gebristet, sô müezen wir êweclîche verlorn sîn.

Daz êrste pfunt daz ist unser eigen lîp, unser eigeniu [13] persône, wan er uns nâch im gebildet hât unde geedelt mit der frîen willeküre die er uns gegeben hât, der edele unde der frîe herre. Von diu suln wir zwivalt widerreiten von unserm lîbe. Daz êrste daz wir widerreiten müezen von unserm lîbe, daz ist, daz wir uns innen an dem herzen suln üeben mit guoten gedenken unde mit guoter andâht gein unserm herren, unde suln löbelîcher dinge von im gedenken: daz er eine gewaltic ist des himels unde der erden unde daz er allez geschaffen hât unde iegelîchem sîn ordenunge gegeben hât unde daz er uns hât geschaffen nâch im selben unde mit der edeln frîen willekür geedelt unde gefrîet hât: wan der ohse unde der esel müezent den wagen unde den pfluoc ziehen unde den sac tragen, sie tuon ez gerne oder ungerne. Alsô wolte uns unser herre niht twingen unde binden an unser willekür. Er hât uns ze wizzen geben übel unde guot, kalt unde warm, sûr unde süeze an unsern fünf sinnen: fiur unde wazzer, grîf in welhez dû wilt. Sît er uns sô genzlîchen z'erkennen gegeben hât übel unde guot, sô wil er, daz wir unser frîen willekür selber binden zuo den guoten unde zuo den reinen gedenken, unde die unreinen lâzen varn. Wir

an unseren Gliedmaßen vermerkt: an fünf Fingern der Hände, an fünf Zehen der Füße sowie an den fünf Sinnesorganen, die wir von Gott erhalten haben, damit wir uns um so eher an die fünf Pfunde erinnern und sie um so weniger vergessen. Wenn wir unsere Hände betrachten, dann sollen wir bedenken, wie wir über diese fünf Pfund Rechenschaft ablegen, damit unser Herr einmal zu uns sagt: »Freue dich, du rechtschaffener Knecht, und tritt ein zum Freudenfest deines Herrn.« Über diese fünf Pfund nun müssen wir doppelt Rechenschaft ablegen, d. h. über jedes Pfund doppelt. Es sind also zehn Teile, über die wir vor Gott dem Allmächtigen Rechenschaft ablegen müssen; wenn uns von denen auch nur eines bei der Abrechnung fehlt, dann müssen wir für alle Ewigkeit verdammt sein.

Das erste Pfund, das sind wir selbst, also wir ganz persönlich. Denn unser mächtiger und freier Herr[5] hat uns nach seinem Bild geschaffen und uns mit dem freien Willen[6], den er uns anvertraut hat, erhöht. Aufgrund dessen sollen wir über uns selbst doppelt Rechenschaft ablegen. – Als erstes müssen wir über uns selbst Rechenschaft ablegen, indem wir bei uns in unserem Herzen unser ganzes Sinnen und Trachten nur auf Gott richten und uns an all das erinnern, was seinen Lobpreis ausmacht: daß er uns nach seinem eigenen Bilde geschaffen und mit der kostbaren Willensfreiheit erhöht und freigemacht hat. Denn Ochse und Esel müssen Wagen und Pflug ziehen bzw. Säcke schleppen, ob ihnen das nun gefällt oder nicht. Unseren Willen allerdings wollte unser Herr nicht so knebeln und fesseln. Vielmehr hat er uns durch unsere fünf Sinne das Falsche und Richtige zu unterscheiden gelehrt, ebenso das Kalte und Warme, das Bittere und das Süße. Ob nun in Feuer oder Wasser: greif, worein Du willst, [so wirst du den Unterschied schon spüren]. Da er uns nun Falsches und Richtiges so gründlich zu unterscheiden gelehrt hat, verlangt er aber auch, daß wir selbst unseren freien Willen dazu bringen, nur Gutes und Frommes, jedoch keinerlei Sünde, im Sinn zu haben. Immerfort

suln uns sô getâner gedenke flîzen, wie wir got gedanken sô manicvalter êren unde gnâden die er an uns begangen hât, unde wie wir daz umbe in verdienen, unde suln gedenken, wie manigerleie gnâde er an uns begangen und erzeiget hât, unde wie manigerleie tugende wir dâ wider tuon suln die gote lobelich und êrlich sîn. Daz ander teil des êrsten pfundes daz wir von unserm lîbe müezen widerreiten, daz ist, daz wir die guoten unde die reinen gedenke, die wir mit tugenden unde mit andâht innen an dem herzen üeben süllen, daz wir die mit den werken an dem lîbe ûzen getriuwelîche vollebringen süllen, mit gebete, mit almuosen, mit kirchgange, mit vasten unde mit allen guoten dingen. Wellet ir daz tuon, sô habet ir daz êrste pfunt an der rechenunge. Dannoch sô müezet ir vieriu haben, oder iuwer wirt niemer rât.

Daz ander pfunt ist daz ander gelit. Swenne dû daz ane sihst, sô soltû gedenken, daz dû gote des andern pfundes schuldic bist wider ze reiten. Daz ist dîn amt, daz dir got verlihen hât. Wan unser herre hât eime ieglîchen menschen ein amt verlihen, er hât nieman ze müezekeit geschaffen, wir müezen uns alle eteswes underwinden, dâ mite wir genesen. [14] Ich hân ouch ein amt: predigen ist mîn amt. Wan unser herre alliu dinc mit wîsheit geordent hât, dâ von hât er ouch dem menschen sîn leben geordent unde geschaffen, als ér wil und niht als wír wellen. Wan ez wolte etelîcher gerne ein grâve sîn, sô muoz er ein schuohsuter sîn; sô woltest dû gerne ein ritter sîn, sô muost dû ein gebûre sîn unde muost uns bûwen korn unde wîn. Wer solte uns den acker bûwen, ob ir alle herren waeret? Oder wer wolte uns die schuohe machen, ob dû waerest als dû woltest? Dû muost sîn als got wil. Sô hât er den geschaffen daz er bâbest sî; sô sol der ein keiser sîn oder

sollen wir deshalb daran denken, wie wir Gott für all die Gunst- und Gnadenbeweise danken können: also, wie vielerlei Beweise seiner Gnade er uns erbracht und erwiesen hat, aber auch, wie viele Beweise unserer Frömmigkeit wir dafür ablegen müssen, die Gott zu Lob und Preis dienen. Außerdem gehört zum ersten Pfund und damit zu unserer Verpflichtung, über uns selbst Rechenschaft abzulegen, daß wir all das, was wir an Gutem und Frommem im Sinn haben und was wir an Beweisen unserer Frömmigkeit sowie im Gedenken an Gott in unserem Herzen bewegen, nach außen hin in [guten] Werken tatsächlich auch so ausführen: im Gebet, mit Almosen, mit dem Besuch der Messe, mit Fasten und mit allen anderen Beweisen unserer Frömmigkeit.[7] Wenn ihr das alles erfüllt, dann werdet ihr das erste Pfund glatt abrechnen können. Allerdings müßt ihr auch noch über vier weitere abrechnen; andernfalls gibt es für euch keine Erlösung mehr.

Das zweite Pfund ist der jeweils zweite Finger, Zeh oder Sinn. Wenn du den anschaust, dann erinnere dich daran, daß du Gott auch über das zweite Pfund Rechenschaft ablegen mußt. Dies zweite Pfund nun ist dein Beruf, den dir Gott anvertraut hat.[8] Denn unser Herr hat jedem Menschen einen Beruf anvertraut; niemanden hat er dazu geschaffen, untätig zu sein. Wir alle müssen uns irgendeiner Aufgabe annehmen, mit der wir unsere Seligkeit erlangen. Ich habe auch einen Beruf: den Beruf des Predigers. Denn unser Herr hat alles auf der Welt weise eingerichtet; er hat deshalb auch jedem Menschen seinen Stand so zugewiesen und bestimmt, wie e r will und nicht, wie wir wollen. Denn so mancher wäre gern ein Graf und muß doch ein Schuster sein; oder gern wärest du auch ein Ritter und mußt dennoch ein Bauer sein und uns Korn und Wein anbauen. Wer sollte uns denn wohl das Feld bestellen, wenn ihr alle Herren wäret? Und wer würde uns wohl unsere Schuhe herstellen, wenn du nur das würdest, was d u gerne wolltest? Du mußt das werden, was Gott will! Deshalb hat er den einen zum Papst

ein künic oder ein bischof oder ein ritter oder ein grâve oder diz oder daz. Unde swelherleie amt dû hâst, ez sî hôch oder nider, von dem muost dû gote reiten zwivalt.
Des êrsten, daz dû dîn amt üeben solt durch got. Daz ist alsô gesprochen: ob dû ein niderez amt hâst, daz dû niht solt murmeln in dînem herzen noch mit dînem munde: 'owê, herre got, war umbe hâst dû mir ein als arbeitsamez leben gegeben, unde manigem sô grôze êre unde guot geben hâst?' Des solt dû niht tuon. Dû solt sprechen: 'herre, wis gelobet aller dîner gnâden, die dû mir erzeiget hâst unde noch erzeigen solt'. Wan wolte er dir ein hoeher amt hân gegeben, daz haete er getân. Sît er dir nû ein niderez hât gegeben, sô soltû dich ouch nideren unde dêmüeten durch got mit dînem amte, sô wil er dir oben ûf dem himel ein vil hôhez amt geben. Dâ von soltû ez durch got üeben alsô daz dû ez mit triuwen unde mit gerehtikeit üebest. Dâ von sprichet der guote sant Johannes: 'wis getriuwe unz an dînen tôt, sô gît dir got die krône des lebens'. Dû solt dînem amte rehte tuon, oder dû solt dich sîn abe tuon: daz ist, daz dû ez mit triuwen üebest. Swer sîn amt mit triuwen niht üebet, der tuot im niht rehte. Unde dâ von spriche ich, ir sult iuwerm amte rehte tuon, oder tuot iuch sîn abe. Ob im alsô ist, daz dû im rehte maht getuon, sô soltû im rehte tuon, oder tuo dich sîn abe. Wan ez ist etelich amt, dem dû niemer rehte getuon maht; des solt dû dich abe tuon: als würfeler und schappeler unde die diu langen mezzer slahent, dâ manic mensche mit ermordet wirt. Wande die würfeler die mügent ir amte niemer rehte getuon, sie geben wênic oder vil umb einen pfenninc. Dû kanst im niemer rehte getuon, dâ von tuo dich sîn abe,

bestimmt, den anderen zum Kaiser, zum König, Bischof, Ritter oder Graf oder sonst noch zu diesem oder jenem [Beruf]. Welchen Beruf du aber auch immer ausüben magst, sei er nun angesehen oder nicht, du mußt über ihn auf doppelte Weise Rechenschaft ablegen.

Erstens soll das dadurch geschehen, daß du deinen Beruf um Gottes willen ausübst. Damit ist gemeint, daß du, wenn du einen weniger angesehenen Beruf ausübst, nicht bei dir selbst oder sogar hörbar murren sollst: »Ach, Herr Gott, warum hast du mir einen so mühsamen Stand zugewiesen, vielen anderen aber hohes Ansehen und Besitz?« Das darfst du nicht tun! Statt dessen sprich: »Herr, sei gepriesen wegen all deiner Gnade, die du an mir offenbart hast und [auch weiterhin] offenbaren wirst.« Denn falls er dir einen angeseheneren Beruf hätte zuerkennen wollen, hätte er das auch getan. Da er dir aber einen weniger angesehenen zugewiesen hat, begnüge dich in Demut und um Gottes willen mit deinem Beruf; er wird dir dafür oben im Himmel einen sehr angesehenen Beruf zusprechen. Übe deshalb deinen Beruf um Gottes willen aus, d. h. rechtschaffen und ohne Übervorteilung, heißt es doch bei dem trefflichen heiligen Johannes: »Sei rechtschaffen bis zu deinem Tod, dann wird dir Gott die Krone des Lebens geben.«[9] Übe deinen Beruf so aus, wie es sich gehört, also rechtschaffen, oder aber gib ihn auf! Wer seinen Beruf nicht rechtschaffen betreibt, der vergeht sich an ihm. Deshalb sage ich: übt euren Beruf so aus, wie es sich gehört, oder aber gebt ihn auf! Wenn es ein solcher Beruf ist, den man durchaus rechtschaffen ausüben kann, dann tu das auch oder aber gib ihn auf! Denn es gibt einige Berufe, die man gar nicht rechtschaffen ausüben kann. Solche Berufe gib auf, wie etwa den des Würfelmachers, des Schappelnähers[10] oder dessen, der die langen Messer schmiedet, mit denen so viele ermordet werden. Denn die Würfelmacher können ihren Beruf überhaupt nicht rechtschaffen ausüben, ob sie nun wenige oder viele Würfel für einen Pfennig hergeben. Man kann diesen Beruf eben nicht rechtschaffen ausüben;

oder dîner sêle wirt niemer rât: wan ez [15] geschiht manic tûsent sünde von würfelspil, die sus niemer geschaehen: manic tûsent lîp unde sêle werdent verlorn, die sus niemer würden verlorn, der niht würfel machte. Dâ kumt von mort unde diepstâl, nît, zorn unde haz unde trâkheit an gotes dienste. Ich wil halt gotes dienstes geswîgen: sie werdent halt got schelten unde die hôchgelobten küniginne Marîam. Dû maht ir niht geschelten, dû verfluochest dích in den êwigen tôt, wan dar umbe sluoc ein engel ahtzic tûsent unde hundert tûsent menschen ze tôde in éiner naht durch éines menschen schulde der got schalt. Nû sich, würfeler, wie vil unsaelden von dînem verfluochten amte kümt! Dû muost dich sîn abe tuon, oder dû muost dich des himelrîches erwegen. Daz selbe spriche ich zuo den, die dâ langiu mezzer slahent, unde zuo den, die dâ geschütze machent.

Sô sint etelîchiu amt, den man wol rehte unde wol möhte getuon, der ez gerne taete. Man wil ez aber niht tuon. Daz sint rehter unde zöller. Daz aber niuwe zölle und ungelt sîn, die niht von rehte gesetzet sîn, die möhte alliu diu werlt niht reht gemachen. Dû muost dich sîn abe tuon, oder dîner sêle wirt niemer rât. Herre, her rihter, ir müget iuwerm amte wol rehte tuon ob ir wellet. Sô rihtet dem armen als dem rîchen, dem fremden als dem kunden, dem lantman als dem mâge, weder durch liep noch durch leit noch durch guotes miete noch durch kein dinc wan nâch dem rehten; noch nemet von niemen kein guot wan iuwer rehte buoze; die

deshalb gib ihn auf, da sonst deine Seele nicht mehr gerettet wird. Denn aufgrund des Würfelspiels werden viele tausend Sünden begangen, die ohne es nicht begangen würden. Viele tausend Leiber und Seelen werden verworfen, die nicht verworfen würden, wenn keine Würfel hergestellt würden. Denn aus dem Würfelspiel erwachsen Mord und Diebstahl, Mißgunst, Wut und Feindseligkeit, dazu auch noch Verdrossenheit darüber, Gott zu dienen. Vom Dienst an Gott will ich aber gar nicht reden: Sie werden Gott und unsere gepriesene Königin Maria doch nur lästern. Beide aber kannst du nicht lästern, ohne dich mit deinem Fluchen zugleich auch in den ewigen Tod zu stürzen. Denn schon wegen des Vergehens eines einzigen Menschen, der Gott lästerte, erschlug ein Engel in einer einzigen Nacht hundertachtzigtausend Menschen.[11] Bedenke doch, Würfelmacher, wieviel Unheil aus deinem verfluchten Beruf entsteht! Du mußt ihn aufgeben oder aber auf das Himmelreich verzichten. Dasselbe sage ich denen, die lange Messer schmieden oder Schußwaffen[12] fertigen.

Dann gibt es auch noch einige Berufe, die man, wenn man nur wollte, durchaus so ausüben könnte, wie es sich gehört, doch geschieht das eben nicht. So bei den Richtern und Zolleinnehmern: wenn neue Zollabgaben und Akzisen[13] erhoben werden, für die es keine Rechtsgrundlage gibt, so könnte niemand sie jemals zu rechtmäßigen Abgaben machen. Du, [Zolleinnehmer,] mußt deshalb auf sie verzichten, oder aber deine Seele findet keine Erlösung mehr. Ihr, Herr Richter, könntet, wenn Ihr nur wolltet, Euren Beruf durchaus so ausüben, wie es sich gehört. Darum verhelft dem Armen ebenso zu seinem Recht wie dem Reichen, dem Fremden ebenso wie dem, der Euch bekannt ist, dem bloßen Einwohner des Landes ebenso wie Eurem Verwandten; laßt Euch dabei weder von Sympathie noch von Antipathie leiten, von Bestechung oder noch anderem, sondern folgt allein dem Recht. Nehmt auch von niemandem mehr als das Euch zustehende Sühngeld entgegen und laßt auch dabei

selbe dannoch nâch gnâden. Swer mit rehte von iu überkomen wirt daz er der werlte schedelîche lebende ist, dâ gib ich iu keine buoze für, ob ir ze rehte urteil über in gebet. Unde welt ir des niht tuon, sô tuot iuch iuwers amtes abe, wan iu bezzer ist, daz ir mit eime niederen amte gein himele vart, danne mit einem grôzen zer helle; als got selbe sprichet in dem heiligen êwangeliô: 'dir ist bezzer mit eime ougen ze himele varn, danne mit zwein zer helle'. Daz ist alsô gesprochen: ob dû ein ouge hâst, daz dich des himelrîches irret, daz soltû ûz brechen. Dir ist bezzer mit eime ougen ze himelrîche varn, danne mit zwein zer helle. Alsô ist ez ouch umbe die hant unde den fuoz, der dich des himelrîches irret: dir ist waeger tûsent stunt, daz dû mit eime gein himele kumest, danne mit zwein zer helle. Alsô ist ez ouch umbe dîn amt. Hâst dû ein amt, dem dû niht rehte getuon [16] maht, dir ist bezzer, daz dû âne daz amt zem himelrîche kümest, danne mit dem amte zer helle. Wie, gîtiger, war wiltû mit dîme amte? Ez ist aber kein amt, dû hâst dirz ze einer verdampnisse genomen. Wuocher unde fürkouf, dingesgeben, satzunge unde trügenheit, roub unde diepheit daz mac kein amt gesîn. Dû muost dich sîn abe tuon, oder dîn wirt niemer rât.

Sô naeme ich für guot, daz der sînem amte rehte taete, der ein wol geordentez amt hât; wan ez ist nû liegen unde triegen als gemeine worden, daz sich sîn nieman schemen wil. Sô ist der ein trügener an sînem koufe, der gît wazzer für wîn, der verkouft luft für brôt unde machet ez mit gerwen, daz ez innen hol wirt: sô er waenet, er habe ein

noch Barmherzigkeit walten. Wenn Ihr einen aber als ›schädlichen Mann‹ überführt habt, so schließe ich – vorausgesetzt, daß Ihr ihn nach den Rechtssatzungen verurteilt habt – die Möglichkeit des Sühngeldes aus.[14] Wollt Ihr danach aber nicht verfahren, so gebt Euren Beruf auf, wäre es für Euch doch besser, mit einem weniger angesehenen Beruf zum Himmel aufzufahren, als mit einem angesehenen in die Hölle zu kommen, wie ja Gott selbst im heiligen Evangelium sagt: »Es ist besser für dich, mit nur einem Auge zum Himmel aufzusteigen, als mit zwei Augen zur Hölle zu fahren.«[15] Das bedeutet: wenn dich eins deiner Augen vom Himmelreich abbringt, dann reiß es dir aus! Denn für dich wäre es besser, mit nur einem Auge ins Himmelreich zu gelangen als mit zwei Augen in die Hölle. Ebenso steht es mit Hand und Fuß, falls sie dich vom Himmelreich abbringen. Es wäre für dich tausendmal vorteilhafter, mit nur einer Hand oder einem Fuß in den Himmel zu gelangen als mit zwei Händen oder zwei Füßen in die Hölle.[16] Ebenso schließlich steht es mit deinem Beruf. Betreibst du einen Beruf, den man gar nicht korrekt ausüben kann, dann wäre es für dich besser, ohne diesen Beruf in das Himmelreich zu gelangen als mit dem Beruf in die Hölle. Was nun, du Habgieriger, wohin willst du mit deinem Beruf gelangen? Deine Habgier ist doch gar kein Beruf, lediglich zur ewigen Verdammnis hast du ihn erwählt. Wucher, Vorkauf,[17] Borgen, Pfändung und Betrug, Raub und Diebstahl, dies alles kann niemals ein Beruf sein. Du mußt darauf verzichten, oder aber du bist auf ewig verloren.

Dagegen würde ich es begrüßen, wenn derjenige, der einem ehrlichen Beruf nachgeht, diesen auch rechtschaffen ausüben würde. Denn Lug und Trug haben sich so sehr verbreitet, daß kein Mensch mehr davor zurückschreckt. So z. B. betrügt der eine mit seiner Ware: Er verkauft Wasser als Wein oder Luft als Brot und erreicht es durch Hefe, daß das Brot innen hohl wird. Wenn der Käufer dann glaubt, daß er

broseme drinne, sô ist ez hol und ist ein laeriu rinde. Sô gît der siuwîn für bergîn fleisch; daz mac ein frouwe in eime kintbette oder einez in eime âderlâzen oder in anderre krankeit ezzen, daz er den tôt dâ von nimet; oder unzîtic kalpfleisch. Dû trügener, dû mörder, dû wirst schuldic an den liuten! Sô hât der unrehtez gewiht in sînem krâme, der habet sus die wâge einhalp, sô daz sie gein dem koufschatze sleht, unde jenez waenet ez habe, sô enhât ez niht; unde wendet sie mit der hant rehte. Wie sol ich dich trügenheit lêren? Sô kanst dû ir selber ze vil der trügenheit. Sô hât der ein unrechtez elmez; sô hât der daz wahs gevelschet, der daz olei. Wê dir, manteler, dû kanst ouch dînem amte niemer rehte getuon! Dû machest einen alten hadern, der fûl ist und ungenaeme unde dâ mite man billîcher eine want verstieze, wan ez zuo anders iht nütze sî: daz vernâdelt er und machet ez dicke mit sterke unde gît ez einem armen knehte ze koufe. Der hât vil lîhte ein halbez jâr dar umbe gedienet, und als erz angeleit, sô wert ez in niht vier wochen, ê daz er aber ein anderz muoz koufen. Dû trügener, dû velscher! dû muost dich dînes amtes abe tuon, oder dîner sêle wirt niemer rât, wan dû maht im niemer rehte getuon. Sô sint gebûre als wol trügener sumelîche als die in der stat. Füeret er ein holz dar în, er leget daz krumbeste ze mittels în unde daz slehte ûzen unde verkouft den luft für holz. Sô leget der daz höu

auch im Brot Krume habe, dann ist es hohl und besteht nur aus Brotrinde. – Ein anderer verkauft das Fleisch einer Muttersau für reguläres Schweinefleisch; wenn das eine Frau im Kindbett ißt oder jemand, der gerade zur Ader gelassen worden ist oder sonst irgendwie geschwächt ist, dann kommen sie daran zu Tode. Dasselbe gilt für das Fleisch zu früh geschlachteter Kälber.[18] Du Betrüger, du Mörder, du versündigst dich an den Menschen! – Ein dritter verwendet in seiner Verkaufsbude falsches Gewicht.[19] Er verschiebt die Waage nach einer Seite, so daß sie nach der gewogenen Ware hin ausschlägt. Wenn der Käufer dann meint, er habe seine Ware tatsächlich erworben, so hat er sie in Wirklichkeit gar nicht erworben: mit seiner Hand nämlich tariert der Verkäufer die Waage aus. Wie könnte ich dich noch im Betrug unterweisen? Du verstehst ja schon viel zu viel davon. – Ein anderer verwendet ein falsches Ellenmaß, wieder ein anderer hat das Kerzenwachs falsch gemischt, noch ein anderer das Öl. Fluch auch über dich, Kleidertrödler: auch du wirst es niemals mehr verstehen, deinen Beruf so auszuüben, wie es sich gehört! Einen alten Lumpen, der schon zerfällt und nur noch abstoßend ist und mit dem man besser Löcher in der Wand zustopfte, weil er zu einem anderen Zweck nicht mehr taugt, den gerade flickt er noch, stärkt ihn mit Stärkemehl und verkauft ihn an einen armen Kerl, der vielleicht ein halbes Jahr dafür geschuftet hat. Wenn er den Lumpen aber angezogen hat, so dauert es nicht einmal vier Wochen, daß er schon wieder einen neuen kaufen muß. Du hinterhältiger Betrüger, du mußt deinen Beruf aufgeben, oder aber deine Seele ist auf ewig verloren, kannst du doch deinen Beruf nicht mehr so ausüben, wie es sich gehört. – Ebenso wie die Städter üben sich auch die Bauern nur zu gern im Betrug. Bringt einer eine Fuhre Holz in die Stadt, so schichtet er die am meisten gebogenen Stämme in der Mitte, die geraden aber am äußeren Rand und verkauft somit Luft für Holz. Oder aber er packt auch nasses Heu in seinen Wagen und verkauft somit ebenfalls Luft für Heu. Du bist nun wahrhaf-

ungetruckent in den wagen unde verkouft ouch luft für höu. Dû rehter trügener unde velscher! Dû möhtest dînem amte lîhte rehte getuon, daz dû dâ mite behalten würdest. Ir pfragener und ir pfragenerinne, ir tuot iuwerm amte selten [17] rehte: ir velschent daz olei, ir velschent daz unslit; sô ir niht mêr zuo valscheit müget getuon, sô kêret ir dem apfel unde der birn daz fûle hin under unde daz schoene her ûz. Nû seht, wie manigerleie trügenheit man erdenket! Müller, dû tuost dînem amte ouch unrehte, dû hâst ouch manigerleie trügene unde diepheit. Dar zuo ouch die tagewürken: die wirkent ouch gar guot die wîle ez der meister siht; zehant aber sô er den rücke bekêret, sô stêt er wol halben wec müezic. Dû bist ein rehter trügener!
Dû schuohewürke, dû brennest die solen und ouch die flecken, unde sprichest: 'seht, wie dicke!' sô sie herte sint; sô er sie danne tragen wirt, sô gêt er kûme eine wochen dar ûffe. Dû trügener! dû triugest manigen armen menschen, wan die rîchen getarst dû niht effen. Dû zapfenzieher, dû tuost dînem amt ouch selten rehte: dû giuzest eteswenne wazzer in den wîn oder fûlen wîn in den guoten, daz ein mensche eteswenne grôzen siechtuom dar an trinken mac. Dû bist ein diep, wan dû gibst der rehten mâze niht: wan swaz dû im dar an behabest daz hâst dû im verstoln, unde dîner sêle wirt niemer rât, dû engeltest danne unde gebest im wider, ob dû ez maht geleisten. Ir hêrschaft! lât ez iuch erbarmen, daz sich got über iuch erbarme, daz sô manigerleie trügenheit ûf ertrîche ist und iuch anders niht fürtreit,

tig ein gerissener Betrüger! Dabei könntest du deinen Beruf mit Leichtigkeit so ausüben, wie es sich gehört, und ihn somit rein halten. Und ihr, ihr Krämer und Krämerinnen: nur selten übt ihr euren Beruf korrekt aus! So panscht ihr das Öl und mischt den Talg falsch an, und wenn ihr anders nicht mehr übers Ohr hauen könnt, dreht ihr auch noch eure Äpfel und Birnen mit ihren schlechten Stellen nach unten, ihre gute Seite aber nach oben. Mein Gott, auf welche Betrügereien man bloß alles kommt! – Auch du, Müller, übst deinen Beruf keineswegs korrekt aus, verstehst doch auch du dich auf die verschiedensten Formen des Betrugs und des Diebstahls. Ebenso die Tagelöhner: solange der Meister ihnen zusieht, sind sie fleißig bei der Arbeit; kaum aber dreht er ihnen den Rücken zu, stehen sie gut die halbe Arbeitszeit nur müßig herum. Auch du bist mir ein rechter Betrüger!

Nun zu dir, Schuhmacher: mit Feuer härtest du die Sohlen und Flickstücke und sagst: »Seht doch, wie dick das Leder ist«, und dabei sind sie doch nur gehärtet. Wer sie so trägt, wird noch nicht einmal eine Woche lang darauf laufen können. Du Betrüger! So manchen Armen betrügst du, denn die Reichen wagst du nicht, übers Ohr zu hauen. – Schließlich zu dir, Weinzapfer: auch du übst ja deinen Beruf nur selten so aus, wie es sich gehört, schüttest du doch gelegentlich Wasser in den Wein oder verdorbenen Wein in guten, so daß man sich von seinem Genuß schlimme Krankheiten holen kann. Auch bist du ein Dieb, da du den Wein nicht mit dem korrekten Maß schöpfst. Was du aber von dem verkauften Wein für dich behältst, das hast du dem Käufer gestohlen. Deine Seele findet dann keine Erlösung mehr, es sei denn, daß du ihn für seinen Schaden entschädigst und ihm zurückerstattest, was du ihm gestohlen hast, sofern du ihm seinen Schaden überhaupt noch vergüten kannst. – Liebe Zuhörer, laßt es euch doch erbarmen, damit Gott sich auch euer erbarme, daß so vielerlei Betrug auf Erden herrscht und euch doch nichts anderes einbringt, als

wan daz ir iuch dâ mite verdampnet. Wan swaz der krâmer gewinnet mit sîner unrehten wâge, daz verstilt im der wînman, der zapfenaere, her wider an dem wîne, unde der snîder unde sîn kneht an dem gewande; wan sô er sîn gewant vor den ougen snîdet, sô verstilt erz im vor den ougen: wan er leget die gêren lang an den rok unde snîdet danne daz breite abe unden an dem gêren: sô dû waenest dû habest ez wol bewart, sô hât er dirz gestoln, dû enweist hiute wie; unde sô dû waenest dû habest ein wîtez gewant, sô hâst dû sîn niht. Dû diep unde dû velscher! Daz selbe tuot der belzer an dînen vaehen belgen: zele sie hin und zele sie her, er stilt dir dannoch dâ von. Mit welhen listen er daz tuot, daz weiz er unde sîn herre, der tiuvel, wol: wie solte ich etelîchen diepheit lêren! Sô gelêret dich einer dîn genôz vil wol. Alsô stilt der dem, sô stilt er dir morgen her wider mit sînes amtes trügenheit. Unde dâ von künnet ir niemer tiurre werden; wan diu sünde nimet an iu ûf. Waeret ir danne [18] alle getriuwe unde waeren iuwer gewinne reine, und ob ir ein almuosen dâ von gaebet, daz kaeme iu ze staten an der saelikeit lîbes unde sêle. War umbe verunreinest dû dîn guot mit trügenheit oder mit diepheit mit dîme amte an dînen bruodern, daz ist an dînen naehsten? wan wir solten alle einander gebrüeder sîn in gote. Sô verunreinet er sich an dir; alsam tuost dû her wider, unde triugest dû in, sô triuget er dich her wider; oder dû stilst im, sô stilt er dir her wider. Sô

daß ihr euch damit selbst in die Verdammnis stürzt. Denn was der Händler mit seinem falschen Gewicht einheimst, das stiehlt ihm wiederum der Weinhändler bzw. der Weinzapfer von seinem Wein oder der Schneider mit seinem Knecht von seinem Tuch. Denn auch wenn dieser das Tuch in seiner Anwesenheit zuschneidet, so stiehlt er es ihm dennoch vor seinen Augen: Legt er doch die Saumstücke der Länge nach an den Rock an und schneidet dann unten an der breiten Seite des Saumstücks etwas ab.[20] Während du noch davon überzeugt bist, du habest gut auf dein Tuch aufgepaßt, hat er es dir schon gestohlen, und du weißt dann noch nicht einmal, wie er es angestellt hat. Während du also noch davon überzeugt bist, ein weit geschnittenes Kleid zu besitzen, so besitzt du das ganz und gar nicht. [Schneider], du bist ein hinterhältiger Dieb! – Dasselbe macht der Kürschner mit deinen bunt gefleckten Pelzen: Zähle sie nur immer wieder nach, er stiehlt dir doch einige von ihnen. Mit welchen hinterlistigen Machenschaften er das schafft, wissen er und sein Gebieter, der Teufel, ganz genau: Warum sollte ich hier einigen Leuten noch Unterricht im Diebstahl erteilen? Einer deiner Kumpanen wird dich schon richtig unterweisen. Wenn mithin der eine den anderen bestiehlt, dann wiederum bestiehlt der dich morgen durch Lug und Trug in seinem Beruf. Einen Vorteil habt ihr davon nicht, nimmt doch eure Sünde nur immer mehr zu. Wenn ihr dagegen auf Übervorteilung verzichten würdet, euer Verdienst auf ehrliche Weise zustande käme und ihr dann noch von eurem Verdienst Almosen ausgeben würdet, dann wäre das für euer leibliches und euer Seelenheil durchaus von Vorteil. Weshalb versündigst du dich an deinem Besitz dadurch, daß du deinen Bruder, und d. h. deinen Nächsten, in der Ausübung deines Berufs betrügst und bestiehlst? Wir alle sollten doch statt dessen untereinander Brüder sein in Gott.[21] Versündigt sich nun aber einer an dir, so tust du ihm dasselbe an: Wenn du ihn betrügst, dann betrügt er dich im Gegenzug ebenso; und wenn du ihn bestiehlst, dann bestiehlt er dich im Gegenzug

habet ir bêde übele gewehselt. Unde dâ von hât iu got daz pfunt vil hôhe enpfolhen, daz ir ez im widergereiten künnet, wand ez manic tûsent sêle bringet zer helle, daz ir niemer mêre rât wirt, daz in des pfundes gebristet.
Und alsô sult ir ouch daz pfunt widerreiten zwivalt. Wan man muoz ein ieglich pfunt zwivalt widerreiten. Des êrsten, daz dû dîn amt mit triuwen solt üeben durch got; zem andern mâle sult ir iuwer amt üeben durch des lônes willen, der iu dâ von gebürt; wan ir möhtet sîn umbe sus niht erziugen, wan ir müezet iuch dâ von begên spîse unde gewandes. Daz selbe enmöhten ouch ander, prediger unde bîhtiger, sie sîn geistlich oder werltlich: haeten sie niht kirchen oder pfrüende, oder daz in nieman opfer gaebe, sie möhten die kristenheit niht berihten. Alsô müezent geistlîche liute des almuosen leben. Wir suln unser amt durch got üeben und ouch durch daz almuosen. Daz selbe suln ouch die rihter unde die herren, den der almehtige got geriht unde gewalt hât verlihen ûf ertrîche, wan daz ist ir amt, daz sie reht gerihte haben unde witewen unde weisen suln schirmen durch got. Zem andern mâle durch die dienste, die iu die armen liute dienen müezent. Nemet aber ir ze vil dienstes, sô wirt iu gebrestende an dem pfunde, und ob ir sie ze rehte niht schirmet als ir sult und als iu got daz pfunt unde daz amt bevalch, dô man iu daz swert segente. Daz selbe tuot der antwerkman. Swaz im ze lône gevellet, daz hât er mit rehte, ob erz mit triuwen wirket. Unde der koufman: swaz im ze gewinne gevellet an dem koufe, daz er durch gewin koufet

ebenso. So seid ihr beide in einen schlimmen Handel geraten. Gott hat euch dies Pfund deshalb besonders ans Herz gelegt, damit ihr ihm darüber auch Rechenschaft ablegen könnt. Denn viele tausend Seelen bringt es in die Hölle, daß ihnen dies Pfund fehlt: Sie sind dann rettungslos verloren.
Auch über dieses Pfund nun müßt ihr doppelt Rechenschaft ablegen, muß doch über jedes Pfund doppelt Rechenschaft abgelegt werden. Erstens dadurch, daß du deinen Beruf rechtschaffen ausübst um Gottes willen, zweitens um des Verdienstes willen, der euch in eurem Beruf zusteht. Denn ganz ohne Entgelt könntet ihr für die anfallenden Kosten nicht aufkommen:[22] Auch ihr müßt euch ja durch euren Beruf mit Essen und Kleidung versorgen. Auch andere, wie z. B. Prediger oder Beichtväter, mögen sie nun zum Ordens- oder Weltklerus gehören, könnten das nicht. Besäßen [die Weltgeistlichen] keine Kirchen oder Einkünfte aus ihrer Pfarrei oder erhielten sie keinerlei fromme Gaben mehr, so könnten sie die Christenheit nicht mehr unterweisen. Dem entsprechend müssen die Ordensgeistlichen von Almosen leben. Wir [Ordensgeistlichen] sollen unserem Beruf um Gottes und der Almosen willen nachkommen! – Dasselbe gilt auch für die Richter und Herren, denen Gott der Allmächtige die Gerichts- und Herrengewalt auf Erden anvertraut hat. Denn ihr Beruf besteht darin, in ihrer Rechtsprechung das Recht zu wahren sowie Witwen und Waisen zu schützen: Um Gottes, dann aber auch um der Frondienste willen, die eure Hörigen euch erbringen müssen. Wenn ihr allerdings zu viel Frondienst fordert, dann wird es euch an diesem Pfund fehlen. Das gilt auch für den Fall, daß ihr sie nicht so beschützt, wie es von euch verlangt wird und wie es euch Gott mit diesem Pfund und mit eurem Beruf in eurer Schwertweihe aufgetragen hat.[23] Ebenso steht es mit dem Handwerker: sein Gewinn ist dann Rechtens, wenn er ihn ohne Übervorteilung erreicht. Ebenso der Kaufmann: wenn er seinen Handelsgewinn dadurch erreicht, daß er

âne gevaerde (daz mein ich: daz er niht für hât gekoufet ûf die lenge der zît, ûf daz naeher, unde niht gedinges gît ûf daz jâr umbe daz tiurre), oder dâ mite dû nieman betriugest, daz hâstû mit rehte, wan man dînes amtes in keine wîse gerâten mac. Wir möhten der koufliute niemer [19] enbern, wan sie füerent ûz einem lande in daz ander daz wir bedürfen, wan ez ist in einem lande dáz wolveile, sô ist in einem andern lande jenz wolveile; unde dâ von sullent sie diz hin füeren und jenz her, dâ von sullent sie ir lôn ze rehte haben: daz ist ir gewin, den sie ze rehte gewinnent.

Daz dritte pfunt des sult ir gedenken bî dem dritten lide an der hant oder an dem fuoze oder an den fünf sinnen, wan er hât ez iu allenthalben an den lîp geschriben, daz ir sîn deste minner vergezzet. Wan ez ist der zweier buoche einez, als ich iu jenes tages sagte, wie uns der almehtige got hât geben zwei grôziu buoch, dâ wir an lesen unde lernen. Und iu leien hât ouch geben unser herre zwei grôziu buoch. Daz ein ist der himel, daz ander diu erde. Dâ von seite ich iu jenes tages eine letzen, die sult ir an dem himel lesen an den siben sternen. Sô sult ir die hiute an der erden lesen, an iu selben; wan wir niht dan ein erde sîn. Und alsô hât uns got die selben letze an uns geschriben, disiu fünf pfunt. Und ir sult daz dritte pfunt lesen an dem dritten gelide. Daz ist diu zît, die iu got ze lebenne hât geben, der wil got niht enbern: er wil wizzen, wie wir sie vertrîben, alse wênic got des niht enbern wil, wâ daz minneste hâr sî, daz er dir verlihen hât, wie dû des âne worden bist. Wande wir niht haben an lîbe

ohne Hinterlist Handel treibt – darunter verstehe ich: daß er nicht Vorkauf betreibt, sei es nun in der Kalkulation eines langfristigen oder eines kurzfristigen Gewinns, oder daß er für ein Jahr in der Hoffnung Zahlungsaufschub gewährt, dann einen höheren Gewinn herauszuschlagen – und wenn du in deinem Handelsgeschäft niemand betrügst, dann ist dein Handelsgewinn Rechtens, ist doch auch dein Beruf keinesfalls zu entbehren. Ohne die Kaufleute kommen wir nicht mehr aus, bringen sie doch von einem Land ins andere, was wir [zum Leben] brauchen. Denn während in dem einen Land das eine billig ist, ist es in einem anderen etwas anderes. Darum sollen sie dieses exportieren, jenes importieren und dafür völlig zu Recht ihr Entgelt erhalten: eben ihren Handelsgewinn, der ihnen zusteht.[24]

An das dritte Pfund erinnert euch angesichts eures dritten Fingers, eurer dritten Zehe oder eures dritten Sinns, hat euch doch Gott auch dieses Pfund überall an eurem Körper vermerkt, damit ihr es um so weniger vergeßt. Es ist eines der beiden Bücher – ich erzählte euch schon einmal davon, daß uns Gott der Allmächtige zwei höchst lehrreiche Bücher geschenkt hat, in denen wir lesen und aus denen wir lernen.[25] Besonders euch Laien hat unser Herr diese beiden höchst lehrreichen Bücher geschenkt. Das eine ist der Himmel, das andere die Erde. Damals führte ich euch daraus einen Abschnitt an, den ihr von den sieben Planeten am Himmel ablesen solltet.[26] Heute nun entnehmt den Abschnitt der Erde und damit euch selbst, sind wir doch nichts als Erde. Somit hat Gott diesen Abschnitt an uns selbst aufgezeichnet: eben diese fünf Pfund. Das dritte Pfund nun lest an dem jeweils dritten [Finger, Zeh oder Sinn] ab: Es ist die Zeit, die euch Gott zum Leben anvertraut hat und auf die er nicht verzichten will. Ebensowenig Gott auf Rechenschaft darüber verzichten will, wo noch das geringste Haar verblieben ist, das er dir anvertraut hat, oder wie du es wohl verloren hast, ebenso verlangt er auch Rechenschaft darüber, auf welche Weise wir unsere Zeit

noch an sêle noch an guote wan daz wir von gote haben, sô enwil er ouch niht enbern, wir müezen im ez widerreiten; als wênic wil er enbern, man müeze im die minnesten zît widerreiten, die er dem menschen ze lebenne hât geben, von dem daz er ze tagen ist kumen. Unde wir müezen zwivalt widerreiten von unser zît. Unser herre hât uns ûf ertrîche die zît die wir leben sullen ze zwein dingen gegeben. Daz ein ist, daz wir die zît die wir leben müezen niemer anders suln vertrîben wan ze rehter nôtdurft, daz wir erarbeiten sullen daz der lîp darf ze ezzen unde ze trinken. Unde sô wir daz erarbeiten, sô müezen wir die zît haben daz wir ez ze rehter zît niezen und ze rehter wîse, unde trinken ze rehter wîse. Aber die trenker unde die frezzer, die dicke und oft und etelîche tac unde naht zem wîne ligent, die werdent leitlîchen ze der rechenunge stên umbe die zît, die sie als unnützelîchen unde süntlîchen an geleit habent, unde sie müezent daz ezzen unde daz trinken widerreiten, daz sie sô gar in undurften vertuont. Daz gehoeret aber in daz vierde pfunt. Wir [20] müezen die wîle ouch haben ze rehter nôtdurft, daz wir ze rehter wîse slâfen, und uns wermen swenne uns friuset, unde swes wir niht enbern mügen ze des lîbes nôtdurft. Aber swaz wir âne durft zît unde wîle vertrîben, die müezen wir gote wider reiten mit grôzen sorgen. Swer sîne zît verballet unde vertanzet unde vertopelt und vermaersaget oder verspotet oder verswert oder verschiltet oder verfluochet, der wirt jâmeric stên an der reitunge; oder swie dû sie anders anleist wan ze rehter nôtdurft. Pfî, gîtiger, wie legest dû dîne zît an! wie wirdest dû stên an der reitunge! wie gar dir

hingebracht haben. Denn alles an unserem Körper, an unserer Seele, an unserem Eigentum besitzen wir von Gott: Auf nichts will er verzichten, über alles müssen wir ihm Rechenschaft ablegen. Auch noch über die kürzeste Zeitspanne, die er dem Menschen – von dem Zeitpunkt an gerechnet, da er erwachsen wurde – zum Leben anvertraut hat, muß er Rechenschaft ablegen. Doppelt aber müssen wir auch über unsere Zeit Rechenschaft ablegen, hat uns doch unser Herr unsere Lebenszeit unter zwei Bedingungen anvertraut. Die eine Bedingung besteht darin, daß wir unsere Lebenszeit einzig dazu verwenden, uns nur das zu verschaffen, was wir wirklich zum Lebensunterhalt benötigen, daß wir also nur das durch unsere Arbeit erwerben, was wir an Speise und Trank zum Leben brauchen. Wenn wir beides aber durch unsere Arbeit erwerben, dann brauchen wir auch Zeit dafür, es in angemessener Zeit und auf angemessene Art und Weise zu verzehren. Den Säufern und Fressern aber, die nur zu oft so manchen Tag und so manche Nacht dem Trunk ergeben sind, wird es bei der Endabrechnung schlimm ergehen wegen der Zeit, die sie so unnütz und sündhaft vertan haben; und auch über Speis und Trank werden sie Rechenschaft ablegen müssen, die sie so ganz ohne Not vergeudet haben. Das gehört aber schon zum vierten Pfund. Außerdem brauchen wir noch Zeit für wirkliche Bedürfnisse: eine angemessene Zeit zu schlafen, uns zu wärmen, wenn wir frieren, und was sonst noch für unseren Lebensunterhalt unabdingbar ist. Über die Zeit jedoch, die wir ohne Not nur vertun, müssen wir voller Furcht vor Gott Rechenschaft ablegen. Wer seine Zeit mit Ballspiel, Tanz und Würfelspiel hinbringt, mit Geschwätz, Gespött, falschen Schwüren, Lästerungen und Verwünschungen, wird, wenn er Rechenschaft ablegen soll, in jämmerliche Klagen ausbrechen; das gilt immer dann, wenn du deine Zeit zu einem anderen Zweck als zu deinem Lebensunterhalt verwendest. Weh dir, du Habgieriger, wozu verwendest du deine Zeit? Und wie wird es dir wohl ergehen, wenn du Rechenschaft ablegen

verschaffen ist vor allen den sündern die diu werlt ie gewan oder iemer gewinnet! Wan dîn zît gêt dir niht alleine unnützelîchen hin, sie gêt dir halt unnützelîchen unde schentlîchen unde süntlîchen hin. Alle die andern sünder lânt got etelîche zît geruowen wan dû unde dîn zît: wan diu gêt aller tegelîchen hin mit sünden âne underlâz. Unde dâ von sprichet got selber, – dû wuocherer unde fürköufer unde satzunger unde dingesgeber inz jâr, wan dû got sîn zît verkoufest, sô sprichet got selber zuo dir ein wort, daz ich drîzic pfunt niht ennaeme, daz ich alsô vor disen liuten spraeche unde vor disen engeln als got selber zuo dir sprichet, wan ez würden alle die liute und alle dise engel dâ von betrüebet ob ich iezuo spraeche als got selber sprichet zuo dir –: er sprichet alsô durch den wissagen: 'dû rehte boese hût!' unde sprichet alsô für sich hin: 'dû rehte boese hût, dû laest mich niemer geruowen. Die von Sodomâ und Gomorrâ unde von Samariâ, die lânt mich etewenne geruowen, aber dû laezest mich niemer geruowen. Sie getâten mir nie als dû mir tuost, wan sie lânt mich etelîche zît geruowen mit ir sünden: sô mac ich dekeiner zît geniezen gein dir tac noch naht'. Daz ist wâr. Nû sich, gîtiger! sît ich hiute anhuob ze predigen, sît bist dû vil lîhte sehs pfenninge rîcher worden an dînem wuocher oder an dîner satzunge oder an dînem fürkoufe oder an dînem dingesgeben in daz jâr ûf daz tiurre. Ir êbrecher, ir brechet iezuo mit nieman iuwer ê. Ir morder, ir mordent

sollst? Wie tief bist du doch noch vor all den anderen Sündern ins Verderben gestürzt, die man je zu Gesicht bekam oder noch zu Gesicht bekommen wird! Denn nicht nur läuft dir deine Zeit davon, ohne daß du sie sinnvoll nutzen würdest, sondern das geschieht auch noch auf beschämende und sündhafte Weise. Alle anderen Sünder verschonen Gott auch noch mal mit ihrer Sünde, du aber mit deiner Art und Weise, deine Lebenszeit zu nutzen, nicht: Denn die vergeht Tag für Tag und ohne jede Unterbrechung voller Sünde. Deshalb sagt Gott selbst – [höre du gut zu], der du Wucher und Vorkauf betreibst oder auf Pfand oder Borg bei Befristung auf ein Jahr leihst: weil du Gott seine Zeit verkaufst, spricht Gott selbst zu dir.[27] Ich für meine Person würde auch nicht für dreißig Pfund so vor euch, meinen Zuhörern, und vor den Engeln hier sprechen, wie Gott selbst zu dir spricht: würde es doch alle Anwesenden und alle Engel hier nur noch in Schrecken versetzen, wenn ich hier und jetzt so reden würde, wie Gott selbst zu dir spricht. – Gott also spricht durch den Mund des Propheten: »Du nichtswürdiger Lump«, und weiter: »Du nichtswürdiger Lump, du läßt mich überhaupt keine Ruhe mehr finden. Die Einwohner von Sodom und Gomorrha und von Samaria lassen mich wohl von Zeit zu Zeit noch einmal Ruhe finden, du aber überhaupt nicht. Niemals haben sie mir angetan, was du mir antust, verschonen sie mich doch wenigstens noch zeitweise mit ihren Sünden. Angesichts deiner [Missetaten] aber finde ich Tag und Nacht überhaupt keine Ruhe mehr.«[28] Das ist die volle Wahrheit! Sieh doch selbst, du Habgieriger: Seit ich heute mit meiner Predigt begann, bist du höchstwahrscheinlich schon wieder durch deinen Wucher, deine Pfandleihe, deinen Vorkauf und dein Borgen auf ein Jahr, unternommen in der Hoffnung auf höheren Gewinn, um sechs Pfennige reicher geworden. – Ihr Ehebrecher hier vor mir, ihr brecht in diesem Augenblick mit niemandem die Ehe. Und ihr Mörder mordet in

iezuo nieman, ir sitzet iezuo mit guoten zühten hie. Daz selbe tuont die topeler; die trenker die dürstet iezuo vil übele, und müezent sich lâzen dürsten. Alsô müezent ouch die tenzeler iezuo ungetanzet sîn unde die spöter ungespotet. Ir rouber, ir sît hie vor mir iezuo âne roub und âne brennen unde tornei und ân ander hôhvart. [21] Ir schelter, ir fluocher, ir sitzet iezuo hie vor mir unde swîget vil stille. Daz tuot ir ouch, sô ir ze einer messe sît oder ze einer andern predige. Swie aber diu zît ist, sô geruowest dû, gîtiger, niemer. Dû gîtiger, gehabe dich wol! dû bist aber eines halben pfenninges rîcher worden sît ich iezuo von dir redende was. Dû sitzest verre unschedelîcher dînes guotes danne dise arme liute, wan die sûment sich iezuo unde gewinnent niht alse dû, wan dû gewinnest in der messe, in der predige, in der mettîn, an dem heiligen kristtage, an dem heiligen karfrîtage, an dem ôstertage, an dem pfingesttage, swie diu zît getân ist. 'Dû rehte boese hût, dû laest mich niemer geruowen'. Nû sich, gîtiger, wie dû got die zît widerreiten wellest! Ir tiuvel, ir sît an dem jungesten tage vor gote an dem vorhtsamen gerihte mîne geziuge, daz ich gote sîne zît wider gevordert hân! Ir engele sît ouch mîne geziuge! Ir hêrschaft sît alle mîne geziuge! Nû sich, verköufer gotes zît, nû sitzest dû verhertet und hâst aller wâren riuwe niht sô vil als einigen tropfen. Ir andern sünder, durch den almehtigen got gewinnet alle wâre riuwe, swie sô ir die zît unnützelîchen an geleit habet, ez sî mit unkiusche oder mit verlâzenheit, ez sî mit tanzen oder mit topeln oder swâ

diesem Augenblick niemanden, sondern sitzt ganz gesittet hier. Ebenso steht es mit den Würfelspielern; und auch die Säufer haben in diesem Augenblick schon einen schrecklichen Durst, müssen ihn aber noch ertragen. Auch die Tänzer müssen in diesem Augenblick auf den Tanz und die Spötter auf ihre Spottreden verzichten. Und auch ihr Räuber sitzt gerade jetzt hier vor mir, ohne zu rauben, zu brennen, euch im Turnier zu präsentieren oder sonstwie dem Laster der Hoffart zu verfallen[29]. Auch ihr, die ihr lästert und flucht, sitzt jetzt gerade hier vor mir und haltet den Mund. Genauso verhaltet ihr euch, wenn ihr eine Messe hört oder sonst eine andere Predigt. Du aber, du Habgieriger, kommst – zu welchem Zeitpunkt auch immer – niemals zur Ruhe. So gnade dir Gott! Denn während ich gerade von dir sprach, bist du schon wieder um einen halben Pfennig reicher geworden. Du bist, während du hier sitzt, deines Besitzes viel sicherer als diese Armen hier, denn die verlieren jetzt an Zeit, machen aber nicht noch Gewinn wie du. Du aber machst sogar noch Gewinn, während du die Messe, Predigt oder Frühmesse hörst, an Feiertagen, wie dem heiligen Weihnachtstag, dem heiligen Karfreitag, am Ostertag, am Pfingsttag oder wann auch immer. »Du nichtswürdiger Lump, du läßt mich überhaupt nicht mehr zur Ruhe kommen«, [spricht der Herr]. Sieh nun selbst zu, du Habgieriger, wie du Gott über die Zeit Rechenschaft ablegen willst. Ihr Teufel: legt am Jüngsten Tag beim schrecklichen Gericht vor Gott davon Zeugnis ab, daß ich Gott seine Zeit eingeklagt habe! Auch ihr Engel legt davon Zeugnis ab! Schließlich legt ihr alle, die ihr mir zuhört, davon Zeugnis ab! Du aber, der du Gottes Zeit verkaufst, sieh doch bloß selbst: Du sitzt hier ohne Einsicht und läßt auch nicht die geringste Reue erkennen. Ihr anderen Sünder: findet alle um Gottes des Allmächtigen willen zu wirklicher Reue zurück, obwohl auch ihr die Zeit unnütz vergeudet habt, sei es nun in sexueller Begierde oder Zügellosigkeit, in Tanz, Würfelspiel

mit ir sie verloren habet, wan ich schaffe an disen gîtigen liuten nihtes niht.
Daz ander, dâ von dû gote solt widerreiten sîne zît, daz ist, daz dû sie in gotes lobe vertrîben solt, mit gebete, mit kirchgange unde ze predigen unde ze antlâz unde ze siechen gên, ob dû maht vor êhafter nôt. Aber des vîgertages sô irret dich nieman, ez sîn danne die dâ heime müezen sîn unde hüeten der hiuser unde der kinde: die sind dér zît ledic wider ze reiten. Unde wir müezen ouch halt die selben zît verzehenden, die uns got ze leben gît. Die heiligen vierzic tage vor ôstern, die wir dâ vasten, mit den verzehenden wir die zît, die wir dâ leben. Alse liep hât der almehtige got die zît. Unde swer die zît nützelîchen anleget unde verzert, daz ist ze zwein dingen guot, ich meine in gotes dienste. Daz eine, daz er sînen lôn mêret in dem himele. Daz ander, daz sîn vegefiur deste minner wirt. Dû maht sie sô nützelîchen vertrîben in dem lobe und in dem dienste unsers herren, daz dû niemer kein vegefiur gesihst, als der guote sant Martîn. Dô der boese geist sîner sêle warte, dô sprach er: 'var hin, bluotigez tier! dû [22] vindest rehte nihtes niht an mir: ez ist rehte allez samet gebüezet'. Der hete sîne zît lobelîche angeleget. Daz hât ouch der guote sant Nicolaus und sant Uolrîch unde der andern ein michel teil. Nû seht, wie müget ir die zît sô gerne nützlîchen anlegen in gotes lobe! Wanne diu zît ûf ertrîche ze leben an einem teil ist bezzer danne ze himelrîche, sô ist daz himelrîche eines dinges bezzer danne diu lobelîche zît. Alle guote liute, die ir zît nützlîchen und

oder wie sonst noch! Denn bei diesen Habgierigen erreiche ich überhaupt nichts.
Die zweite Bedingung, die du zur Rechenschaft vor Gott über seine dir anvertraute Zeit bedenken mußt, besagt, daß du die Zeit im Lobpreis Gottes verbringen sollst: im Gebet, im Kirchgang sowie darin, daß du zur Predigt kommst, Ablaß erwirbst und Kranke pflegst, sofern dich nicht gerade zwingende Gründe davon abhalten.[30] Am Feiertag aber hindert dich niemand daran; davon ausgenommen sind jene, die zu Haus bleiben und Haus und Kind hüten müssen: Über diese Zeit brauchen sie keine Rechenschaft abzulegen. Wir müssen eben auch für die Zeit, die uns Gott zum Leben gibt, den Zehnten[31] bezahlen. Mit den vierzig heiligen Fastentagen vor Ostern bezahlen wir den Zehnten für die Zeit, die wir zum Leben zur Verfügung haben. So sehr liebt Gott der Allmächtige die Zeit! Wenn nun jemand die Zeit nutzbringend anlegt und verbraucht, so ist das – im Dienst an Gott – doppelt hilfreich: erstens erhöht er damit seinen Lohn im Himmel, zweitens verkürzt er damit seine Zeit im Fegefeuer. Ja, du kannst deine Zeit im Lobpreis Gottes und im Dienst an unserem Herrn sogar so vorteilhaft anlegen, daß du das Fegefeuer überhaupt nicht mehr zu Gesicht bekommst. So erging es dem trefflichen St. Martin[32]. Als der böse Geist seine Seele in Empfang nehmen wollte, entgegnete er ihm: »Fort mit dir, du blutrünstiges Tier! Du hast keinerlei Anspruch mehr auf mich, denn alle Forderungen sind bereits samt und sonders beglichen.« Der hatte seine Zeit lobenswert verbracht. Dasselbe gilt auch für den trefflichen St. Nikolaus[33], für St. Ulrich[34] und für die meisten anderen [Heiligen]. Bedenkt deshalb doch bloß, mit welchem Gewinn ihr eure Lebenszeit im Lobe Gottes verbringen könntet! Denn während einerseits die Lebenszeit auf Erden größere Vorteile verspricht als die Zeit im Himmelreich, so verspricht andererseits die Zeit im Himmelreich auch größere Vorteile als die Zeit, die im Erdenleben auf löbliche Weise verbracht wird. Einerseits sind alle frommen

lobelîchen lebent in unsers herren dienste, die habent ez an einem dinge waeger danne sant Pêter unde sant Nicolaus unde die andern heiligen in dem himelrîche. Sô habent ez die heiligen in dem himel eines dinges waeger danne die guoten liute ûf ertrîche. Die heiligen habent ez dar an waeger, daz sie sicherheit habent, daz sie daz himelrîche niht verliesen. Daz ist den guoten liuten ûf ertrîche niht: die wîle die lebent ûf ertrîche, sô mügent sie daz himelrîche wol verliesen. Sô habent ez die guoten liute ûf ertrîche dar an waeger, daz sie die zît ze leben habent, dâ mite sie ir lancleben mügen gemêren: ze ie der wîle unde ze ieglîcher stunde sô mac der guote mensche sînen lôn gemêren der âne sünde lebet. Hât aber er gesündet und ist ze wârer riuwe komen aller sîner sünden unde sie lûterlîchen bîhtet unde hât buoze enpfangen nâch der gnâden gotes unde nâch sînen staten, unde dar an staete blîbet uns an sînen tôt: der minret sîn vegefiur alle stunde unde alle zît, als oft er einigez pater noster sprichet oder einigez ave Marîâ oder einige venje vellet oder einigez almuosen gibet. Ze ieglîchem trite den dû in gotes lobe tritest, ze ieglîchem worte daz dû in gotes lobe sprichest, dâ mite minrest dû dîn vegefiur, wan die zît, die dû ze brennen verdienet hâst, die sleht man dir alle samt abe an der zît, die dû vertrîbest in gotes lobe. Wan swenne dû dîne sünde ûf ertrîche gebüezest, daz ist gotes lop unde siht daz volleclîchen. Unde dâ von sprichet er: 'ich wil des sünders tôt niht, ich wil daz er sich bekêre unde sîne sünde büeze'. Alsô hât uns got die zît gegeben, daz wir sie saeliclîchen unde nützelîchen anlegen unde daz wir unser sünde büezen, unde die âne sünde sint, daz die ir lôn gemêren in himelrîche. Unde dâ von habent ez die guoten liute ûf ertrîche waeger die ir zît lobelîchen vertrîbent, wan des mügent die heiligen niht

Menschen, die ihr Leben auf nützliche und auf löbliche Weise im Dienst an unserm Herrn verbringen, im Vorteil gegenüber St. Peter, St. Nikolaus und den anderen Heiligen im Himmelreich. Andererseits sind die Heiligen im Himmel gegenüber den frommen Menschen auf Erden im Vorteil. Die Heiligen treffen es darin besser, daß sie sicher sein können, das Himmelreich nicht mehr zu verlieren. Diese Sicherheit haben die frommen Menschen auf Erden nicht: Solange sie auf Erden leben, können sie das Himmelreich durchaus noch verlieren. Dagegen sind die frommen Menschen auf Erden darin im Vorteil, daß sie ihre Lebenszeit noch dazu nutzen können, ihr langes Leben immer noch löblicher zu gestalten: allezeit kann der fromme Mensch, der sündlos lebt, seinen Lohn im Himmelreich vergrößern. Wer nun gesündigt hat, jedoch alle seine Sünden aufrichtig bereut, sie ehrlich beichtet, gemäß der Gnade Gottes sowie entsprechend seinem Stand seine Bußauflage erhalten hat und sie getreu erfüllt bis zu seinem Tode, der verkürzt seinen Aufenthalt im Fegefeuer, sooft er nur ein einziges Paternoster spricht oder ein einziges Ave Maria, sooft er nur ein einziges Mal niederkniet zum Gebet oder ein einziges Almosen gibt. Mit jedem Schritt, den du zum Lobpreis Gottes tust, und mit jedem Wort, das du zum Lobpreis Gottes sprichst, verkürzt du deinen Aufenthalt im Fegefeuer, wird dir doch die Zeit, die du mit dem Lobpreis Gottes verbringst, von der Zeit abgezogen, die du im Fegefeuer brennen mußt. Wenn du also auf Erden für deine Sünden Buße tust, dann preist du damit Gott: er vermerkt es alles. Deshalb sagt er auch: »Ich will nicht den Tod des Sünders, sondern daß er umkehre und Buße tue für seine Sünde.«[35] Gott hat uns die Zeit dazu anvertraut, daß wir sie zu unserer Seligkeit und unserem Nutzen verwenden und Buße für unsere Sünde tun, und daß all jene, die sündlos leben, ihren Lohn im Himmelreich vergrößern. Darin sind die frommen Menschen auf Erden, die ihr Leben auf löbliche Weise verbringen, im Vorteil, denn das können die

getuon. Sant Pêter habe im die freude unde den lôn, den er ûf ertrîche hât verdienet: wan er mac in nie-[23]mer mêr groezer gemachen. Unde dar umbe naeme ich die wal, daz ich ein guot mensche waere unde des himelrîches sicher waere: sô waere mir dise zît hie ûf ertrîche lieber ze leben danne ze himelrîche. Ich wil ein grôz wort sprechen. Daz der herre sant Nicolaus eins einigen ave Marîâ mêr haete gesprochen hie ûf ertrîche, daz waere im lieber dan alliu diu zeichen, diu got durch sînen willen ie getet ûf ertrîche. Unde dar umbe waere mir diu zît lieber danne in himelrîche, waere ich ein guot mensche unde daz ich des himelrîches sicher waere: wan als nütze ist diu zît, die uns got ze leben hât gegeben hie ûf ertrîche. Ô wol dir wart, daz dich dîn muoter ie getruoc an dise werlt. daz sîne zît hât als nützelîchen angeleit, dâ von sich sîn saelde mêret in himelrîche. Wan der aller lôn in himelrîche ist sô grôz, daz ez unsagelich ist ze prüeven unde ze sagen unde ze gedenken. Unde dâ von ist er saelic der in verdienen mac. Sô ist der aber saeliger der in groezer gemachen mac. Und owê dem, der sîne zît alsô anleit, daz er mit dem tiuvel iemer brennen unde brâten muoz in der êwigen marter! Unde wê dem aber wirs, der sîne martel alle tage mêret mit der zît, die im got ze lebenne hât gegeben! Unde wê dem aller wirste, der sîne martel alle tage mêret mit der zît, unde der sîne zît alsô anleit, daz sîn martel nâch sîme tôde wahsende wirt ze helle! Als den gîtigen liuten: den ist allenthalben zem boesten verteilet und ze dem ungaebesten. Wan alse manige sêle mit dînem unrehten guote ververt zer helle, als ofte wirt dîn martel groezer

Heiligen nicht mehr tun. St. Peter nun möge die Glückseligkeit und den Lohn innehaben, den er sich auf Erden erworben hat, denn erhöhen kann er ihn nun nicht mehr. Deshalb würde ich mich, vor die Wahl gestellt, ob ich lieber auf Erden ein frommer Mensch sein oder aber des Himmelreichs sicher sein möchte, für diese Lebenszeit auf Erden und nicht für das Himmelreich entscheiden. Etwas ganz Bemerkenswertes will ich euch sagen: Wenn der hl. Nikolaus hier auf Erden nur ein einziges Ave Maria mehr gesprochen hätte, dann wäre ihm das jetzt willkommener, als es alle die Wunder sind, die Gott um seinetwillen auf Erden bewirkt hat. Deshalb auch wäre mir, vor die Wahl gestellt, auf Erden ein frommer Mensch oder aber des Himmelreichs sicher zu sein, die Zeit auf Erden wichtiger als die im Himmelreich: Denn wie vorteilhaft ist doch eben die Zeit, die uns Gott zum Leben hier auf Erden anvertraut hat! Wie glücklich bist du zu preisen, daß dich deine Mutter in diese Welt gebar und daß du deine Lebenszeit so gut genutzt hast, daß sich deine Glückseligkeit im Himmelreich dadurch nurmehr erhöht. Denn euer aller Lohn im Himmelreich ist so unermeßlich, daß man ihn unmöglich berechnen, benennen oder sich vorstellen kann. Deshalb ist der selig zu preisen, der diesen Lohn gewinnen, noch seliger aber der, welcher ihn noch erhöhen kann. Wehe aber über den, der seine Zeit so verwendet, daß er zusammen mit dem Teufel in ewiger Qual brennen und rösten muß! Ein noch schlimmeres »Wehe« aber über den, der jeden Tag durch die Art und Weise, wie er über die von Gott anvertraute Zeit verfügt, seine Qual verlängert. Das schlimmste »Wehe« aber über den, der jeden Tag durch seine Art und Weise, über seine Zeit zu verfügen, seine Qual verlängert und darüber hinaus seine Zeit so anlegt, daß seine Qual nach seinem Tode in der Hölle noch zunimmt. Gerade so aber ergeht es den Habgierigen: Die sind zum schlimmsten Los überhaupt verurteilt. Denn sooft eine Seele mit deinem unrechtmäßig erworbenen Gut in die Hölle stürzt, verlängert und verschlimmert sich deine Qual,

unde wehset, unz der jungeste dâ von gein helle vert, der von dînem unrehten guote verdampt wirt, wan eht alle die ez nâch dir erbent wizzentlîche unz an daz vierzigeste geslehte, die müezent alle die vart varn, die dû gevarn hâst unde bist, ob sie ez niht gelten unde widergeben.
Die andern, der marter ouch dâ ze helle wehset, daz sint alle die dâ niuwe fünde vindent ûf die sünde. Ez vindet der eine niuwe ketzerîe, sô vindet der eine niuwe schalkeit. Ein schalkhaft herze verstêt mich vil wol. Sô vindet der eine niuwe trügenheit an sîme koufe oder an sîme antwerke. Swer die sîn, die alsô niuwe fünde vindent, der marter wehset dâ ze helle alle die wîle man die selben niuwen fünde üebet nâch sîme tôde ûf ertrîche. Unde dar umbe durch den almehtigen got sô leget iuwer zît nützelîchen an, daz ir frôlîchen stêt sô ir daz dritte [24] pfunt widerreiten müezet. Ir seht wol, wenne ein amtman sînem herren widerreiten sol, wie er sorclîche stêt unz er gesiht, wie ez im ergê an der reitunge. Unde sô im wol gelinget an der reitunge, sô wirt er herzeclîchen frô, ob er gar wider reitet daz im niht gebristet, alse dem getriuwen knehte, von dem man hiute liset in dem heiligen êwangeliô, von sant Alexiô und sante Nicolaô unde manic tûsent andern heiligen, die alsô widergereitet habent, daz sie die êwigen freude dar umbe hânt enpfangen, unde daz unser herre zuo in gesprochen hât: ‘nû wis frô, getriuwer kneht! ganc in die freude dînes herren’.
Daz vierde pfunt daz iu der almehtige got enpfolhen hât unde niht enbern wil, ez müeze im daz selbe pfunt ein ieglich mensche widerreiten zwivalt, daz ir ouch merken sult

bis schließlich der Letzte in die Hölle stürzt, der wegen deines unrechtmäßig erworbenen Gutes verdammt wird. Denn alle – bis in die vierzigste Generation nach dir –, die dieses Gut von dir im Wissen um seine Herkunft erhalten, müssen eben den Weg gehen, den du schon gegangen bist, sofern sie dafür nicht aufkommen und es rückerstatten.
[Neben den Habgierigen] wächst auch die Höllenqual derer noch an, die ganz neue Kunstgriffe der Sünde herausfinden: Entdeckt dieser eine neue Ketzerlehre, so jener eine neue Form des Betrugs. Jeder Betrüger versteht schon genau, was ich damit meine: Entdeckt dieser eine neue Möglichkeit des Betrugs in seinem Handelsgeschäft, so jener in seiner Handwerksarbeit. Wer sie auch immer sein mögen, die solche neuen Kunstgriffe der Sünde herausfinden: auch ihre Höllenqual wird sich noch verschlimmern, solange – nach ihrem Tode – diese neuen Kunstgriffe auf Erden praktiziert werden. Legt deshalb, um Gottes des Allmächtigen willen, eure Lebenszeit nützlich an, damit ihr frohen Mutes über das dritte Pfund Rechenschaft ablegen könnt! Ihr wißt doch, wieviel Sorgen auf einem Verwalter lasten, der seinem Herrn Rechenschaft ablegen soll, bis er schließlich erfährt, wie es ihm bei der Abrechnung ergeht. Wenn er dann mit seiner Abrechnung Erfolg hat, freut er sich von Herzen; denn dann fehlt ihm nichts von all dem, worüber er Rechenschaft abzulegen hat. Genauso geht es dem rechtschaffenen Knecht in [unserem Textabschnitt] aus dem heiligen Evangelium für heute, genauso geht es auch dem hl. Alexius, dem hl. Nikolaus und vielen tausend anderen Heiligen, die ihre Rechenschaft so ablegen konnten, daß sie dafür die ewige Glückseligkeit erhielten und unser Herr zu ihnen sprach: »Freue dich, du rechtschaffener Knecht, und tritt ein zum Freudenfest deines Herrn.«
Das vierte Pfund, das euch Gott der Allmächtige anvertraut hat, ist dein Besitz: es ist dein Besitz hier auf Erden, den Gott euch anvertraut hat; an eurem jeweils vierten [Finger, Zeh oder Sinn] sollt ihr es erkennen. Auch bei diesem Pfund

an dem vierden glide, daz ist dîn guot, dîn irdenisch guot, daz dir got enpfolhen hât. Daz hât dir got durch zwei dinc enpfolhen. Als er dir disiu fünf pfunt alle hât enpfolhen, ieglîchez umbe zwei dinc, alsô hât er dir ouch dîn irdenisch guot enpfolhen umbe zwei dinc. Daz eine: daz dû ez niezen solt zuo dîner nôtdurft, swar dû sîn ze rehter nôt bedarft unde dîn hûsfrouwe unde dîn kint und ander dîn gesinde. Ez ist wol wâr, er hât eime viel mêr enpfolhen danne dem andern: der hât ouch im vil mêr wider ze reiten. Iedoch swie vil er dir bevolhen hât, dû maht alsô gewerben, daz dir an der reitunge vil mêre überwirt danne dir gebrichet. Er bevalch hern Davîde unde hern Constantînô unde keiser Heinrîche und künic Karle unde sant Oswalde unde künig Stephan von Ungern grôz guot; die sint alle heilic worden mit ir rîcheit. Hâst dû mêr dan ein anderz unde bedarft ouch mêr dan ein anderz, daz ist niht gîtikeit, ob dû ez mit rehte gewinnest oder gewunnen hâst, oder ob ez die mit rehte gewunnen hânt, die dirz gelâzen hânt. Weist dû aber ob sie ez mit unrehte gewunnen hânt die ez ûf dich geerbet hânt, unde waere sîn nimmêre dan aht pfenninge, unde haete die selben aht pfenninge der êrste keiser Julius mit unrehte gewunnen, unde haeten sîn nâchkomen nâch im wizzentlîchen geerbet, und aber des selben nâchkomen unz an den jungesten keiser, unde sie ie einer nâch dem andern wizzentlîchen geerbet: die müesten alle samt niwan umbe die aht pfenninge als lange in der helle sîn als got in dem himele waere. Dir habe got vil oder wênic bevolhen, daz muost dû ie widerreiten unserm herren wie dû [25] ez an hâst geleit. Swie dû es anders âne wirst danne mit ezzen oder mit

wird Gott nicht darauf verzichten, daß ihm jeder Mensch darüber doppelt Rechenschaft ablegt. Denn Gott hat dir deinen Besitz unter zwei Bedingungen anvertraut. Ebenso also wie er dir diese fünf Pfund insgesamt unter jeweils zwei Bedingungen anvertraut hat, hat er dir auch deinen irdischen Besitz unter zwei Bedingungen anvertraut. Die eine Bedingung besteht darin, ihn nur für deinen Lebensunterhalt zu verwenden, also für all das, was du, deine Frau, deine Kinder und deine sonstigen Hausgenossen wirklich zum Leben brauchen. Es stimmt schon: dem einen hat er viel mehr Besitz anvertraut als dem anderen, doch muß ihm der dafür auch über viel mehr Besitz Rechenschaft ablegen. Doch wieviel er dir auch immer anvertraut hat: du kannst in jedem Falle so verfahren, daß du bei der Abrechnung eher noch einen Überschuß erzielst, als daß dir etwas fehlt. Er vertraute [König] David[36], [Kaiser] Konstantin[37], Kaiser Heinrich[38], König Karl[39], dem hl. Oswald[40] und König Stephan von Ungarn[41] reichen Besitz an; sie alle sind trotz ihres Reichtums zu Heiligen geworden. Sofern du mehr als ein anderer besitzt und [in deinem Stand] auch mehr brauchst als ein anderer[42], so ist es nicht als Habgier anzusehen, wenn du deinen Besitz rechtmäßig erwirbst, bzw. erworben hast, oder wenn jene ihn rechtmäßig erworben haben, die ihn dir überantwortet haben. Wenn du aber weißt, daß jene, die dir ihren Besitz vererbt haben, ihn unrechtmäßig erworben haben – und wären es auch nur acht Pfennige und wäre es auch der erste Kaiser Julius,[43] der sie unter Rechtsbruch an sich gebracht hätte und dessen Nachkommen sie dann in Kenntnis dieses Unrechts von ihm geerbt und einer auf den nächsten, bis zum letzten Kaiser, in Kenntnis dieses Unrechts weitervererbt hätten – so müßten sie alle einzig wegen dieser acht Pfennige so lange in der Hölle ausharren, als Gott im Himmel der Herr ist. Ob dir Gott nun viel oder wenig anvertraut hat: in jedem Fall mußt du unserem Herrn darüber Rechenschaft ablegen, wie du es verwendet hast. Wenn du es nur für dich und deine Hausge-

trinken ze rehter wîse und umbe gewant dir unde dînem gesinde, swes eht dû bedarft ze rehter wîse, dar umbe wirst dû niht verlorn. Gîst aber dû ez den lotern unde den gumpelliuten durch lop oder durch ruom, dar umbe muostû gote antwürten. Alse wênic des got niht enbern wil, dû müezest im daz minneste hâr widerreiten, daz ûffe dîme houbete ist, und die minnesten wîle, als wênic wil er des enbern, dû müezest im den minnesten pfenninc widerreiten den dû ie gewünne und er wil gar wol wizzen wie dû sîn âne worden sîst. Waz dû vertopelst oder ze unmuozen verluoderst oder verhôhvertest mit tornei oder gibest andern wîben, oder dû, frouwe, andern mannen, sô wirt dîner sêle niemer rât; oder gîst dû ez den zuotrîberinnen, oder gîst ez umbe kleider diu ze waehe gesniten sint oder zuogenaewet unde gemachet, als ir frouwen pfleget ze tuon. Swer alsô guot unnützelîchen anleget, dem wirt gebresten an der sorcsamen reitunge des vierden pfundes. Habet ir ez aber nützelîchen angeleit, sô sît ir an dem einen teile ledic. Dannoch sult ir ez ze dem andern mâle widerreiten: daz ist, daz irz in gotes lobe niezen sult; wan dir got diu fünf pfunt alliu hât enpfolhen, daz dû sie im zwivalt muost widerreiten: daz ein ie dir selben, daz ander unserm herren. Dû muost disiu fünf pfunt ie mit im teilen, ieglich dir selben halbes unde daz ander teil unserm herren. Wan er hât dir sie durch gewin bevolhen, daz er müge gesprechen: 'nû wis frô, getriuwer kneht, ganc in die freude dînes herren!' Unde dâ von soltû gote widerreiten von disem vierden pfunde, daz dâ ist daz

nossen zur angemessenen Verpflegung und Bekleidung verbrauchst und für all das, was du sonst noch zum Leben tatsächlich benötigst, dann wirst du deswegen nicht dem ewigen Verderben überantwortet. Wenn du es aber den Gauklern und Possenreißern schenkst, um dafür Anerkennung und Ansehen zu gewinnen, dann mußt du dich vor Gott dafür verantworten. Ebensowenig wie Gott darauf verzichten wird, daß du ihm auch über das kleinste Haar auf deinem Kopf und über die kürzeste Zeitspanne Rechenschaft ablegst, ebensowenig wird er darauf verzichten, daß du ihm über den wertlosesten Pfennig Rechenschaft ablegst, den du jemals erworben hast; und schließlich will er auch ganz genau erfahren, wofür du ihn aufgewandt hast. Wenn du dein Gut beim Würfeln verspielst, geschäftig verpraßt, in prachtvollem Aufwand beim Turnier verschleuderst oder an fremde Frauen verschenkst bzw. ihr Frauen an fremde Männer, dann hat deine Seele ihr Heil verspielt. Dasselbe gilt, wenn du es den Kupplerinnen schenkst oder wenn du es für Kleider ausgibst, die raffiniert zugeschnitten, geschnürt und aufgemacht sind, wie es bei euch Frauen ja üblich ist. Wer seinen Besitz so unnütz vertut, der wird bei der drohenden Abrechnung über das vierte Pfund mit leeren Händen dastehen. Wenn ihr ihn aber sinnvoll verwendet habt, dann habt ihr Gottes Bedingungen schon zur Hälfte erfüllt. – Etwas zweites aber müßt ihr für die Abrechnung über euren Besitz noch berücksichtigen: daß ihr ihn auch zum Lobe Gottes gebrauchen sollt! Denn Gott hat dir ja diese fünf Pfund mit der Auflage anvertraut, ihm über sie doppelt Rechenschaft abzulegen: einerseits mit Rücksicht auf dich selbst, andererseits mit Rücksicht auf unseren Herrn. Denn alle diese fünf Pfund mußt du mit ihm teilen; ein jedes kommt zur Hälfte dir und zur Hälfte unserem Herrn zu, hat er sie dir doch zu deinem Nutzen anvertraut, damit er schließlich sagen kann: »Freue dich, du rechtschaffener Knecht, und tritt ein zum Freudenfest deines Herrn.« – Ebenso sollst du nun auch über das vierte Pfund vor Gott Rechenschaft ablegen: also

irdenische guot. Daz hât er dir dar umbe enpfolhen, daz dû in anderhalp dâ mite loben und êren solt. Dû solt durch got lîhen, almuosen geben, die hungerigen etzen, die durstigen trenken, die nacketen kleiden, die elenden herbergen. Alsô frâget er von disem pfunde an dem jungesten tage. Ir sult an goteshiuser, an spitâle geben, messe frumen. 'Owê, bruoder Berhtolt, jâ gaebe etelîchez vil gerne: sô enhât ez sîn niht'. Hâst dû sîn niht, sich, sô bist dû vor gote ledic. Wiltû aber mir volgen, ich wil dich lêren, daz dû grôz almuosen dran tuost mit dem guote daz dû nie gewünne oder niemer mêre gewinnen maht, oder mit dem guote daz dû gewunnen hâst und ez verlorn hâst und ez niemer mê gewinnen maht. [26] Mit dem guote daz dû nie gewünne oder niemer mêr gewinnen maht, dâ mite soltû almuosen tuon, alsô daz dû willeclîche arm sîn solt. Unde dû solt alsô sprechen mit lûterm herzen unde mit ganzem ernste: 'herre, gnâde! und waere diu burc mîn unde diu gegene, daz wolte ich willeclîche lâzen durch dîn lop, unde durch dîne êre wolte ich mich sîn verzîhen unde wolte iemer arm sîn, als ich doch bin, umbe die êwigen rîcheit'. Daz gît dir got wider als dû ez im ûz dînen handen habest gegeben. Unde dâ von sprichet sant Pêter: 'herre, wir haben alliu dinc durch dînen willen verlâzen: waz suln wir dar umbe ze lône haben?' Nû waz hete er durch got sô grôzlîche gelâzen? ein netze und ein schiffelîn. Im was aber sô niht, er hete sô grôze liebe ze gote, unde haete er alliu künicrîche gehabet, diu haete er alliu gelâzen durch die liebe die er ze gote hete. Und alsô tuot der

über dein irdisches Gut. Er hat es dir dazu anvertraut, daß du ihn damit – in Erfüllung der zweiten Bedingung – lobst und preist. Um Gottes willen sollst du borgen, Almosen austeilen, die Hungrigen speisen, den Durstigen zu trinken geben, die Nackten bekleiden und denen, die keine Bleibe haben, zu einem Dach über dem Kopf verhelfen. Am Jüngsten Tag wird er dich bei der Abrechnung dieses Pfunds danach fragen. Schließlich sollt ihr auch Kirchen und Spitäler beschenken und Messen stiften. »Was aber nun, Bruder Berthold: so mancher würde ja liebend gern Gaben austeilen, doch besitzt er sie einfach nicht.« Schau, wenn du sie nicht besitzt, dann bist du vor Gott von dieser Verpflichtung entlastet. Dennoch, wenn du auf mich hören willst, so lautet mein Rat: gib auch du reiche Almosen mit dem Gut, das du nie erworben hast und auch niemals mehr erwerben kannst, bzw. mit dem Gut, das du erworben, dann aber verloren hast und niemals mehr zurückbekommst. Denn auch wenn du niemals Gut erworben hast und auch niemals mehr erwerben kannst, sollst du dennoch insofern Almosen ausgeben, als du dich ganz bereitwillig in deine Armut fügst. Deshalb sage aufrichtig und festen Herzens: »Herr, schenke mir deine Gnade! Sollten diese Burg und dieses Land auch mir gehören, so würde ich dennoch beides, einzig um dich zu preisen, bereitwilligst aufgeben: Um deines Ruhms willen würde ich darauf verzichten und wäre lieber so arm, wie ich es ja schließlich auch bin, um dann allerdings den ewigen Reichtum zu erlangen.«[44] Dafür wird dich Gott gerade so belohnen, als ob du es ihm tatsächlich hingegeben hättest. Deshalb sagt auch der heilige Petrus: »Herr, wir haben alles, was wir besitzen, um deinetwillen aufgegeben; was werden wir dafür zum Lohn erhalten?«[45] Was war es denn schon Großartiges, was er um Gottes willen aufgegeben hat? Ein Fischnetz und einen Fischerkahn![46] Doch war das noch nicht alles: so sehr hat er Gott geliebt, daß er, wenn er auch alle Königreiche besessen hätte, auf sie alle aus seiner Liebe zu Gott verzichtet hätte.

almehtige got hiute, der in mit rehtem herzen minnet unde sich genzlîche an in verlât: er nimt den willen für diu werc. Er bekante sant Pêters herze vil wol: alsô tuot er noch hiute aller menschen herze. Mit dem guote daz dû verlorn hâst unde niemer mêr gewinnen maht, sô sprich alse Job: 'herre got, dû gaebe mirz, dû nimest ez ouch wider'. Hât dirz aber ieman genomen âne got, daz solt dû im lûterlîche vergeben. Maht dû ez aber wider gewinnen, ez ist dir erloubet von gote. Ir sult ouch armen liuten lîhen, daz sît ir gote von iuwerm guote schuldic, wan dâ von werdet ir niemer deste ermer. Wan alse diu sunne aller der werlte ir schîn lîhet, des hât sie deste minner niht. Alsô sult ir lîhen daz iu got verlihen hât, wan ez helfent etewenne sehs pfenninge ein armez alsô wol, alse der sie im umbe sus gaebe. Ir sult aber dâ von nihtes niht nemen, weder ei noch sîn wert, wan daz waere rehter wuocher. 'Bruoder Berhtolt, nû wolter michs niht erlân.' Sô sende dû im alsô vil hin wider heim oder mêr, oder dir gît got nie mêr keinen lôn umbe dîn lîhen: ez ist dir halt ein verdampnisse. Weder dienest noch gâbe sult ir dar umbe nemen. Sendet er dir dar über kleine oder grôz, oder dienet er dir iht, daz solt dû im widerlegen, oder dîn wirt niemer rât mit lîhen. Ir tuot ez gerne oder ungerne, ir sît des armen liuten schuldic, daz ir in helfen sullet, als sanctus Johannes sprichet: 'gib dem hungerigen z'ezzen!' Unde gîst dû im niht, unde stirbet er alsô, dû bist an im schuldic. Ir

Ebenso wird Gott der Allmächtige heutzutage mit dem verfahren, der ihn von ganzem Herzen liebt und sich ihm völlig überantwortet: Er nimmt den Willen für die Tat. Denn wie dem heiligen Petrus sieht er auch heute noch allen Menschen ins Herz. – Von dem Besitz, den du verloren hast und niemals mehr zurückbekommen kannst, sprich wie Hiob: »Herr Gott, du hast ihn mir gegeben, du nimmst ihn mir auch wieder.«[47] Wenn dir aber jemand anders als Gott deinen Besitz weggenommen hat, so verzichte ehrlichen Herzens darauf, ihn zu verfolgen! Falls du ihn allerdings zurückerhalten kannst, so hast du dazu Gottes Einverständnis. Auch sollt ihr armen Menschen borgen: Aufgrund eures Besitzes seid ihr dazu vor Gott verpflichtet, und schließlich werdet ihr dadurch auch überhaupt nicht ärmer. Denn ebenso wie die Sonne der ganzen Welt ihr helles Licht hingibt, dadurch aber nicht abnimmt, sollt auch ihr das verborgen, was Gott euch anvertraut hat, können doch schon sechs geliehene Pfennige einem Armen bisweilen ebenso nutzen, als ob er sie geschenkt bekommen hätte. Dafür sollt ihr aber auch gar nichts als Gegenleistung annehmen, auch nicht das Geringste, wäre das doch bereits richtiger Wucher. »Bruder Berthold, nun wollte aber einer durchaus nicht darauf verzichten!« Dann schick du ihm denselben oder einen noch höheren Betrag zurück, oder aber Gott versagt dir deinen Lohn für dein Borgen; es führt dann vielmehr zu deiner Verdammnis. Weder Dienstleistungen noch Geschenke dürft ihr dafür annehmen! Wenn dir jemand über den geborgten Betrag hinaus geringe oder gar erhebliche Zuwendungen machen oder dir sonst irgendwie zu Diensten stehen sollte, dann erstatte ihm das zurück, oder du hast mit deiner Art zu borgen dein Seelenheil verspielt. Ob es euch nun paßt oder nicht: ihr seid dazu verpflichtet, die Armen zu unterstützen, wie auch der heilige Johannes sagt: »Gib dem Hungrigen zu essen!«[48] Gibst du ihm aber nichts, und er stirbt deswegen, dann hast du dich an ihm versündigt. Allerdings dürft

müget aber [27] gar wol guotiu pfant nemen, wan ez ist aber armuot leider oft untugenthaft, unde dâ von erloubet iu got wol daz ir guotiu pfant dar umbe nemet. Wan allez, daz ez den jüden die wîle müeste geben ze wuocher, daz gît dir got wider, als ob dû ez im ûz dîner hant haetest geben.

Daz fünfte pfunt daz ist: daz dû dînen naehsten minnen solt alse dich selben. Daz pfunt muost dû ouch zwivalt widerreiten, wan dû solt dînen naehsten zwivalteclîchen minnen. Einhalp solt dû in minnen in got, anderhalp soltû in minnen durch got. Des êrsten soltû dînen ebenkristen minnen in got. Daz ist alsô gesprochen, daz dû kein dinc tuon solt durch dekeinen dînen friunt daz wider got ist, weder roup noch brant, weder manslaht noch wunden noch nihtes niht in aller der werlt. Wan taetest duz durch dich selben, sô waerest dû dâ mite verlorn; tuost dû ez aber durch dînen friunt, sô bist dû noch baz verlorn. Dû solt im weder unkiusche noch keiner dinge die wider got sîn helfen. Sô gêt einer sô rinclîchen hin unde swert einen eit für einen sînen friunt. Und waere ez dîn eigen bruoder, dû soltest in ê ze tûsent stücken lâzen snîden, ob dû bekantest, wie grôz verdampnisse dran lît, ob dû einen meineit swerst; wan daz lant dâ dû inne bist daz ist deste unsaeliger, unde diu stat unde daz dorf, dû verderbest uns den ertwuocher, wan dû gote widersagest alle sîne helfe, die er dir iemer solte getuon und aller sîner heiligen unde mîner frouwe sant Marîen. [Dâ gehoeret diu rede her, diu in den zehen geboten stêt von den meinei-

ihr sehr wohl ein angemessenes Unterpfand verlangen, fehlt doch gerade den Armen leider nur zu oft jeglicher Anstand. Deshalb gestattet es euch Gott durchaus, ein angemessenes Unterpfand zu verlangen.[49] Denn all das, anstelle dessen man bei Juden Wucherzinsen zahlen müßte, erstattet dir Gott so zurück, als ob du es ihm eigenhändig übergeben hättest.

Das fünfte Pfund bedeutet, daß du deinen Nächsten lieben sollst wie dich selbst[50]. Auch über dieses Pfund mußt du doppelt Rechenschaft ablegen, sollst du doch deinen Nächsten auf zweifache Weise lieben: einerseits im Hinblick auf Gott, andererseits um Gottes willen. Zum ersten: liebe deinen Mitchristen im Hinblick auf Gott! Darunter ist zu verstehen, daß du für niemanden, und steht er dir auch noch so nahe, etwas unternehmen sollst, das Gottes Gebot verletzt: also weder einen Raubzug noch einen Brandanschlag, weder einen Mordanschlag noch eine Verletzung oder sonst irgend etwas anderes. Denn schon, wenn du das für dich selbst tätest, wärest du damit zum ewigen Verderben verurteilt, wenn du es aber für einen tust, der dir nahesteht, ist das noch um so eher der Fall. Auch sollst du ihm nicht dazu verhelfen, seine sexuellen Begierden zu befriedigen, noch zu irgend etwas anderem, womit Gottes Gebot verletzt würde. So z. B. tritt manch einer leichtfertig vor Gericht und leistet für einen, der ihm nahesteht, einen Eid. Und ginge es dabei auch um deinen eigenen Bruder: du wärest eher dazu bereit, ihn in tausend Stücke schneiden zu lassen als einen Meineid zu schwören, wenn du nur wüßtest, wie schlimm dein Verdammungsurteil ausfällt, sobald du einen Meineid schwörst. Denn Land, Stadt oder Dorf, in denen du wohnst, verlieren dadurch immer mehr von Gottes Segen: Du verdirbst uns sogar die Früchte des Feldes, weil du jede Hilfe Gottes ausschlägst, die er dir noch erweisen würde, dazu auch die Hilfe aller seiner Heiligen und meiner Herrin, der heiligen [Jungfrau] Maria. [Hierher gehört auch das, was im Dekalog über die Mein-

digen.] Unde sô soltû dînen naehsten minnen alse dich selben in gote.

Ze dem andern mâle soltû dînen ebenkristen minnen durch got. Daz ist, daz dû im gunnen solt daz dû dir ganst êren unde guotes unde himelrîches, und im ergunnest daz dû dir selben ganst. [Daz stêt in dem sermône von den drin mûren: dâ stêt gar genzlîche inne geschriben, wie ein iegelich kristenmensche den andern minnen sol als sich selben. Diu selbe rede gehoeret gar unde gar wol her, wie dû dînen naehsten minnen solt als dich selben durch got der dir niht getân hât.] Und ist ez halt, daz er dir grôz herzeleit getân hât, dannoch soltû in minnen, alles durch got, daz dû im durch got allez daz vergebest, daz er dir ie ze leide hât getân an lîbe oder an guote oder an dînen friunden oder an dînen êren oder an dekeinen dingen, [28] daz solt dû im vergeben, den worten, daz dir got alle dîne sünde vergebe. Nû lât hiute alle samt nît unde haz ûz iuwerm herzen, unde vergebet allen den die iu ie leit getâten, und erbarmet iuch hiute über iuwer vînde, den worten, daz sich got über alle iuwer nôt erbarme. Nû vergap der almehtige got den die in an daz kriuze hiengen und den die im under sîn antlütze spîeten und in verspotten und in an die siule sluogen. Alsô sult ir hiute vergeben. Unde wol dan alle samt ze himelrîche!

Daz uns daz allen widervar daz wir dem almehtigen gote disiu fünf pfunt widerrechen unde reiten, des êrsten von unserm lîbe zwivalt: innen von reinen gedenken und ûzen von guoten werken; zem andern mâle von unserm amte, daz wir daz alsô durch got geüeben unde durch uns selben; und unser zît und unser guot daz ez gote lobelich sî; und unsern ebenkristen alsô geminnen in gote und durch got; unde daz wir disiu fünf pfunt alle samt künnen widergereiten daz wir

eidigen gesagt ist.][51] Liebe also deinen Nächsten wie dich selbst – im Hinblick auf Gott!
Zum zweiten: liebe deinen Mitchristen um Gottes willen! Damit ist gemeint: was du für dich selbst an Ansehen, Besitz und Chancen beanspruchst, ins Himmelreich zu gelangen, das erkenne auch ihm zu, kurz: sprich ihm all das zu, was du für dich selbst beanspruchst. Davon handelt die Predigt von den drei Mauern: Dort ist ausführlich beschrieben, wie denn ein jeder Christ den anderen lieben soll wie sich selbst. Was dort darüber gesagt ist, wie du denn – um Gottes willen – deinen Nächsten lieben sollst wie dich selbst, der dir kein Leid angetan hat, das paßt genau hierher.[52] Sollte er dir nun aber auch sehr weh getan haben, so sollst du ihn dennoch – um Gottes willen – lieben, auf daß du ihm – um Gottes willen – alles nachsiehst, was er dir an Schaden des Leibes, des Besitzes, deiner Sippe, deines Ansehens oder was sonst noch zugefügt hat. Vergib ihm das alles, auf daß auch Gott dir alle deine Sünden vergebe![53] Vertreibt ihr alle jetzt Mißgunst und Feindseligkeit aus eurem Herzen, vergebt allen, die euch jemals Schmerz zugefügt haben, und erbarmt euch über eure Feinde, auf daß sich auch Gott über all eure Not erbarme! Gott der Allmächtige hat denen vergeben, die ihn ans Kreuz hängten: ihm ins Gesicht spuckten, ihn verspotteten und schließlich an den Schandpfahl nagelten. Übt ihr jetzt ebensolche Vergebung und geht dann alle ins Himmelreich ein!
Möge es doch uns allen zuteil werden, daß wir, wenn wir vor Gott dem Allmächtigen über diese fünf Pfund abrechnen und Rechenschaft ablegen, und zwar erstens über unseren Körper auf doppelte Weise: über einen frommen Sinn im Herzen und gute Werke nach außen, zweitens über unseren Beruf, den wir um Gottes und unserer selbst willen ausüben mögen, drittens über unsere Lebenszeit, viertens über unseren Besitz, auf daß Gott damit gepriesen werde, und schließlich fünftens über unsere Liebe zu unserem Mitchristen im Hinblick auf Gott und um Gottes willen, daß wir – sage ich –

an dem jungesten tage frôlîche mit gote erstên, unde daz er zuo uns sprechende werde: 'nû wis frô, getriuwer kneht! dû bist getriuwe gewesen über ein wênic guotes: nû wil ich dich setzen über allez mîn guot, ganc in die freude dînes herren!': daz uns daz allen widervar, mir mit iu und iu mit mir, des êrsten an der sêle und an dem jungesten tage an dem lîbe und an der sêle, des helfe uns der vater unde der sun unde der heilige geist. Âmen.

das dann auch können, auf daß wir am Jüngsten Tag in Freude vor Gott auferstehen und er zu uns sagt: »Freue dich, du rechtschaffener Knecht: Über eine geringe Habe hast du rechtschaffen verfügt, deshalb will ich dir jetzt über meinen gesamten Besitz Vollmacht geben; tritt ein zum Freudenfest deines Herrn!«
Dazu, daß uns allen das zuteil werde: mir zusammen mit euch und euch zusammen mit mir, zunächst nur an der Seele, am Jüngsten Tag aber an Leib und Seele, verhelfe uns der Vater, der Sohn und der Heilige Geist. Amen.

Die zehende
Von zehen körn der engele und der cristenheit
Simile est regnum celorum*

'Daz himelrîche gelîchet einem acker, dâ ein schatz inne verborgen lît. Als den ein mensche vindet, der verkoufet allez sîn guot unde koufet den acker, daz im der schatz werde unde als liebe ist im zuo dem schatze'. Wer ist nû der acker, dem daz himelrîche gelîchet, unde wer ist aber nû der schatz, der in dem acker lît verborgen, unde wer ist danne der mensche, der dâ verkoufet allez sîn guot unde koufet den acker, daz im der schatz werde? Der acker, der dâ dem himelrîche gelîchet, daz ist diu heilige kristenheit, wan diu kristenheit heizet etewâ ein acker in der heiligen geschrift, unde dâ gelîchet daz himelrîche der heiligen kristenheit unde daz nieman zuo dem himelrîche kumet danne ûz der heiligen kristenheit: von juden unde von heiden gêt dehein wec zem himelrîche. Wer ist danne der schatz? Daz ist des reinen menschen sêle, diu dem almehtigen gote gelîcher ist danne ie kint sînem vater wart. Unde dar umbe verkoufte er allez sîn guot unser herre unde koufte den acker, daz im der schatz würde. Dâ sult ir sehen, ir reinen kristenmenschen, wie liep iuch hât gehabet der almehtige got, und ir sult in herzeclîchen liep hân, wan er hât iuch âne mâzen liep gehabet. Nû seht, wie liep iuch got hât, wan er iuch erkoufte mit sînem reinen lîbe, dâ genuogete in dannoch niht, er habe iuch dannoch lieplîcher geminnet, dô er die bittern martel durch uns an dem kriuze leit. Daz was diu groeste minne unde diu groeste liebe, dâ ie von gehoeret wart. Dâ genuogete in dannoch niht an, er habe uns nâch im eigenlîchen genamet. Er heizet Jêsus Kristus: sô hât er den acker aber baz dem

* So im Inhaltsverzeichnis der Handschrift A. [Anm. d. Hrsg.]

Von zehn Chören der Engel und der Christenheit

»Das Himmelreich ist gleich einem Acker, in dem ein Schatz verborgen liegt. Sobald den einer findet, verkauft er alle seine Habe und kauft den Acker, um den Schatz zu erwerben; so sehr begehrt er den Schatz.«[1] Was ist das nun für ein Acker, dem das Himmelreich gleich ist, und was ist das für ein Schatz, der in dem Acker verborgen liegt, und wer ist schließlich dieser Mensch, der all seine Habe verkauft und den Acker kauft, um in den Besitz des Schatzes zu gelangen? – Der Acker, der dem Himmelreich gleich ist, ist die heilige Christenheit, wird doch die Christenheit in der Heiligen Schrift hier und da als ein Acker bezeichnet.[2] Insofern gleicht das Himmelreich der heiligen Christenheit: Niemand gelangt in das Himmelreich, es sei denn aus der heiligen Christenheit; von den Juden und Heiden führt kein Weg ins Himmelreich. – Was ist aber dann der Schatz? Es ist die Seele des sündlosen Menschen; sie stimmt mit Gott dem Allmächtigen mehr überein als jemals ein Kind mit seinem Vater. Deshalb gab unser Herr all seine Habe dahin und kaufte den Acker, um den Schatz zu erwerben. Daran, ihr Christen, die ihr frei von Sünde seid, mögt ihr erkennen, wie sehr euch Gott der Allmächtige geliebt hat.[3] Liebt auch ihr ihn von ganzem Herzen, denn seine Liebe zu euch war grenzenlos. Erkennt nur, wie sehr euch Gott liebt, hat er euch doch mit seinem sündlosen Leben losgekauft. Allerdings begnügte er sich damit noch nicht: Noch inniger wollte er euch seine Liebe erweisen, als er um unseretwillen die bitteren Qualen am Kreuz erlitt. Das war die größte Liebe und die weitestgehende Zuwendung, von der man je gehört hat. – Doch auch damit begnügte er sich noch nicht: Er hat uns auch nach seinem eigenen Namen benannt. Er heißt Jesus Christus. So hat er den Acker dem Himmelreich

himelrîche gelîchet, daz er heizet diu heilige kristenheit, unde wir kristenliute heizen nâch [141] im kristen. Ir reinen kristenliute, nû habet den almehtigen got liep unde seht, wie liep iuch der almehtige got gehabt hât. Unde dâ genuogete in dannoch niht an, er habe iuch für baz geminnet, wan er hât die heilige kristenheit aber baz gelîchet dem wünneclîchen himelrîche. Daz himelrîche ist gezieret unde geêret mit zehen koeren der heiligen engel. Der ist einer schoener unde hoeher danne der ander. Unde die nidern koere die hât unser herre alsô geordent, daz sie den obern etelîcher dinge undertaenic sint. Sô sint danne die obern koere, daz sie den undern etelîcher dinge her wider schuldic sint umbe den dienest, den sie in dienent. Und alsô hât der almehtige got die heilige kristenheit gelîchet dem himelrîche unde hât zehen hande liute ûf ertrîche geordent in der heiligen kristenheit. Der sint ein ouch ie hoeher danne die andern, unde die nidern müezent den obern undertaenic sîn mit diensten. Sô sint die obern den nidern wider umbe eteswes schuldic, als die hôhen engele den nidern etelîcher dinge schuldic sint. Der obersten koere der heiligen engele der sint drîe. Unde den selben drin koeren sint die andern siben ir ieglîcher iemer etelîcher dienste undertaenic. Sô sint ouch die hôhesten drîe koere den siben koeren ieglîchem etelîcher her wider schuldic umb ir dienst. Welher dienste die nidern engel den obern undertaenic sint, daz gêt uns irdenische liute niht an. Unde wes danne die hôhesten engele den nidern schuldic sind, dâ haben wir niht mit ze schaffen. Unde dâ von wil ich iu kristenliuten sagen, wie der almehtige got die heilige kristenheit geordent hât mit zehen leie liuten, unde welicher leie dienste die nidern den obern schuldic und

dadurch noch mehr angeglichen, daß er nun den Namen »heilige Christenheit« trägt und wir Christenmenschen nach Christus den Namen »Christen«. Ihr frommen Christenmenschen, nun habt Gott den Allmächtigen lieb und erkennt, wie sehr euch Gott der Allmächtige geliebt hat. Doch auch damit begnügte er sich noch nicht; er wollte in seiner Liebe zu euch noch weiter gehen: hat er doch die heilige Christenheit dem Himmelreich in all seiner Herrlichkeit noch mehr angeglichen. – Das Himmelreich ist mit zehn Chören der heiligen Engel geschmückt und ausgezeichnet.[4] Von denen ist einer immer noch herrlicher und erhabener als der vorhergehende. Die niederen Chöre nun hat unser Herr dazu bestimmt, den oberen in allerlei Dingen zu Diensten zu sein. Ebenso aber auch die oberen Chöre: sie wiederum haben für den Dienst, den ihnen die niederen Chöre leisten, diesen gegenüber allerlei Verpflichtungen übernommen. Dem entsprechend hat Gott der Allmächtige die heilige Christenheit dem Himmelreich gleichgemacht: Auch auf Erden hat er in der heiligen Christenheit die Menschen in zehn verschiedene Stände unterteilt.[5] Bei ihnen stehen ebenfalls die einen über den anderen, und die niederen müssen den oberen Ständen zu Diensten sein. Umgekehrt aber haben die oberen gegenüber den niederen Ständen – ebenso wie die oberen gegenüber den niederen Engeln – auch allerlei Verpflichtungen. Unter den heiligen Engeln gibt es drei oberste Chöre, denen jeder der anderen sieben stets in den verschiedensten Dingen zu Diensten ist. Umgekehrt sind aber auch die obersten drei Chöre jedem der sieben anderen Chöre wegen ihres Dienstes auf vielfältige Weise verpflichtet. – Worin die niederen Engel den oberen zu Diensten sind, das geht uns Erdenmenschen nichts an; und worin die höchsten Engel den niederen verpflichtet sind, damit haben wir nichts zu schaffen. Ich will euch Christenmenschen statt dessen davon erzählen, wie Gott der Allmächtige die heilige Christenheit in zehn Stände von Menschen unterteilt hat und zu was für Diensten die niederen Stände gegenüber den

undertaenic sint. Dâ von hân ich willen ze sprechen iu kristenliuten, daz ir aber deste baz erkennet, wie herzeclîchen liep der almehtige got uns gehabet hât, unde daz ir in iemer mêre deste lieber unde deste werder habet in iuwerm herzen und in vor allen dingen liep habet unde minnet; wan er hât iuch vor allen dingen liep gehabet. Swie gar schône unde klâr er die engel hât geschaffen, doch erleit er nie dehein ungemach durch der engele willen. Sô hât er durch uns kristenliute wol manic hundert ungemach erliten, daz er uns widerbraehte ûz dem gewalte des tiuvels, dâ wir uns în geworfen heten mit der ungehôrsamkeit, die Adam und Êvâ begiengen in dem paradîse. Wan dô der almehtige got daz himelrîche ordente mit den zehen koeren der heiligen [142] engele, als ich iezuo sprach, dô hete er die heiligen engel dannoch niht gevestent: sie mohten himelrîche wol verliesen. Unde dâ von wurden etelîche dem almehtigen gote aptrünnic unde sint noch hiute aptrünnic unde wurden alle samt ze tiuveln unde sint noch hiut ze tage tiuvele. Unde was niht ein einiger ganzer kôr, der mit Lucifer von himelrîche dô viel: sie vielen ûz den zehen koeren allen, ûz ir ieglîchem ein teil, ûz den hôhesten und ûz den nidersten und ûz dem mittelsten. Ir vielen ûz den zehen koeren alsô ûz in allen, daz gein eime kôre gebürte unde geahtet wart nâch der zal, daz ir daz zehende teil ûz den zehen koeren vielen. Und alsô stêt ez umbe daz himelrîche mit der ordenunge. Und al zehant dô wurden die andern engel dâ gevestent von gote, daz sie nû niemer mêr himelrîche verliesen mügent. Unde dâ mite dankte in der almehtige got der triuwen unde der tugende, daz sie bî im beliben unde niht von im aptrünnic wurden. Sich, wie der almehtige got die heilige kristenheit dem himelrîche gelîche geordent hât, unde swer bî gote belîbet und im niht aptrünnic wirt als die boesen engele, die

oberen Ständen verpflichtet sind. Ich will euch Christenmenschen deshalb davon erzählen, damit ihr um so besser versteht, wie von Herzen lieb uns Gott der Allmächtige gehabt hat, und damit ihr ihn in euren Herzen immer noch lieber habt und noch höher schätzt und ihn über alles liebt; hat er euch doch auch über alles geliebt. – Zwar hat er die Engel voller Herrlichkeit und Glanz geschaffen, doch hat er ihretwegen niemals irgendwelchen Verdruß erfahren. Dagegen hat er wegen uns Christenmenschen gewiß vielhundertfachen Verdruß erfahren, um uns aus der Gewalt des Teufels zu befreien, in die wir uns mit dem Ungehorsam gestürzt hatten, den Adam und Eva im Paradies begingen. – Denn als Gott der Allmächtige das Himmelreich in die zehn Chöre der heiligen Engel unterteilte – ich habe eben davon gesprochen –, hatte er gleichwohl die heiligen Engel noch nicht [an ihren Platz im Himmel] gebunden; noch konnten sie das Himmelreich durchaus verlieren. Daher fielen auch einige von Gott dem Allmächtigen ab und sind noch heute abtrünnig; sie wurden alle miteinander zu Teufeln und sind es bis auf den heutigen Tag geblieben. Es war nicht ein einzelner vollständiger Chor, der zusammen mit Luzifer aus dem Himmelreich stürzte; aus allen zehn Chören stürzten sie, aus jedem ein Teil: aus den oberen, aus den unteren und aus denen in der Mitte.[6] Aus allen zehn Chören stürzten so viele Engel, wie zu einem Chor gehören und ihm zugerechnet würden, so daß von den zehn Chören ein Zehntel abstürzte. – So ist es um die Aufteilung des Himmelreichs bestellt. Sogleich nun bekamen die anderen Engel von Gott ihren festen Platz [im Himmel] zugewiesen, damit sie niemals mehr das Himmelreich verlieren können. Damit vergalt ihnen Gott der Allmächtige ihre treue Beständigkeit und ihre sittliche Kraft, daß sie ihm nach wie vor anhingen und nicht abtrünnig wurden. – Nun erkenne doch, wie Gott der Allmächtige die heilige Christenheit entsprechend dem Himmelreich eingerichtet hat: wer bei Gott bleibt und ihm nicht, wie die verfluchten Engel, abtrünnig wird, dem wird

wil er ouch vesten, als sie von dirre werlte gescheident, daz sie danne für baz iemer mêr ze himelrîche froelîche geleben mügen. Nû wil ich iu des êrsten sagen, wer die zehen leie liute sint, dâ diu heilige kristenheit mite geordent ist, unde wil danne sagen, mit welher leie dienste die nidern den obern undertaenic sîn sullent, unde wes danne die obern den nidern wider schuldic sint umb ir dienst.

Die êrsten drîer leie liute daz sint die hoehsten unde die hêrsten, die der almehtige got selbe dar zuo erwelt unde geordent hât, daz in die andern siben alle undertaenic wesen suln und in dienen suln. Die êrsten daz sint die pfaffen, die die kristenheit lêren sullent; daz ander sint eht geistlîche liute; daz dritte sint werltlîche rihter, herren und ritter, die dâ witwen unde weisen schirmen sullent. Die dritten unde die êrsten die sulnt die kristenheit beschirmen an lîbe und an sêle.

Die êrsten daz ist der bâbest und alle pfaffen. Die sulnt der kristenheite pflegen mit geistlîchem rehte unde gerihte unde mit geistlîcher lêre, mit bîhte unde mit predigen unde mit ander guoter lêre. Dâ hât sie der almehtige got zuo gesetzet unde geordent, wan sie uns des êrsten an die kristenheit bringent mit dem heiligen toufe. Und in hât der almehtige got [143] die siben heilikeit dar umbe bevolhen, daz sie die kristenheit dâ mite heiligen süllen an die werlt, sô sie in die werlt varnt unde sô sie durch die werlt varnt unde sô sie ûz der werlt varnt, mit dem heiligen toufe unde mit der heiligen ê unde mit der heiligen firmunge unde mit der heiligen bîhte unde buoze unde mit dem heiligen gotes lîchnamen unde mit dem heiligen olei unde mit den gerihten, daz sie uns vor dem ungelouben beschirmen mügen unde süllen: sô wir in die werlt varn mit dem toufe unde krisemen, unde sô wir durch die werlt varn, sô sullent sie uns behüeten unde beschirmen

er auch seinen Platz im Himmel zuweisen, so daß er, wenn er von dieser Welt Abschied nimmt, fürderhin im Himmelreich in Freuden leben kann. Ich werde euch nun zuerst erzählen, welches die zehn Stände der Menschen sind, aus denen sich die heilige Christenheit zusammensetzt; sodann werde ich euch erzählen, mit welcher Art Leistungen die niederen den oberen Ständen zu Diensten sein sollen und umgekehrt, wozu die oberen Stände den niederen gegenüber für deren Dienste verpflichtet sind.

Die ersten drei Stände der Menschen sind die erhabensten und vornehmsten; Gott der Allmächtige selbst hat sie dazu auserwählt und bestimmt, daß ihnen alle anderen sieben untertan sein und ihnen dienen sollen. Zuerst kommen die Geistlichen, welche die Christenheit unterweisen sollen; sodann kommen die Mitglieder der Orden und schließlich drittens die weltlichen Richter, Herren und Ritter, welche die Witwen und Waisen schützen sollen. Die dritten und die ersten sollen die Christenheit an Leib und Seele bewahren.

Zu den ersten: das sind der Papst und alle Geistlichen. Die sollen sich der Christenheit mit geistlichem Recht und Gericht annehmen, mit geistlicher Belehrung, mit dem Abnehmen der Beichte, mit dem Predigen und mit anderer nützlicher Unterweisung. Dazu hat sie Gott der Allmächtige eingesetzt und bestimmt, denn sie sind es, die uns mit der heiligen Taufe zuerst in die Christenheit aufnehmen. Ihnen hat Gott der Allmächtige die sieben Sakramente zu dem Zweck anvertraut, daß sie mit diesen Sakramenten die Christenheit heiligen für das Erdenleben: daß sie uns, wenn wir auf die Welt kommen, wenn wir durch die Welt gehen und wenn wir aus der Welt scheiden, mit der heiligen Taufe, der heiligen Ehe, der heiligen Firmung, der heiligen Beichte und Buße, dem heiligen Abendmahl, der heiligen Ölung und schließlich mit dem geistlichen Richteramt vor dem Unglauben schützen können und auch sollen.[7] Wenn wir auf die Welt kommen, sollen sie uns schützen mit Taufe und Salböl[8]; wenn wir durch die Welt gehen, sollen sie uns vor

vor ungelouben unde vor êbrechen unde vor unrehtem gerihte. Wan swenne die wertlîchen fürsten und ander werltlîche rihter niht rehte rihten wellent noch rehte gerihte wolten haben, sô betwüngen sie wol die geistlîchen fürsten mit rehte, daz sie reht gerihte müesten haben. Unde sie sulnt ouch selbe rehte rihten, als verre als ez sie an gêt, wan daz hât in got geboten, daz sie im sînen edeln schatz behüeten unde bewarn suln, den er dâ tiure hât erkoufet mit sînem grimmen tôde unde mit sîner martel, daz ist des kristenmenschen sêle: den hât iu got gar hôhe bevolhen. Unde dar umbe, ir hêrschaft, als liep iu daz himelrîche sî, alle die der sêle pflegen sulnt, die sulnt ir alsô pflegen, alsô sie iu got bevolhen hât und alse er iuch dar zuo geordent hât. Wan dâ von sprichet er zuo Jeremîâ: 'ich hân dich ze rihter gesatzt über alle mîne diet.' Unde swâ ir des niht tuot, sô sît ir dem almehtigen gote aptrünnic worden unde sît gevallen ûz der gemeinde der heiligen kristenheit (diu gelîchet sich dem wünneclîchen himelrîche): die wirfet er zuo den aptrünnigen engeln. Buoze nemen wir alle zît ûz. Wan alle die got aptrünnic werdent in sînem nidern himelrîche, daz ist in der heiligen kristenheit, die wirfet er in den grunt der helle zuo dem aptrünnigen engele.

Die andern liute, die der almehtige got ouch geordent hât zuo dem hôhesten in der heiligen kristenheit, sie selbe dritte, daz sint die geistlîchen liute. Die sulnt ouch die liute wîsen unde lêren, als verre als in bevolhen ist und als verre sie getürren vor urloube, unde sulnt in guot bilde vor tragen mit dêmüetigem lebenne unde mit gedultikeit unde mit erbermede unde mit süezem lebenne, mit kiusche, mit vasten, mit allen guoten dingen, unde fruo unde spâte got an ruofen, mit

Unglauben, vor Ehebruch und vor unrechtem Gericht bewahren und beschützen. Denn wenn die weltlichen Fürsten und die anderen weltlichen Richter in ihrer Rechtsprechung nicht dem Recht genügen oder rechtes Gericht halten wollen, dann werden sie ganz zu Recht von den geistlichen Fürsten dazu gebracht, in ihrer Rechtsprechung Gerechtigkeit walten zu lassen. Doch auch sie selbst sollen in ihrer Rechtsprechung, soweit sie ihnen zukommt, dem Recht genügen. Denn das hat Gott ihnen aufgetragen, daß sie ihm seinen kostbaren Schatz, die Seele des Christenmenschen, bewahren und beschützen, den er mit seinem bitteren Tod und mit seinem Leiden so teuer erkauft hat. Diesen Schatz also hat euch Gott um einen hohen Preis anvertraut. Deshalb, ihr Herren, wenn euch das Himmelreich lieb ist: alle, die sich der Seele annehmen sollen, sollen das auf eben die Weise tun, wie sie Gott euch anvertraut und wie er euch dazu eingesetzt hat. Darum nämlich sagt er zu Jeremia: »Ich habe dich zum Richter über mein ganzes Volk bestellt.«[9] Wo immer ihr das nicht tut, seid ihr Gott dem Allmächtigen abtrünnig geworden und seid von der heiligen Christengemeinde abgefallen, die dem Himmelreich in all seiner Herrlichkeit gleicht: Solche Abtrünnigen aber schleudert er zu den abtrünnigen Engeln. Die Möglichkeit, Buße zu tun, allerdings nehmen wir jederzeit davon aus. Denn nur die aus Gottes unterem Himmelreich, der heiligen Christenheit, die von ihm [endgültig] abfallen, wirft er zu den abtrünnigen Engeln bis auf den Grund der Hölle.

Der zweite Stand nun, dem Gott der Allmächtige ebenfalls neben zwei anderen Ständen seinen Platz an der Spitze der heiligen Christenheit zugewiesen hat, sind die Mitglieder der Orden[10]. Auch sie sollen die Menschen unterrichten und belehren, soweit es ihnen verordnet und erlaubt ist. Sie sollen ihnen ein gutes Vorbild sein mit Demut, Geduld, Barmherzigkeit und Güte, mit Keuschheit, Fasten und allen sonstigen Zeichen ihrer Frömmigkeit und schließlich darin, daß sie früh und spät Gott anrufen, die Schrift lesen sowie

[144] lesen, mit singen unde mit gebete, unde sullent daz tuon dem almehtigen gote unde sîner reinen muoter ze lobe unde ze êren und allem himelischen her und allen kristenliuten ze heile unde ze saelden und allen geloubigen sêlen ze trôste unde ze hilfe. Die ze himelrîche sint die enbedürfent niht danne lobes und êre, unde dâ von sol man got unde sîne heilige muoter loben und êren alle zît umbe die genâde, die er an uns begangen hât, daz er uns geschaffen hât und uns von dem êwigen tôde erlôst und enbunden hât unde daz er uns ze der hôhen wirdekeit unde ze der wünne unde ze der freude, die er selbe ist, êwiclîche beschaffen hât und erwelt. Des sol man alles got loben unde sîne heilige muoter und allez himelische her; unde den lebenden kristenliuten saelden unde heiles wünschen dazs got friste unde bestaete in rehtem gelouben und an rehten werken; unde swer sich an disen zwein verwarlôset hât, daz sie got friste mit gesunde unde mit saelden unde daz sie gotes hulde erwerben. Daz ist den lebenden kristenliuten nôt, daz man in des bite unde wünsche. Sô ist den kristensêlen in dem vegefiure des nôt, daz man in wünsche trôstes unde helfe, daz sich got erbarme über ir pîne und über ir grôze martel, wan diu ist gar jaemerlîchen und engeslîchen. Unde dar umbe hât der almehtige got geordent geistlîche liute in der heiligen kristenheit, daz sie sich gein gote halten alse ir regel seit. Unde tuont sie des niht, sô werdent sie aptrünnic. *Mali laici – mali religiosi.* Daz ist aber gar der sihtige tiuvel.

Die dritten leie liute, die ouch der hôhesten sint unde die dritten in der heiligen kristenheit, die den nidern schuldic sint umb ir dienst gar vil gnâden unde guoter dinge – hie vor hân ich iu geseit, wes in die pfaffen schuldic sint unde die geistlîchen liute: sô wil ich iu nû sagen, waz in die keiser

singen und beten. Sie sollen das tun zu Lob und Preis Gottes des Allmächtigen und seiner Mutter, die ohne Makel ist; allen himmlischen Heerscharen[11] und allen Christenmenschen zum ewigen Heil und zur himmlischen Seligkeit, allen gläubigen Seelen zu Trost und Beistand. – Die im Himmelreich verlangen weiter nichts als Lob und Preis. Darum auch sollen Gott und seine heilige Mutter immerfort Lob und Preis für die Gnade erfahren, die er an uns erwiesen hat: daß er uns erschaffen sowie von dem ewigen Tod erlöst und befreit hat und daß er uns für alle Zeit dazu erschaffen und auserwählt hat, die erhabene Herrlichkeit sowie Wonne und Glückseligkeit, die er selbst ja ist, zu erlangen. Für all dies soll man Gott, seine heilige Mutter und alle himmlischen Heerscharen loben und den noch lebenden Christenmenschen Seligkeit und ewiges Heil wünschen, auf daß Gott sie bewahre und stärke im rechten Glauben und in guten Werken; und daß Gott sie, die sich an diesen beiden Teilen versündigt haben, [dennoch] nicht antaste, sondern in der Seligkeit bewahre und sie somit Gottes Gnade erlangen. Für die noch lebenden Christenmenschen ist es unabdingbar[12], daß man dieses für sie immer wieder erbittet und erfleht. Die Christenseelen im Fegefeuer dagegen verlangen danach, daß man für sie um Trost und Beistand bete, auf daß sich Gott ihrer Qual und schrecklichen Pein erbarme: ist sie doch voller Leid und Schrecken. Zu diesem Zweck nun hat Gott der Allmächtige in der heiligen Christenheit Ordensleute eingesetzt, daß sie gegenüber Gott so auftreten, wie es ihnen ihre Ordensregel vorschreibt. Tun sie das aber nicht, so werden sie abtrünnig: »Mali laici – mali religiosi.«[13] Das aber sind leibhaftige Teufel.

Nun zum dritten Stand, also den Menschen, die unter den obersten Ständen der heiligen Christenheit an dritter Stelle stehen und die den niederen Ständen für deren Dienste [ebenfalls] viele Gunstbeweise und Wohltaten schulden. Ich habe euch ja gerade erzählt, was ihnen die Geistlichen und die Ordensleute schulden; ebenso werde ich euch jetzt

unde die künige schuldic sint unde die herzogen unde die frîen unde die grâven und alle werltlîche herren, die ritter unde herren sint, und alle die, den unser herre ûf ertrîche gerihte unde gewalt geben unde bevolhen hât, wan die sint der drîer ouch eine, den die siben leie liute der almehtige got undertaenic hât gemachet, daz sie in dienen suln. Unde dar umbe sît ir disen gotes kindern her wider schuldic, daz ir sie schirmen sult vor dieben und vor roubern unde brennern, vor jüden, vor heiden unde vor ketzern, vor meineidern unde vor unrehtem gewalte. [145] Iu sint die hôhen zuo den nidern bevolhen, die pfaffen zuo den geistlîchen liuten, die witwen unde die weisen, die meide unde die êliute alle samt sint iu bevolhen, wan iu hât unser herre gar grôze êre unde guot dar umbe verlihen unde schoene leben unde hât iu anders niht ze schaffen geben, wan daz ir im sînen edeln schatz wol behüetet unde bewart, als verre als er iu bevolhen ist und als iuch got dar zuo geordent hât. Ez sol iuwer schâchzabel sîn und iuwer vederspil und iuwer tagalt und iuwer kurzwîle. [Ez stêt in dem sermône von den drin mûren: Ir wellet aber den goteshiusern mêr abebrechen dan irn gebet unde ir sie beschirmet.] Unde den geistlîchen liuten sullet ir iuwer almuosen geben unde dar zuo witwen unde weisen beschirmen und ouch almuosen geben. Unde tuot ir des niht, sô sît ir der heiligen kristenheit aptrünnic worden unde man wirfet iuch in den grunt der helle zuo dem aptrünnigen engel. Nû seht, ir armen liute alle samt, dirre dinge sint iu dise drîer leie liute schuldic umb iuwern dienest! Unde dar umbe sult ir in getriuwelîche dienen sô getânen dienest, des ir in ze rehte undertaenic sult sîn, wan dirre drîer leie liute möhte über ein diu heilige kristenheit niht enbern. Unde dâ mite hât uns got erzöuget, daz im der schatz gar liep was und ist, der reinen kristenmenschen sêle;

erzählen, was ihnen die Kaiser und Könige schulden, die Herzöge, Freien[14], Grafen und alle die anderen weltlichen Herren, die Ritter und Herren sind und denen unser Herr sonst noch auf Erden Rechts- und Herrschaftsgewalt übertragen und anvertraut hat. Denn auch sie gehören zu den drei Ständen, denen Gott der Allmächtige die sieben anderen Stände unterworfen hat, damit sie ihnen dienen. Umgekehrt aber seid ihr auch dazu verpflichtet, diese Gotteskinder[15] vor Dieben, Räubern und Mordbrennern zu schützen, vor Juden[16], Heiden und Ketzern, vor Meineidigen und vor unrechter Gewalt. Euch sind die hohen und die niederen Stände anvertraut, die Geistlichen und Ordensleute, die Witwen und Waisen, die unverheirateten und die verheirateten Frauen; sie alle sind euch anvertraut. Denn zu diesem Zweck hat euch unser Herr großes Ansehen, viel Besitz und ein angenehmes Leben verliehen, und er hat euch nichts anderes zu tun aufgegeben, als ihm seinen wertvollen Schatz zu bewahren und zu beschützen, soweit er euch anvertraut ist und Gott euch dazu eingesetzt hat.[17] Das soll euer Schachspiel sein, eure Falkenjagd, euer Vergnügen und euer Zeitvertreib: In der Predigt »Von den drei Mauern« heißt es dazu, daß ihr im Gegensatz dazu kirchlichen Besitz eher noch ausplündert, als daß ihr ihn vermehrt und beschützt.[18] Gebt den Ordensleuten eure Almosen, leiht den Witwen und Waisen euren Schutz und schenkt ihnen ebenfalls Almosen! Tut ihr das nicht, so seid ihr von der heiligen Christenheit abgefallen und werdet auf den Grund der Hölle zu dem abtrünnigen Engel geworfen. – Ihr aber aus den niederen Ständen insgesamt sollt begreifen: dies alles schulden euch diese drei Stände für euren Dienst. Umgekehrt sollt ihr ihnen deshalb in aller Rechtschaffenheit so zu Diensten sein, wie ihr es – aufgrund eurer Stellung – zu tun verpflichtet seid, könnte doch die heilige Christenheit auf keinen dieser drei Stände verzichten. Gott hat uns damit dargetan, wie sehr er den Schatz, die Seele der sündlosen Christenmenschen, geliebt hat und noch liebt: hat er doch

unde dar umbe hât er sie gar wîslîche geordent die heiligen kristenheit.
Nû wil ich iu sagen von den andern koeren der heiligen kristenheit. Der solten noch sibene ze rehte sîn. Nû ist ir niwan sehse: die êrsten drîe unde sehse, daz sint niune. Der zehende ist uns kristenliuten aptrünnic worden. Ze gelîcher wîse als der zehende kôr der engele von dem obern himelrîche aptrünnic wart und alle samt ze tiuveln wurden, als ist uns der zehende kôr ûz der heiligen kristenheit aptrünnic worden gar unde gar unde hât sich ze den tiuveln gesellet, dâ ir niemer rât werden kan. Sie sint von uns gevallen unde habent dehein tuon mit uns. Ir andern sehs koere, ir sult iuwer ambet getriuwelîchen üeben, daz ir iht aptrünnic werdet, wan ir sît gar ze edel dar zuo, daz ir der tiuvel genôz würdet in der êwigen martel. Und alsô hât der almehtige got dise heilige kristenheit gesetzet mit sehs leie liuten unde geordent, der man deheine wîse gerâten mac. Und er hât ieglîchem sîn amt geordent als ér wil, niht als dú wilt. Dû woltest lîhte ein [146] ritter oder ein herre sîn, sô muost dû ein schuochsûter sîn oder ein weber oder ein gebûre, wie dich got danne geschaffen hât.
Die êrsten daz sint alle die gewant wirkent, swelher leie gewandes die liute bedürfent. Die hoerent alle samt zuo einander zuo éinem amte, sie wirken sîdîn gewant oder wullînz oder lînînz oder belzîn gewant oder schuohe oder hentschuohe oder gürtel oder swelher leie ez ist, daz zuo dem gewande gehoeret: die sint alle zuo einem kôre geordent unde der mac man deheine wîse gerâten unde die sulnt alle getriuwe unde gewaere sîn mit ir amte, beide den pfaffen unde den leien, den geistlîchen unde den werltlîchen, den fürsten unde den dienstmannen, den rittern unde den knehten, dem armen unde dem rîchen, dem gebûre als dem

deshalb die heilige Christenheit [so] weise [in einzelne Stände] unterteilt.
Ich will euch nun von den anderen Chören der heiligen Christenheit erzählen. Sieben sollten es von Rechts wegen noch sein. Allerdings sind es nur noch sechs: Die ersten drei und sechs, das sind zusammen neun. Der zehnte Chor ist von uns Christenmenschen abgefallen. Ebenso wie der zehnte Chor der Engel vom oberen Himmelreich abgefallen ist und sie alle zu Teufeln wurden, ist der zehnte Chor von der heiligen Christenheit vollständig abgefallen und hat sich zu den Teufeln gesellt, wo es für diese Leute keinerlei Rettung mehr gibt. Sie sind von uns abgefallen und haben mit uns nichts mehr zu schaffen. Ihr anderen sechs Chöre aber, ihr sollt euren Beruf gewissenhaft ausfüllen,[19] auf daß ihr nicht abtrünnig werdet; denn dazu seid ihr viel zu kostbar[20], als daß ihr euch mit den Teufeln in der ewigen Qual gemein machen solltet. Und so hat Gott der Allmächtige diese heilige Christenheit in sechs Stände eingerichtet und unterteilt, von denen keiner zu entbehren ist. Jedem Menschen hat er seinen Beruf zugewiesen, und zwar wie e r es will, nicht wie d u es willst. Du möchtest vielleicht ein Ritter oder Herr sein, dennoch aber mußt du ein Schuster, Weber oder Bauer sein, so wie dich Gott eben geschaffen hat.
Die ersten sind alle diejenigen, die Kleidungsstücke herstellen, welcher Art Kleidung die Menschen auch immer brauchen. Sie gehören alle zusammen zu einer Berufsgruppe, ob sie nun Seidenkleidung, Wollkleidung, Leinenkleidung oder Pelzkleidung herstellen, Schuhe, Handschuhe oder Gürtel oder was man sonst noch zur Bekleidung rechnen mag. Sie alle sind zu einem Chor zusammengefaßt, und man kann sie unter keinen Umständen entbehren. Sie alle sollen in der Ausübung ihres Berufs ohne Falsch und Betrug sein: gegenüber Geistlichen und Laien, gegenüber denen, die einem Orden angehören oder auch nicht, gegenüber Fürsten und Ministerialen[21], Rittern und Knechten, gegenüber dem Armen und dem Reichen, dem Bauern und dem Kaufmann.

koufmanne. Daz ist der dienst, den ir den drin hôhesten koeren schuldic sullet sîn, daz ir mit iuwerm amte in dienen sult. Wan sie mügent iuwers amtes mit nihte gerâten: sie müezent eht gewant haben, wullînz unde lînînz unde belze unde schuohe und einz unde daz ander. Dâ mite sult ir in dienen, daz irz in getriuwelîche machet, niht halbez verstelt noch ander untriuwe dar zuo tuot, hâr under wollen mischen noch zerdenen ûzer einander. Sô einer wil waenen, er habe ein guot tuoch, sô hâst dû ez zerzogen, daz ez deste langer sî, unde machest ein guot tuoch ze einem îteln hadern. Ob dû die zwô eln oder die drîe gên liezest mit den andern unde gaebest ez deste hoeher, sô behieltest dû dîne triuwe unde waere den liuten nützelich. Sô machest dû ein guot dinc boese. Dar an lît vier hande untriuwe. Dû ungetriuwer velscher, daz dû durch einen sô kleinen nutz ein tuoch oder ein leder oder ein ander dinc verderbest, dâ mite wirdest dû aptrünnic unde maht niemer blîben in der gemeinde der heiligen kristenheit: man wirfet dich zuo den aptrünnigen tiuveln, dâ dîn niemer mêre rât wirt. Unde die obern koere sullent dich vertiligen umbe die trügenheit, wan die sint rehte dar zuo geordent, daz sie alle trügenheit rihten sullen, die werltlîchen rihter. Unde swâ sie daz übersehent durch miete oder durch friuntschaft oder durch dehein dinc, sô sint sie als gar trügenaere an ir gerihte, als jener an sînem antwerke. Sô enmac ein man einen guoten huot vinden vor dînem valsche, im gê der regen ze tal in den buosem. Sô trügenheit an schuohen, [147] sô trügenheit an belzen und an kürsen. Sô setzet der einen alten balc für einen niuwen, unde maniger hande trügenheit, die nieman als wol weiz als dû unde dîn herre der tiuvel. Wie solt ich dich trügenheit lêren?

– Euer Dienst, den ihr den drei obersten Chören schuldet, besteht darin, ihnen mit eurem Beruf zu dienen. Denn sie können auf eure Arbeit nicht verzichten, sie brauchen nun einmal Kleidung aus Wolle und aus Leinen, Pelze und Schuhe und noch dieses und jenes. Darin sollt ihr ihnen zu Diensten sein, daß ihr ihnen ihre Kleidung ohne Falsch anfertigt, nicht die Hälfte [des Rohstoffs] beiseite schafft oder sogar noch weitere Betrügereien unternehmt: [z. B.] Haar unter die Wolle mengt oder die Wolle streckt. Wenn einer dann glaubt, er besitze ein gutes Tuch, dann hast du es auseinandergezerrt, damit es um so länger werde, und verdirbst so ein gutes Tuch zu einem unnützen Lumpen. Wenn du dagegen die zwei oder drei Ellen von den übrigen nicht abziehen würdest und das Stück entsprechend teurer verkaufen würdest, so bliebest du rechtschaffen und den Leuten wäre es von Nutzen. Du aber verdirbst ein gutes Stück; darin liegt ein vierfacher Betrug.[22] Du falscher Betrüger – daß du um eines so geringen Vorteils willen ein Stück Tuch, Leder oder etwas anderes verdirbst, damit wirst du ein Abtrünniger und kannst nicht mehr in der Gemeinde der heiligen Christenheit bleiben; vielmehr wirst du zu den abtrünnigen Teufeln geworfen, wo es für dich keinerlei Rettung mehr gibt. Die oberen Chöre aber sollen dich wegen deines Betrugs vernichten, sind sie doch, die weltlichen Richter, von Rechts wegen dazu eingesetzt, über jeden Betrug zu richten. Sofern sie das versäumen, sei es aufgrund von Bestechung, von persönlicher Zuneigung oder von irgend etwas anderem, so sind sie ebensolche Betrüger in ihrer Rechtsprechung, wie jener in seinem Handwerk.[23] Wegen deiner betrügerischen Arbeit kann niemand mehr einen brauchbaren Hut auftreiben: der Regen läuft ihm sicher in den Hals. Ebenso steht es mit dem Betrug an Schuhen, an Pelzen und Pelzröcken. So gibt der [Kürschner] ein altes Fell für ein neues aus – und was es sonst noch an den verschiedensten Betrügereien geben mag, die allerdings niemand so gut kennt wie du und dein Herr, der Teufel. Wie

jâ kanst dû ir selber genuoc. Und alle die, die alsô trügener sint, die sint ouch aptrünnic.
Die andern liute, die zuo dem andern kôre gehoerent, daz sint alle die mit îsenînen wâfen arbeitent unde wirkent: die hoerent alle zuo einander unde zuo einem kôre unde zuo einem amte. Daz sint goltsmide, pfennincsmide und ander smide unde zimberliute oder îsensmide unde swelher leie sie smiden künnen, unde steinmetzen und drehseler, oder swelher leie sie dâ künnen, ez sîn dise oder jene, die mit îsin wirkent, die hoerent alle samt zuo einem kôre, unde der möhte man ouch deheine wîse enbern. Unde sie sulnt alle samt getriuwe unde gewaere sîn mit ir amten, sie wirken tagewerk oder fürgrif, wan daz tuont in dem amte vil zimberliute unde steinmetzen. Unde wirkent sie tagewerk, sie sulnt niht deste traeger sîn, daz der werke manigez werde. Ist ez fürgrif, sô solt dû niht deste balder dâ von îlen, daz dû sîn schiere abe kumest unde daz ez über ein jâr oder über zwei dernider valle; dû solt ez mit triuwen wirken, reht in der wîse als ob ez dîn selbes waere: sô saehest dû gerne, wie getriuwelîche man dir würhte. Als gerne dû saehest, daz man dir getriuwelîche würhte, als getriuwelîche soltû dînem naehsten tuon. Ez sîn goltsmide oder ander smide, swaz sie würken, daz sulnt sie getriuwelîchen wirken. Dû slehst etewenne ein îsin an ein ros, daz ist îtel kis, unde gêt lîhte dar ûffe kûme eine mîle, unz daz ez zerbrichet, unde mac der von erlamen oder er mac dâ von gevangen werden oder den lîp verliesen; oder einem erbeitenden manne, der ez tegelîchen ment unde trîben muoz in wagen und in pfluoge. Sô bist dû ein trügener unde bist aptrünnic worden, wan dû muost zuo den aptrünnigen engeln. Wan die vielen niht ûz

denn, soll ich dich noch in Betrügereien unterweisen? Du kennst ja selbst schon genug von ihnen! Sie alle aber, die so betrügen, sind ebenfalls abtrünnig geworden.
Zum zweiten Chor gehören all jene, die ihrer Arbeit mit Werkzeugen aus Eisen nachgehen. Sie gehören alle zusammen zu einem Chor und zu einer Berufsgruppe: Es sind die Goldschmiede, Münzschläger und anderen Schmiede, die Zimmerleute ebenso wie die Eisenschmiede und alle möglichen Schmiede, dazu auch Steinmetze, Drechsler und alle möglichen Leute, die mit eisernem Werkzeug arbeiten – sie alle gehören zusammen in einen Chor, und auch auf sie kann man keinesfalls verzichten. Sie alle sollen ihren Beruf ohne Falsch und Betrug ausüben, ob sie nun im Tagwerk oder im Stückwerk arbeiten; letzteres gilt in dieser Berufsgruppe für viele Zimmerleute und Steinmetze.[24] Wenn sie im Tagwerk arbeiten, dann sollen sie nicht um so mehr faulenzen [sondern um so fleißiger sein], damit viel geschafft wird. Geht es dagegen um Stückwerk, so sollst du es nicht überhastet fertigstellen, nur damit du es möglichst bald loswirst, es dann aber nach ein oder zwei Jahren zusammenstürzt. Vielmehr sollst du es ohne Falsch herstellen, gerade ebenso, als ob es dein eigenes wäre. Denn auch du sähest es doch gern, daß man für dich arbeiten würde, ohne dich dabei zu betrügen. So redlich, wie du gerne möchtest, daß für dich gearbeitet wird, so redlich sollst du auch für deinen Nächsten arbeiten. Ob es nun Goldschmiede oder andere Schmiede sind: was sie schaffen, das sollen sie auf redliche Weise schaffen. So beschlägst du z. B. ein Pferd, doch ist das Hufeisen unbrauchbar: Es besteht nur aus Schlacke. Das Pferd läuft dann damit noch knapp eine Meile, und schon zerbricht das Hufeisen. Das Pferd kann dadurch lahm werden, der Reiter in Gefangenschaft geraten oder gar sein Leben verlieren; oder aber das passiert einem, der das Pferd bei der täglichen Arbeit vor dem Wagen oder vor dem Pflug antreibt. Damit aber bist du zu einem Betrüger und Abtrünnigen geworden und mußt hinab zu den abtrünnigen

éinem kôre, sie vielen ûz den koeren allen zehenen, und alsô vallent manic tûsent ûz disen niun koeren. Der zehende ist gar gevallen, der kumt niemer mêre wider. Riuwe unde buoze versage ich niemanne. Aber die diu langen mezzer slahent, dâ mite man die liute lîbelôs tuot, die sîn getriuwe oder sie geben tiure oder wolveil, sô wirt ir sêle niemer rât. Unde dû [148] würfeler, dû bist der aptrünnigen einer! dû kanst dînem amte niemer rehte getuon, dû muost dich sîn abe tuon, oder dû muost eht bî den aptrünnigen tiuveln iemer êwiclîchen brinnen an dem grunde der helle, wan dû bist eht in dém amte. Die dâ mit dem îsen wirkent unde swaz der selben liute sî, die sulnt ir amt getriuwelîchen üeben, daz ez aller getriuwelîchest sî, wan sie wizzent selbe aller beste, wie sie im tuon suln. Unde dâ mite sult ir den hôhesten koeren undertaenic sîn, wan die gebietent ez iu mit der gehôrsame, die pfeffenlîchen rihter unde die werltlîchen rihter. Sô bitent es iuch die geistlîchen durch got unde durch iuwers heiles willen, wan sie mügent iuch niht gebieten.

Die dritten daz sint alle die mit kouf umbe gênt. Der möhte man deheine wîse gerâten. Sie füerent ûz einem andern künicrîche in diz daz dort wolveil ist, unde daz jenhalp meres wolveil ist daz füerent sie her über, unde daz hie wolveil ist daz füerent sie hin wider. Sô füerent uns die von Ungern, die von Kerlingen, die ûf schiffen, die ûf wegenen; die trîbent, die tragent. Swelher leie ez ist, sô sint sie alle zuo éinem kôre geordent unde pflegent éines amtes. Unde des

Engeln. Denn die stürzten nicht nur aus einem Chor in die Hölle, sondern aus allen zehn Chören. Ebenso stürzen auch viele Tausende aus den neun [irdischen] Chören in die Hölle. Der zehnte Chor ist insgesamt abgestürzt, für ihn gibt es keine Rettung mehr. – Die Möglichkeit zu Reue und Buße spreche ich niemandem ab. Jene aber, die die langen Messer schmieden, mit denen man Menschen mordet, die mögen redlich sein [oder auch nicht], sie mögen teuer oder billig verkaufen: für ihre Seele gibt es dennoch keinerlei Rettung mehr. – Auch du, Würfelmacher, gehörst zu den Abtrünnigen. Deinen Beruf kannst du niemals rechtschaffen ausüben; du mußt ihn aufgeben oder mußt eben doch für alle Ewigkeit bei den abtrünnigen Teufeln auf dem Grund der Hölle brennen, weil du nun einmal diesen Beruf ausübst.[25] – Wer auch immer – in den verschiedensten Berufszweigen – mit Werkzeugen aus Metall seiner Arbeit nachgeht, soll seinen Beruf so redlich wie nur irgend möglich ausüben. Sie selbst wissen es ja am allerbesten, wie sie ihm Genüge tun können. Darin sollt ihr den obersten Chören zu Diensten sein, gebieten sie, die geistlichen und weltlichen Richter, es euch doch als eine Gehorsamspflicht. Die Ordensleute dagegen, die euch nichts befehlen können, erbitten es von euch um Gottes und eures Seelenheils willen.

Den dritten Stand bilden all jene, die Handel treiben; auch sie kann man keinesfalls entbehren.[26] Was in einem anderen Königreich billig zu haben ist, bringen sie hierher, und was jenseits des Meeres billig zu haben ist, das schaffen sie herüber; umgekehrt schaffen sie das, was hier billig zu haben ist, hinüber. So bringen die einen Waren aus Ungarn heran, die anderen aus Frankreich, die einen auf Schiffen, die anderen auf Wagen, die einen, indem sie ihre Lasttiere antreiben, die anderen, indem sie ihre Ware selbst tragen. Was sie nun auch immer im einzelnen tun mögen: ihnen allen ist ihr Platz in e i n e m Chor zugewiesen und sie sind e i n e m Beruf verpflichtet. Auch diesen Beruf benötigen die obersten Chöre dringend. Dient ihnen dadurch, daß ihr

dürfent die obersten koere ouch gar wol. Den sult ir dâ mite dienen, daz ir gar getriuwe sît an iuwerm koufe. Unde daz sulnt die obern koere gar wol undersehen, daz ir iht trügener sît an iuwerm koufe. Und übersehent sie daz, sie sint als wol trügener an ir gerihte als ir an iuwerm koufe. Ir sult rehte wâge haben unde rehte mâze unde reht gewihte: sô wirt iu got wegende mit der rehten wâge. Dû gaebest dînen kouf mit mâze oder mit wâge oder mit simmerin oder mit eln, daz sol allez gewis unde gewaere sîn. Und ist danne der koufschatz daz er weder wâge noch mâze noch simmerin niht bedarf noch eln, sô soltû nieman niht anders dran geheizen danne daz dar an ist und daz dû dar an weist. Tuost dû iht anders, sô bist dû ein trügener. Dû solt gote getrûwen daz er dich mit getriuwen gewinnen iemer wol ernere, wan daz hât er dir gelobet mit sînem götlîchen munde. Sô swerst dû dar zuo sô vil, wie guot ez sî unde waz dû im guotes dâ mite tuost, und alle heiligen verswerst dû mêre danne zehenstunt oder drîzicstunt, got und alle sîne heiligen, umbe fünf schillingewert koufschatzes. Die fünf schillingewert verkoufest dû lîhte sehs [149] pfenninge hoeher dan ob dû niht enwaerest ein verswerer unsers herren, wan dû swerst tiure: 'man wolte mir vil mêr hân drumbe geben.' Unde daz ist ein lugen. Und als ofte als dû got unde sîne heiligen verswerst, als ofte hâst dû der zehen gebote einez zerbrochen. Daz ist ein grôziu houbetsünde. Der tuost dû etewenne zehen oder mêr ze einem lîhten koufe. Nû sich, wie vil der sünden werde ê ein jâr ûz ge, unde wie vil ir danne werden ê danne zehen jâr ûz gên. Unde der sünden aller sament gerietest dû gar wol, wan ez ist manic mensche sô grôzer gewizzede, sô dû ie mêr swerest ze dînem koufe, sô ez ie ungerner umbe

euren Handel ohne Falsch tätigt! Deshalb sollen die oberen Chöre nachdrücklich dagegen Vorkehrungen treffen, daß ihr bei eurem Handel betrügt. Wenn sie das aber durchgehen lassen, dann sind sie ebensolche Betrüger wie ihr: sie in der Rechtsprechung, ihr im Handel. So sollt ihr genaue Waagen, Meßgefäße und Gewichte verwenden; auch Gott wird euren Wert dann mit einer genauen Waage veranschlagen. Ob du deine Ware nun mittels eines Meßgefäßes, einer Waage, eines Scheffels oder einer Elle verkaufst: in jedem Fall soll es dabei ehrlich und redlich zugehen. Handelt es sich um eine Ware, für die man Waage, Meßgefäß, Scheffel oder Elle nicht benötigt, so preise niemandem mehr Vorzüge dieser Ware an, als ihr tatsächlich zukommen und die du auch kennst. Verfährst du anders, bist du ein Betrüger. Vertraue statt dessen auf Gott: er wird dich immer mit redlichem Gewinn ausreichend ernähren, hat er selbst dir das doch zugesagt. Du jedoch schwörst so viele Eide, wie gut die Ware sei und welchen Vorteil du dem Käufer mit ihr bötest; zehnmal oder gar dreißigmal schwörst du fälschlich bei allen Heiligen, ja bei Gott und allen seinen Heiligen, [und das alles] für eine Ware im Wert von fünf Schillingen.[27] Die Ware im Wert von fünf Schillingen verkaufst du nun vielleicht um sechs Pfennige teurer, als du erhieltest, falls du auf falsche Schwüre bei unserem Herrn verzichten würdest. Du aber schwörst hoch und heilig: »Man hat mir schon viel mehr für sie geboten.« Dabei ist das gelogen. Sooft du aber falsch bei Gott und seinen Heiligen schwörst, hast du eines der zehn Gebote übertreten: Es ist eine der schlimmsten Hauptsünden[28]. Von denen begehst du so manches Mal zehn oder gar noch mehr für einen einfachen Handel. Bedenke doch, wie viele Sünden damit zusammenkommen, bevor auch nur ein Jahr vergangen ist, und wie viele erst noch hinzukommen, bevor zehn Jahre vergangen sind. Auf all diese Sünden könntest du gut und gern verzichten, sehen sich doch viele Menschen gerade in dem Maße, wie du dich zum Handel des Schwurs bedienst, darin bestärkt [eben

dich koufet, unde treit dich niht vil für, wan daz dû alle dîne saelikeit dâ mite verdamnest: wan er gêt dannoch gar ofte hin unkoufet, sô dû dar zuo im gar dicke gesworn hâst. Unde sô dû eteswaz koufen wilt umbe einveltige liute, sô kêrest dû alle dîne sinne dar zuo, wie dû ez im umbe sus an gewinnest, unde tuost im manige lügen vor, wie wol dû ez weist, daz ez wolveil ist daz dû umb ez koufen wilt, unde heizest dînen gesellen ouch dar zuo gên, unde gêst dû danne eine wîle hin dan unde seist im, waz dû im drumbe geben wilt, unde heizest in, daz er im minner drumbe biete: sô erschricket jenz unde wolte gerne daz dû hin wider umbe giengest, unde gewinnest im ungetriuwelîchen an. Unde swerest aber sô: 'zwâr,' seist dû, 'bî allen heiligen! iu gibet nieman als vil drumbe als ich.' Sô gaebe im ein anderz michels mêre drumbe danne dû. Dû bist aptrünnic worden dînem kristentuome, den dir got geordent hât, unde dar umbe muost dû ouch zuo den aptrünnigen tiuveln unde muost mit den iemer êwiclîchen brinnen, die wîle got ein herre in dem himel ist. Wiltû dich vor houbetsünden behüeten, swenne dû iht koufen wilt, sô soltû nieman sînen kouf swechen noch verlützeln wan nâch der rehten wârheit, unde solt niht swern, daz dû im niht mêre wellest drumbe geben. Und ist halt daz wâr daz dû im niht mêre dar umbe geben wilt, sô solt dû sîn doch niht verswern, daz im ander liute sô vil drumbe iht gaeben, wan dû enweist rehte niht, waz im ein ander umbe daz selbe gît. Sô sprichest dû sô manige lügen, daz ez got erbarmen müeze, daz der lügen unde der trügenheit sô vil ist. Lât ez iuch erbarmen, daz sich got über iuch erbarmen müeze. Sô sprichest dû: 'ez ist gar ze tiure

gerade] deinetwegen auf den Kauf zu verzichten. Dein Schwören bringt dir nicht viel mehr ein, als daß du deine ganze Seligkeit der Verdammnis anheimstellst. Denn nur zu oft gehen die Kunden dann doch davon, ohne etwas zu kaufen, wie viele Schwüre du ihnen auch geschworen hast. Wenn du – umgekehrt – arglosen Menschen etwas abkaufen willst, so richtest du all dein Trachten darauf, wie du es ihnen ohne Gegenleistung abnehmen kannst. Dazu erzählst du viele Lügenmärchen, obwohl du weißt, daß es unter Preis ist, was du für die Ware bezahlen willst. Dann trägst du deinem Knecht auf, auch dazuzukommen, gehst eine Zeitlang fort und sagst ihm, was du dem Verkäufer geboten hast. Sodann trägst du ihm auf, daß er dem Verkäufer weniger für seine Ware bieten soll. Der erschrickt und wünschte es, daß du wieder vorbeikämst: So haust du ihn kräftig übers Ohr! Und dabei schwörst du wiederum: »Wirklich, bei allen Heiligen« – so sprichst du – »kein Mensch würde Euch soviel dafür geben wie ich!« Dabei hätte ihm ein anderer viel mehr dafür gegeben als du. So bist du von deinem Christenstand abgefallen, den dir Gott zugewiesen hat, und mußt deshalb ebenfalls zu den abtrünnigen Teufeln hinab und mit ihnen in alle Ewigkeit brennen, solange Gott der Herr im Himmel ist. – Willst du dich beim Kauf vor Hauptsünden bewahren, so darfst du niemandes Ware herabsetzen oder schmälern, es sei denn, daß es gerechtfertigt wäre; und du darfst auch nicht schwören, daß du ihm nicht mehr dafür geben willst. Ist es freilich gerechtfertigt, ihm nicht mehr für seine Ware zu geben, so leiste dennoch darauf keinen Eid, daß ihm andere Leute nicht soviel dafür geben würden, denn du weißt ja nun wirklich nicht, was ihm ein anderer für die gleiche Ware geben würde. Du aber erzählst so viele Lügen, daß – Gott erbarm's – Lug und Trug so überhandnehmen. Laßt es euch erbarmen, auf daß Gott sich eurer erbarme![29] So sagst du auch: »Die Ware ist für diesen Preis viel zu teuer; nur weil ich ihretwegen hergekommen bin, kaufe ich sie.« Statt dessen sollst du sagen: »Gebt mir die Ware für den

umbe daz selbe gelt, wan daz ich eht [150] dar zuo bin komen.' Dû solt sprechen alsô: 'gebet ir mirz alsô, ir sît mir deste lieber, als ich dâ gesprochen hân. Tuot ir des niht, sô muoz ich iu dâ mite lâzen tuon daz ir wellet.' Unde wiltû dich behüeten an hingeben, sô soltû aber niht swern. 'Koufet ir sîn niht, sô koufet ez vil lîhte ein ander man'; und ouch sleht âne lügen und âne trügenheit. Und alsô solte man sich an koufe hüeten, wan ez wirt manic tûsent sêle verdampt umbe kouf; wan der selben trügenheit unde valscheit unde swerens des ist sô vil, daz ez nieman verreden mac. Ir wizzet selbe aller beste, wie lügenheit unde trügenheit an iuwerm koufe gescheffic ist.

Der vierde kôr, der daz vierde amt hât in dem nidern himelrîche der heiligen kristenheit, daz sint alle die dâ ezzen unde trinken veil habent, wan der mac man deheine wîse gerâten. Die müezent uns eht daz brôt backen, die müezent uns fleisch veil hân, die müezent uns bier briuwen, die müezent uns den met sieden, die müezent uns die vische vâhen; der muoz kaese und eiger her tragen, der muoz olei her tragen unde heringe und ander dinc her veil tragen, unde des selben amtes bedürfen wir aller beste. Sô braetet der, sô siudet der. Daz ist grôziu nôtdurft, daz dû dâ mite getriuwe unde gewaere sîst, wan ander trügenheit diu gêt doch niuwan über daz guot: sô gêt disiu trügenheit über den lîp, den etelîcher umbe dise werlt niht gaebe. Dû mit dîner trügenheit mit müeterînem fleische oder an fûlem fleische, daz dû ze lange in dînem gewalte beheltest unz ez erfûlet, sô wirdest du etewenne an einem menschen schuldic oder an zehenen; oder daz ez niht gesunt enist, sô dû ez abnimest, oder unzîtic ist an dem alter: swelher leie eht dû dar an weist, unde gîstû ez den liuten, daz sie ez ze ir reinen sêle ezzen,

Preis, den ich geboten habe, und Ihr seid mir um so willkommener. Seid Ihr dazu aber nicht bereit, so muß ich Euch eben damit machen lassen, was Ihr wollt!« – Willst du dich auch beim Verkauf vor Sünde bewahren, so laß auch jetzt das Schwören sein! »Kauft Ihr meine Ware nicht, so kauft sie vielleicht jemand anderes« [sollt ihr vielmehr sagen], auch jetzt in aller Aufrichtigkeit, ohne Lug und Trug. Auf diese Weise sollte man sich beim Handel in acht nehmen, werden doch viele tausend Seelen wegen [sündhafter] Handelspraktiken verdammt. Denn dieser Betrug, diese Unredlichkeit und dieses Schwören sind so verbreitet, daß niemand sie umfassend beschreiben könnte. Ihr selbst wißt ja am allerbesten, wie sehr bei euren Handelsgeschäften Lug und Trug am Werk sind.

Der vierte Chor, der im unteren Himmelreich, also in der heiligen Christenheit, die vierte Berufsgruppe bildet, umfaßt all jene, die Essen und Trinken zum Kauf anbieten; auch sie kann man keinesfalls entbehren. Sie müssen uns nämlich das Brot backen, Fleisch verkaufen, Bier brauen, Met kochen und die Fische fangen; schließlich Käse, Eier, Öl, Heringe und anderes zum Verkauf herbeischaffen. Diese [verschiedenen] Berufe nun brauchen wir am allermeisten. Auch brät der eine, und der andere kocht. Dabei nun ist es unabdingbar, daß du redlich und rechtschaffen verfährst, betreffen doch andere Betrügereien nur den Besitz, dieser Betrug aber geht ans Leben, das so mancher auch nicht für die ganze Welt hergeben würde. – Du Betrüger aber, der du das Fleisch eines alten Mutterschweins oder gar verfaultes Fleisch verkaufst, das du zu lange aufbewahrst, bis es schließlich verfault – du wirst dich damit an einem Menschen oder gar an zehn schwer versündigen. Das gilt auch, falls das Fleisch bereits beim Schlachten krank ist, noch nicht die richtige Reife hat oder was dir sonst noch von ihm an Verderblichem bekannt sein mag, du es aber trotzdem den Leuten verkaufst, so daß sie es zum Erhalt ihrer unschuldigen Seele essen, die Gott dem Allmächtigen ein so

diu dem almehtigen got ein sô lieber hort ist, unde dû den edeln schatz verliesest, den unser herre in im verborgen hât. Daz selbe spriche ich zuo dem, der die vische veil hât. Dû heltest die vische in dem wazzer gevangen unz daz ein frîtac kumet: sô sint sie fûl und izzet ein mensche den tôt dar an oder grôzen siechtuom. Sô bistû schuldic an allen den, die dû dâ mite betriugest, daz sie in siechtuom vallent oder in den tôt. Sô sint etelîche wirte unde gastgeben in den steten, daz sie ein gesoten spîse als lange behaltent, daz ein gast dran izzet daz er iemer deste krenker ist. [151] Daz ist allez untriuwe unde valscheit, unde dar umbe wirdest dû aptrünnic von der heiligen kristenheit. Sô betriegent etelîche die liute mit fûlem wîne unde mit fûlem biere oder mit ungesotem met, oder gibet der rehten mâze niht, oder mischet wazzer zuo dem wîne. Alse maniger untriuwe hât der kôr, unde wirt ir ouch gar vil aptrünnic. Sô becket etelîcher fûlez korn ze brôte, dâ mac ein mensche vil schiere den tôt an ezzen; unde versalzen brôt, daz ist gar ungesunt. Wir lesen des niht, daz salz in deheine slahte wîse sî in spîse sô ungesunt und als jaemerlich als in brôte, unde ie baz gesalzener, ie nâher grôzem siechtuome oder dem tôde.

Die fünften liute, die in dem fünften amte sint unde zuo dem fünften kôre geordent sint, daz sint alle die daz ertrîche bûwent, sie bûwen wîn oder korn. Daz sint die gebûre, die dâ bûwent olei oder böume oder swaz ez ist in der werlt daz man ûf der erden bûwet, daz ist allez éin gesinde und éin amt; unde der möhte eht nieman gerâten. Wan die sullent getriuwelîche leben gein ir hêrschaft unde gein ir genôzen unde sie selber gein einander und under einander, niht einander überern oder übervarn noch übersnîden noch iuwer vihe trîben ûf der andern schaden noch dehein ander

teurer Schrein ist, und du somit den kostbaren Schatz verdirbst, den unser Herr darinnen verborgen hat.[30] Ebenso rede ich mit dem, der Fische zum Verkauf anbietet: Jeweils bis zum nächsten Freitag hältst du die Fische im Wasser gefangen; dann sind sie schlecht geworden, und es holt sich jemand den Tod davon oder zumindest eine schwere Krankheit. Mit deinem Betrug bist du dann an all jenen schuldig geworden, die davon krank werden oder gar sterben. Ebenso gibt es in den Städten so manche Wirtsleute, die gekochte Speisen so lange aufheben, bis ein Gast von ihrem Genuß sehr schlimm erkrankt. Das alles ist Unredlichkeit und Bosheit; ihretwegen fällst du von der heiligen Christenheit ab! – Manche wiederum betrügen die Leute mit verdorbenem Wein, mit verdorbenem Bier oder mit ungekochtem Met, oder aber sie schenken mit falschem Maß aus oder vermischen den Wein mit Wasser. So viele Formen des Betrugs gibt es in diesem Chor, so viele werden auch hier zu Abtrünnigen! So mancher backt Brot aus verdorbenem Korn, wovon man sich schnell den Tod holen kann, oder versalzenes Brot, das ebenfalls sehr ungesund ist. Wir nehmen es nicht wahr, daß Salz in keiner Speise so ungesund und so schädlich ist wie im Brot. Je mehr Salz mit verbacken worden ist, desto schneller kann man davon erkranken oder sich sogar den Tod holen.

Zum fünften Chor nun gehören all jene Menschen, deren Beruf darin besteht, den Boden – sei es mit Wein, sei es mit Korn – zu bebauen; dazu auch jene Bauern, die eine Öl- oder Obstbaumpflanzung betreiben oder womit man sonst noch den Boden bebauen mag. Sie gehören alle zusammen zu einer Berufsgruppe; auch sie könnte wohl niemand entbehren. Redlich und rechtschaffen sollen sie sich gegenüber ihren Herren verhalten, aber auch gegenüber ihresgleichen: sie selbst also mit- und untereinander. Sie sollen nicht über ihre [Gewanne-]Grenzen hinaus pflügen, sie überschreiten oder über sie hinaus ernten; auch sollt ihr euer Vieh nicht zum Schaden der anderen auf fremden Grund treiben, euch

untriuwe einander niht tuon noch verrâten gein den herren. Pfî, verrâter, ungetriuwer! wâ sitzest dû vor mînen ougen, Kusîn und Achitoffel? Der hienc einer sich selbe: dâ wirdest dû erhangen an den hellischen galgen umbe dîne grôze untriuwe, daz dû dînen ebenkristen verraetest durch haz unde durch nît. Unde dînem herren soltû ouch getriuwe sîn. Sô gibest dû dînen dienst sô kûme unde sô trâge unde sihst sô vil nôt. Unde sô er dich danne etewenne versmâht daz dû in gelezzest, sô verst dû zuo einem andern herren. Etewenne sint die herren ouch schuldic dran. Ir herren, ir tuot etewenne iuwern armen liuten als übel; unde künnet sie niemer sô gar beschatzen, ir wellet sie dannoch mêr beschatzen, sô geschiht iu als hern Roboam, künic Salomônes sune. Der wolte sînen liuten übel tuon: dô fuoren sie von im, daz er sie niemer mêr gesach, unde sie muosten sînes vater knehten undertaenic sîn. Wan her Salomôn der was wîse unde karc unde kundez den liuten wol derbieten. Iedoch sô hete er den liuten ze nâhe gegriffen. Unde dô Salomôn gestarp, dô quâmen sie für den sun Roboam unde sprâchen alsô: [152] 'herre, ir sult uns genaedic sîn. Iuwer vater leite grôze bürden ûf uns: wellet ir uns die ringe machen, sô wellen wir iu gerne dienen und undertaenic werden.' Dô sprach er: 'kumt an dem dritten tage her wider, sô wil ich mich berâten, wie ich iu antwürte.' An dem naehsten tage dô sprach der künic zuo sînen râtgebern: 'wie sol ich den liuten antwürten?' Dô sprâchen sînes vater râtgeben – die wâren wîse liute, die kunden wol gerâten – die sprachen alsô: 'herre, dû solt den liuten wol geheizen unde solt in wol tuon: sô beheltest dû die liute unde werdent dir willic.' Dô hete er tumbe râtgeben ouch, die wâren mit im erwahsen

sonstwie übervorteilen oder vor eurem Herrn anschwärzen.[31] Wehe dir, du hinterhältiger Verräter! Kusin und Achitoffel, wo sitzt ihr hier vor meinen Augen?[32] Einer von ihnen erhängte sich selbst, du aber wirst wegen deiner Hinterhältigkeit am Höllengalgen erhängt werden: weil du nämlich deinen Mitchristen aus Feindseligkeit und Mißgunst hintergehst. – Aber auch deinem Herrn sollst du redlich dienen. Du jedoch kommst deinen Frondiensten[33] nur nachlässig und verdrossen nach, obwohl du siehst, wieviel noch zu tun bleibt. Wenn er[34] dich dann auch einmal dafür, daß du ihm Schaden zufügst, beschimpft, entläufst du zu einem anderen Herrn.[35] Zuweilen sind aber auch die Herren selbst daran schuld. Denn, ihr Herren, so manches Mal spielt ihr euren hörigen Bauern wirklich übel mit! Falls ihr ihnen aber gar nicht genug Abgaben auferlegen könnt, um die dann auch immer noch zu erhöhen, so wird es euch ergehen wie Roboam, dem Sohn König Salomos. Der wollte seinen Untertanen übel mitspielen; da verließen sie ihn, und er sah sie nie mehr wieder; sie aber mußten seines Vaters Knechten untertan sein.[36] Denn König Salomo war weise und klug und verstand es, sich vor dem Volk angemessen darzustellen. Dennoch hatte auch er sich gegenüber dem Volk Übergriffe zuschulden kommen lassen.[37] Als Salomo nun gestorben war, trat das Volk vor seinen Sohn Roboam und sprach: »Herr, seid uns gnädig! Euer Vater hat uns schwere Lasten auferlegt. Wenn Ihr uns die erleichtert, wollen wir Euch bereitwillig dienen und uns Euch unterwerfen.« Darauf sagte er: »Kommt nach zwei Tagen wieder hierher; ich will inzwischen darüber Rat einholen, wie ich euch antworten kann.« Am nächsten Tag nun fragte der König seine Ratgeber: »Welche Antwort soll ich dem Volk geben?« Darauf antworteten seines Vaters Ratgeber – kluge Männer, die richtig zu raten wußten – wie folgt: ›Herr, versprich den Leuten gute Behandlung und laß sie ihnen dann auch zukommen; damit bindest du sie an dich, und sie werden dir zu Willen sein.« Allerdings hatte er auch törichte Ratgeber;

unde wâren tumbe liute unde rieten im tumplîchen; sie sprâchen: 'herre, dû solt dînen liuten alsô zuo sprechen: legete mîn vater swaere bürde ûf iuch, die wil ich iu noch swaerer machen, unde sluoc iuch mîn vater mit gerten, sô wil iuch mit geiselen slahen.' Unde volgete den tôrehten râtgeben unde sprach alsô zuo dem liute, als sie im gerâten heten. Dô sprâchen die liute: 'sît des küniges wort sô herte sint, sô sint sîniu werc noch herter: wir suln Dâvîdes geslehte niht mêr ze künige haben.' Unde sie fuoren von im, daz er sie niemer mêr gesach, und er muoste ze einem tôren werden unde ze einem gouche. Ir herren, volget iuwern râtgeben niht, sô sie iu râtent daz ir iuwern liuten übel tuot. Iu ist michels bezzer, daz ir alliu jâr ein wênic niezet, unde sît sus deste zaeher. Ir müget der huobe niht gebûwen, unde dâ von sult ir iuwern liuten tuon, daz sie iu gedienen mügen, unde sullent ouch sie iu getriuwelîchen dienen unde getriuwelîchen under einander leben und irn kouf getriuwelîche geben. Sô füerest dû holz dâ her în, daz ist dâ mitten krump, unde dû verkoufest den luft für holz. Unde daz höu daz legest dû sô trügenlîche ûf den wagen, daz niemer deheinem menschen guot dâ von geschiht. Dû bist ein rehter trügener. Dû legest ouch schoene korn oben in den sac unde danne unden daz boese, und alsô verliusest dû alle dîne arbeit mit trügenheit unde mit hazze unde mit nîde. Wan bûliute der möhte gar lîhte rât werden, waeren sie getriuwe unde gewaere. Unde dû bist gar frô, sô dînen nâchgebûren iht leides oder schaden geschiht. Dar umbe wirt dîn niemer rât.

Die sehsten liute, die den sehsten kôr dâ erbent, die der almehtige got geordent hât in der heiligen kristenheit, daz

die waren zusammen mit ihm aufgewachsen, waren noch unerfahren und gaben ihm einen törichten Rat. Sie sagten nämlich: »Herr, sprich so zum Volk: Hat euch mein Vater eine drückende Last auferlegt, so will ich die noch drückender machen, und hat euch mein Vater mit Ruten geschlagen, so will ich euch mit Peitschen schlagen.« Und er folgte den unerfahrenen Ratgebern und sprach zum Volk geradeso, wie sie es ihm geraten hatten. Da besprachen sich die Leute untereinander: »Wenn schon des Königs Worte so unnachgiebig sind, dann wird er in seinen Taten noch unerbittlicher sein: Davids Nachkommenschaft wollen wir deshalb nicht mehr zum König haben.« Und sie zogen von ihm fort, so daß er sie nie mehr sah, und er mußte so zu einem Toren und zu einem Narren werden. – Ihr Herren, folgt euren Ratgebern nicht, wenn sie euch raten, euren Hörigen übel mitzuspielen. Für euch ist es viel vorteilhafter, jedes Jahr nur geringe Abgaben zu erhalten, dafür aber auch um so festeren Bestand zu haben. Ihr (selbst) könnt das Feld ja nicht bestellen; darum behandelt eure Leute so, daß sie euch willig ihren Dienst leisten. Umgekehrt aber sollen sie euch gewissenhaft dienen, einander ohne Lug und Trug begegnen und ihre Erzeugnisse ohne Falsch veräußern. – Du aber schaffst eine Ladung Holz heran, wobei die Stämme in der Mitte gekrümmt sind: So verkaufst du Luft als Holz. Und das Heu stapelst du so trügerisch auf den Wagen, daß niemals jemand einen wirklichen Nutzen davon haben kann.[38] Du elender Betrüger! Oben in den Sack legst du frisches Korn, darunter dann aber das bereits verdorbene. So verdirbst du deine ganze Arbeit mit Betrug und dem Wunsch nach Schadentrachten und Übervorteilung. Dabei könnten die Bauern ganz einfach ins Himmelreich gelangen, wenn sie nur ehrlich und zuverlässig wären. Du aber freust dich sogar noch, wenn deinen Nachbarn ein schmerzlicher Verlust entsteht. Deshalb kannst auch du keine Rettung mehr finden.

Schließlich den sechsten Chor in der heiligen Christenheit hat Gott der Allmächtige all jenen zugewiesen, die mit der

sint [153] alle die mit erzenîe umbe gênt. Der möhte man ouch deheine wîse gerâten. Wan ez sprichet der guote sant Anshelm von Kantelberc: 'dô uns der almehtige got hete gemachet untoetlich âne wê und âne allen siechtuom und âne alle sünde, unde dô der slange Adam und Êven den rât getet, unde dô sie dem râte beidenthalp volgeten Adam und Êve unde daz obez âzen durch des slangen rât, dâ mite slikten sie alle die vergift und allez daz eiter, daz in dem slangen was, unde von der selben vergift dô wurden wir ze dem lîbe unde ze der sêle siech unde toetlich; unde werte daz an uns, unz daz sich got über uns erbarmte.' Dô erbarmte sich got über uns unde gab uns für ieglîchen siechtuom, der uns von dem slangen ûf erbete, eine erzenîe, die uns des lîbes siechtuom ze gesuntheite braehte, wan er den wurzen unde kriutern unde sâmen und edelm gesteine und worten die kraft hât gegeben, dâ wir von gesunt werden sullen, der ez eht erkennet. Her Adam erkante ieglîcher wurze kraft unde gesmac, und allen dingen gap er namen. Unde dâ von habent noch hiute die hôhen meister die kunst, daz sie bekennent an einem glase des menschen nâtûre unde sînen siechtuom, unde danne, wie man einen ieglîchen siechtuom büezen sol, den man eht gebüezen mac: wan ez ist etelich siechtuom, den alliu diu werlt niht gebüezen möhte, wan ez sint ouch etelîche sünde, die nieman gebüezen mac. Wan reht als Adam des lîbes siechtuom an dem apfel az, alsô az er der sêle siechtuom an dem selben apfel. Und als gar vergiftic der apfel was ze sînem lîbe und als maniger leie siechtuom was des lîbes, als maniger leie siechtuom was ouch der sêle mit den sünden. Unde dar umbe verkoufte unser herre allez sîn guot unde koufte den acker, daz im der schatz würde, des reinen kristenmenschen sêle. Unde dar umbe gap er sich an daz frône kriuze an die martel, daz er uns die erzenîe der sêle bereite, den worten daz wir gesunt an der sêle würden. Daz sint die siben heilikeit, die der almehtige got als kreftic

Heilkunst zu tun haben. Auch auf sie kann man keinesfalls verzichten. Denn der heilige Anselm von Canterbury schreibt: »Gott der Allmächtige hatte uns unsterblich geschaffen, ohne Schmerz, ohne jede Krankheit und völlig sündlos. Als aber die Schlange Adam und Eva ihren Rat einflüsterte und als Adam und Eva dem beide folgten und auf Anraten der Schlange die Frucht aßen, schluckten sie damit auch all das Gift und all den Eiter, der in der Schlange war. Von diesem Gift nun wurden wir an Leib und Seele krank und sterblich; das dauerte so lange, bis sich Gott unserer erbarmte.«[39] Da also erbarmte sich Gott über uns und gab uns für jede Krankheit, die wir von der Schlange als Erbteil mitbekommen hatten, ein Heilmittel, das die Krankheit in unserem Körper heilen sollte. Denn er übertrug Pflanzen, Kräutern, Samen, besonderen Steinen und Worten die Kraft zu heilen, sofern sich jemand auf sie versteht. Adam kannte die Heilkraft und den Geschmack einer jeden Pflanze, und allem gab er seinen Namen. Noch heute beherrschen daher die großen Gelehrten die Kunst, aus einem Glas voll Urin die Beschaffenheit und die Krankheit des Menschen abzulesen, sodann auch, wie man einer jeden Krankheit, die überhaupt heilbar ist, begegnen soll. Denn es gibt eine Reihe von Krankheiten, die niemand auf der Welt heilen kann, so wie es auch bestimmte Sünden gibt, die man nicht mehr sühnen kann.[40] Denn ebenso wie Adam mit dem Apfel die leibliche Krankheit aß, aß er mit jenem Apfel auch die Krankheit seiner Seele; und so giftig wie der Apfel für seinen Körper war und wie vielerlei körperliche Krankheiten es deshalb gab, so vielerlei Krankheiten der Seele gab es aufgrund der Sünden. Daher »verkaufte unser Herr all seine Habe und kaufte den Acker, um den Schatz zu erwerben«[41]: die Seele des sündlosen Christenmenschen. Darum auch überantwortete er sich zum Martyrium an das heilige Kreuz, um uns dadurch das Heilmittel für unsere Seele zuzubereiten, auf daß wir an unserer Seele gesunden. Das Heilmittel sind die sieben Sakramente, die Gott der Allmächtige mit

gemachet hât und als edel: swer sie ze rehte enpfaehet, der mac niemer mêre verlorn werden. Nû seht, ir engelischen koere ze dem nidern himelrîche, wie liep iuch der almehtige got hât gehabet, daz er eines bittern tôdes erstarp dar umbe, daz er uns gesunt wolte machen an der sêle von maniger boesen sünde, die Adam dô gaz an der vergift des slangen. [154] Unde dar umbe haeten wir gote iemer vil ze dankenne umbe die genâde und umbe die triuwe, die er an uns begie, und er uns an des lîbes siechtuom ouch hât besorget mit maniger edeln wurze unde mit manigen andern dingen, diu die wîsen meister wol erkennent, dar umbe sie ouch in den sehsten kôr geordent sint. Der möhte man deheine wîse gerâten. Unde die sulnt sich gar sêre hüeten vor untriuwen, wan daz amt giltet niht minner danne lîp unde sêle. Swer niht guot meister sî, der underwinde sich der selbe künste niht, oder er wirt schuldic an den liuten, an allen den, den er nâch wâne erzenîet. Die aber niht sint gelêret und wellent sich erzenîe underwinden unde niht enkünnent dan mit einer wunden unde nement die innern kunst dâ von unde nement sich der an und wellent den liuten trenke geben: dâ hüete dich vor, als liep als dir himelrîche sî, wan dû enweist noch enkanst der rehten gewisheit niht, diu dran lît. Dû triffest daz unrehte als balde als daz rehte, wan dâ habent die gar wîsen meister genuoc mite ze schaffen. 'Owê, bruoder Berhtolt, ist mir wol vierstunt gar wol dran gelungen.' Sich, daz ist niht wan nâch wâne. Unde wiltû dich sîn nicht aenigen, dû wellest der innern künste pflegen, sô sullent dirz die êrbaeren koere gebieten bî der âht unde bî dem banne. Ez sint mörder âne dich genuoc, die dâ die liute toetent: ganc mit dînen wunden umbe. Jâ möhtest dû nemen, daz dû

solcher Macht und Herrlichkeit ausgestattet hat, daß niemals mehr verlorengeht, wer sie geziemend empfängt. Ihr Engelchöre im unteren Himmelreich, erkennt doch, wie sehr euch Gott der Allmächtige geliebt hat, daß er eines quälenden Todes gestorben ist, um uns an unserer Seele zu heilen von vielen schlimmen Sünden, die Adam einst mit dem Gift der Schlange gegessen hatte.[42] Deshalb sollten wir Gott allezeit herzlich danken für die Gnade und für die Liebe, die er uns erwiesen hat, auch daß er uns gegen unsere körperliche Krankheit mit vielen vortrefflichen Pflanzen und vielen anderen Dingen versehen hat, welche die klugen Gelehrten hinreichend kennen, weshalb ihnen auch ihr Platz im sechsten Chor zugewiesen ist. Auch auf sie könnte man keinesfalls verzichten. – Die nun sollen sich fleißig vor Betrügereien hüten, geht es doch in diesem Beruf um nichts Geringeres als um Leib und Seele. Wer in der medizinischen Kunst nicht hinreichend gelehrte Bildung besitzt, soll sich mit ihr nicht befassen, andernfalls macht er sich schuldig an den Menschen – an allen, die er auf gut Glück zu kurieren sucht. Diejenigen, die kein medizinisches Studium absolviert haben, sich aber dennoch mit der Heilkunst befassen wollen, dabei nichts weiter verstehen als die Wundbehandlung, von ihr auch die Kunst der inneren Behandlung ableiten, sich mit ihr abgeben und den Leuten Tränke verabreichen wollen: davor hüte dich, wenn dir das Himmelreich lieb ist, denn weder weißt du, noch verstehst du ganz sicher, wie es sich damit verhält. Du triffst das Falsche ebenso leicht wie das Richtige; bereits die klugen Gelehrten haben genug damit zu tun. »Wieso, Bruder Berthold, viermal habe ich damit schon Erfolg gehabt!« Schau, das ist doch nichts als Zufall. Wenn du nicht [von dir aus] damit aufhörst, die innere Heilkunst auszuüben, dann sollen es die vornehmen Chöre unter Androhung von Acht und Bann gegen dich verfügen. Es gibt schon ohne dich genug Mörder, welche die Menschen töten; gib du dich lieber mit deinen Wunden ab! Wenn du es doch nur schaffen würdest, wenigstens darin

des selben meister waerest! Unde dar umbe in aller der werlte solt dû dich niht anders underwinden dan daz dû gesehen oder gegrîfen maht, ez sî wunden oder geswer oder gestôzen oder geslagen: des maht dû dich wol underwinden, ob dû die selben kunst hâst gelernet bî einem andern meister. Ist des niht, sô maht dû wol schuldic werden an einem wunden man oder an einem, dem dû den stein snîden solt. Ez sîn kint oder alte liute, sô ist dir guoter künste gar nôt dar zuo, daz dû den stein gar wol gesnîden künnest. Tuostû des niht als dir diu kunst bevolhen ist und als dich got dar zuo geordent hât, sô bist dû aptrünnic worden der heiligen kristenheit und muost sîn ein velscher und ein morder.

Daz sint nû die niun koere, dâ der almehtige got die kristenheit mite geordent hât: die êrsten drî koere unde die nidern sehs, die den obern alsô dienen sulnt mit ir amten. Ir sît aber des niht schuldic, daz irn umbe sus dienen sult: sie sulnt iu [155] gar wol lônen alles des ir in gedienen müget; wan daz eht ir in dar an undertaenic sult sîn, daz ir iuwer amt mit triuwen üeben sult und iuwer stat ze rehte verstên sult an wârheit und an gerehten liuten, daz ir iuwern kôr iht velschet, daz ist iuwer amt. Daz sult ir mit untriuwen niht velschen noch lestern, als her Lucifer. Waere der getriuwe gewesen, sô waer er niht aptrünnic worden der himelischen engelschar unde dem almehtigen gote. Wan er wolte sich ze hôhe dünken unde dankte gote der hôhen êren niht, die er an in geleit hete; wan er hete grôzen flîz an in geleit. Unde dô er gote niht gehôrsam wolte sîn als der guote sant Michel und als die andern engel, dô verstiez man in unde sîne genôzen des himelrîches. Und alsô verstôzet man etelîche von den niun koeren und alle die von der heiligen kristenheit, die

Meister zu sein! Darum, um Himmels willen, gib dich mit nichts anderem ab, als was du ansehen und anfassen kannst: Wunden, Geschwüre, Stoß- und Schlagwunden! Damit kannst du dich abgeben, sofern du diese Kunst bei einem anderen Gelehrten gelernt hast. Andernfalls kannst du leicht schuldig werden an einem verwundeten Menschen oder an einem, dem du seinen Blasenstein entfernen sollst. Denn zum korrekten Entfernen eines Blasensteins, sei es nun an jungen oder an alten Menschen, brauchst du dringend große Kunstfertigkeit. Handelst du anders als nach den dir anvertrauten Regeln der ärztlichen Kunst und danach, wie Gott dich dazu eingesetzt hat, dann bist du von der heiligen Christenheit abgefallen und mußt zu einem Betrüger und Mörder werden.

Das also sind die neun Chöre, in welche Gott der Allmächtige die Christenheit unterteilt hat: die drei obersten Chöre und die sechs unteren, die den oberen auf solche Weise mit ihrem Beruf dienen sollen. Allerdings seid ihr nicht dazu verpflichtet, ihnen ohne Entgelt zu Diensten zu sein; vielmehr sollen sie euch euren Dienst hinreichend entgelten. Denn eure Berufspflicht besteht ja darin, ihnen ganz zu Willen zu sein, eurem Beruf ohne Betrug nachzugehen und euren Stand gehörig zu vertreten, d. h. ohne Hinterlist und voller Geschick [in eurem Beruf], auf daß ihr euren Chor nicht herabwürdigt. Verderbt und schändet euren Beruf nicht mit Betrug wie Luzifer! Hätte der sich in seinen Stand gefügt, so wäre er nicht von der himmlischen Engelschar und von Gott dem Allmächtigen abgefallen. Denn er verfiel der Hoffart und vergalt Gott nicht die unsagbare Herrlichkeit, die dieser ihm hatte zuteil werden lassen: hatte er doch viel Mühe an ihn verwandt. Als er aber Gott nicht mehr Gehorsam leisten wollte, wie es der treffliche heilige Michael[43] und die anderen Engel taten, da wurden er und seine Gesellen aus dem Himmelreich verstoßen. Ebenso werden aus den neun Chören der heiligen Christenheit so manche und besonders all jene verstoßen, die sich ihren

ungehôrsam sint und aptrünnic sint worden an triuwen und an wârheit. Der almehtige got helfe mir der gnâden, daz dise niun koere behalten werden; wan der zehende kôr ist eht gar von uns gevallen und aptrünnic worden. Daz sind die gumpelliute, gîger unde tambûrer, swie die geheizen sîn, alle die guot für êre nement. Sie solten den zehenden kôr geordent haben: nû sint sie uns aptrünnic worden mit ir trügenheit. Wan er ret eime daz beste daz er kan die wîle daz erz hoeret, und als er im den rücken kêret, sô ret er im daz boeste, daz er iemer mê kan oder mac, unde schiltet manigen, der gote ein gerehter man ist und ouch der werlte, unde lobet einen, der gote unde der werlte schedelîchen lebet. Wan allez ir leben habent sie niwan nâch sünden unde nâch schanden gerihtet unde schament sich deheiner sünden noch schanden. Unde daz den tiuvel versmâhet ze reden daz redest dû, und allez daz der tiuvel in dich geschütten mac, daz laezest dû allez vallen ûz dînem munde. Owê, daz ie dehein touf ûf dich quam! wie dû des toufes unde des kristentuomes verloukent hâst! Und allez daz man dir gît, daz gît man dir mit sünden; wan sie müezent gote dar umbe antwürten an dem jungesten tage die dir gebent. Alsô gît man dirz mit sünden, und alsô enpfaehest dû ez mit sünden und ouch mit schanden. Wol hin, ob dû iendert hie bist! wan dû bist uns aptrünnic worden mit schalkeit unde mit leckerîe, unde dâ von solt dû ze dînen genôzen, den aptrünnigen tiuveln, wan dû heizest nâch den tiuveln unde bist halt nâch in genennet. Dû heizest [156] Lasterbalc: sô heizet dîn geselle Schandolf. Sô heizet der Hagedorn, sô heizet der Hellefiwer, sô heizet der Hagelstein. Alsô hâstû manigen lasterbaeren namen als dîn gesellen, die tiuvele, die aptrünnic sint. Ir andern koere, swâ ir aptrünnic worden sît, sô gewinnet alle samt wâre

Standespflichten entziehen und von Redlichkeit und Aufrichtigkeit abgefallen sind. Gott der Allmächtige schenke mir die Gnade, daß diese neun Chöre gerettet werden! Denn der zehnte Chor ist ganz und gar von uns abgefallen und abtrünnig geworden. Dazu gehören die Possenreißer, Geiger und Trommler und wie sie alle heißen mögen, die sich dafür bezahlen lassen, daß sie [für andere deren] Lobpreis verkünden.[44] Ursprünglich sollten sie ihren Platz im zehnten Chor einnehmen, doch sind sie nun durch ihre Hinterhältigkeit von uns abgefallen. Denn so einer erzählt einem anderen, solange er zuhört, das Schmeichelhafteste, das ihm nur einfällt; sobald der sich aber umdreht, erzählt er über ihn das Schlimmste, was er nur irgend erzählen kann, beschimpft so manchen, der vor Gott und der Welt ein tüchtiger Kerl ist, preist aber einen, der vor Gott und der Welt ein übles Leben führt. Denn ihr ganzes Leben haben sie auf Sünde und Schande ausgerichtet und schämen sich keiner Sünde oder Schande. Was selbst der Teufel nicht zu sagen wagt, das sprichst du aus und spuckst somit alles, was der Teufel auch nur in dich hineinschütten kann, wieder aus. Wehe, daß du jemals die Taufe empfangen hast! Wie hast du doch die Taufe und den Christenstand verleugnet! Alles, was du erhältst, ist eine Sündengabe, und diejenigen, die dir etwas geben, müssen sich dafür am Jüngsten Tag vor Gott verantworten: Man gibt es dir als Sündengabe, und du nimmst es als Sünden- und Lastergabe in Empfang. Verschwinde, wenn du hier irgendwo steckst! Denn mit deiner Arglist und deinem Schmarotzertum bist du von uns abgefallen, und deshalb sollst du zu deinesgleichen verschwinden: zu den abgefallenen Teufeln, denn nach den Teufeln bist du benannt und trägst ja ihre Namen; du heißt »Lasterbalg«, und dein Kumpan heißt »Schandolf«. Einer heißt »Hagedorn«, ein anderer »Höllenfeuer«, ein dritter »Hagelstein«. Du trägst ebenso viele Schandnamen wie deine Kumpane, die abgefallenen Teufel. – All ihr anderen Chöre aber kehrt, sofern ihr abgefallen seid, zu wirklicher Reue zurück:

riuwe unde kumet ze lûterre bîhte unde ze buoze nâch gotes gnâden unde nâch iuwern staten, unde gewinnet wâre riuwe unde die hulde unsers herren. Sô ist der minneclîche got sô erbarmic, daz er iuch ze hulden laet komen, wan er hât iuch doch harte erarnet und ist im der schatz âne mâzen liep, der kristenmenschen sêle. Unde swenne ir iuch über iuch selbe erbarmen wellet, sô erbarmet sich got ouch über iuch und enpfaehet iuch mit guotem willen, nû zem êrsten an der sêle und an dem jungesten tage an dem lîbe und an der sêle. Daz uns daz allen widervar, des helfe uns der almehtige got. Âmen.

Findet zu aufrichtiger Beichte und Buße gemäß der Gnade Gottes und eurem Sündenstand, erlangt also wirkliche Reue und damit auch die Zuwendung unseres Herren. Gott in seiner Liebe wird dann so barmherzig sein, daß er euch wieder seine Gunst schenkt, hat er euch doch unter Schmerzen errettet[45] und ist ihm doch der »Schatz«, die Christenseele, über die Maßen lieb. Wenn ihr mit euch selbst ein Einsehen habt, dann wird auch Gott mit euch ein Einsehen haben und euch in Barmherzigkeit aufnehmen – zunächst jetzt eure Seele, am Jüngsten Tag aber Leib u n d Seele. Daß uns alles das zuteil werde, dazu verhelfe uns Gott der Allmächtige. Amen.

Die sibenzehende
Von dem fride
Pacem meam do vobis*

Man liset hiute in dem heiligen êwangeliô, daz der almehtige got sprichet: 'ich wil iuwer ieglîchem ein künicrîche geben'. Daz ist gar ein grôziu gâbe und ist ein troestlîchiu gâbe. Ich weiz daz gar wol, ob ich iezuo spraeche: ich wil iuwer ieglîchem eine gâbe geben, diu ist wol hundert marke wert, oder ich wil iuwer ieglîchem hundert marke bereites silbers geben, jâ wie frô iuwer herze in iuwerm lîbe waere! Seht, sô soltet ir sus hundertstunt frôwer sîn, wan ein künicrîche ist hundertstunt tiuwerr denne der iu hundert mark gehieze. Wan unser herre ist tûsentstunt wârhafter denne dehein künic, der halt ie sô rîch unde sô gewaltic wart. Unde dâ von sult ir alle grôze freude an iuwerm herzen gewinnen unde sult dem almehtigen gote gar grôze gnâde unde dank sagen umbe diu übergrôze gnâde und umbe die rîche gâbe. Wan er sprichet niht: 'ich wil iuwer ieglîchem eine grâveschaft geben oder ein herzogetuom'. Daz waere ein ander rede; und ir ist doch gar vil, die ez für eine rîche gâbe haeten. Unde der halt etelîchem eine huobe gaebe, er waere halt herzeclîchen frô. Gaebe man im aber eine stat oder ein dorf, er waere aber frôwer. Gaebe man im aber eine marke oder ein herzogetuom, er waere aber frôwer. Unde dâ von sult ir nû der triuwen unde der êren herzeclîchen frô sîn, wan der almehtige got wil iuwer ieglîchem ein grôzez künicrîche geben. Unde daz daz wâr sî, daz sach der guote sant Johannes in apokalipsî. Der sach eine stat, diu was als wît und als michel daz ez âne mâze was in dem himelrîche. Und im seite ein

* So die Überschrift im Inhaltsverzeichnis der Handschrift A; über dem Text steht »die siebentzehende«. [Anm. d. Hrsg.]

Von dem Frieden

Im heiligen Evangelium hören wir Gott den Allmächtigen heute sprechen: »Jedem von euch will ich ein Königreich schenken.«[1] Das ist ein sehr wertvolles und ermutigendes Geschenk. Wenn ich jedem von euch hier und jetzt ein Geschenk im Wert von 100 Mark[2] bzw. 100 Mark bar in Silber verspräche, so wüßte ich ganz genau, wie sehr ihr euch darüber freuen würdet. Deshalb auch solltet ihr euch in diesem Fall noch hundertmal mehr freuen, ist doch ein Königreich noch hundertmal mehr wert, als wenn euch 100 Mark versprochen würden; und hält doch unser Herr tausendmal eher sein Wort als irgendein König, möge er noch so reich und mächtig sein. Darüber freut euch alle von Herzen und sagt Gott dem Allmächtigen zutiefst Dank für seine unermeßliche Gnade und sein kostbares Geschenk. Denn er sagt nicht: »Ich will jedem von euch eine Grafschaft oder ein Herzogtum schenken.« Das wäre zwar noch etwas anderes [als das Versprechen eines Königreichs]; dennoch gäbe es aber noch genügend Leute, die auch das als ein kostbares Geschenk ansehen würden. Schon wenn einer nur eine Hufe[3] Land geschenkt bekäme, wäre er doch von Herzen froh. Bekäme er jedoch eine Stadt oder ein Dorf geschenkt, würde er sich noch mehr freuen. Und bekäme er gar eine Markgrafschaft[4] oder ein Herzogtum geschenkt, so würde auch diese Freude noch übertroffen. Deshalb freut euch von Herzen über Gottes unverbrüchliche Treue und über das Ansehen, das ihr gewinnt, will doch Gott der Allmächtige jedem von euch ein mächtiges Königreich schenken. – Daß dies tatsächlich erfüllt wird, hat der heilige Johannes[5] in einer Offenbarung geschaut[6]. Der sah im Himmelreich eine Stadt von unermeßlichem Umfang und unermeßlicher Größe. Ein Engel aber sagte ihm, welchen

engel wie wît unde lanc unde hôch sie waere unde wie breit diu mûre waere. Unde diu selbe mûre, dâ mite diu stat umbemûret was, daz [234] wâren allez edel steine, achâtes unde karbunkel unde saphîre und ander edele steine, unde niht wan lûter golt. Und alsô seite der engel dem guoten sante Johannes, wie manic tûsent mîle daz waere, der diu mûre lanc unde hôch unde breit was. Und alle die in der selben stat sint, die sint alle künige unde küniginne unde sint alle bekleit mit kleiden sam diu sunne unde sie habent alle liehte krône unde kuniclîche krône ûf ir houbet unde diu stat ist sô gar wol gezieret mit götlîcher gezierde, daz ich daz wol weiz, und waere ein semelîchiu stat in der heidenschaft jenhalp meres, iuwer ist maniger des muotes, er füere von hinnen über mer, daz er niwan die selben stat gesaehe; ich wil des geswîgen, daz man im ein künicrîche drinne ze rehtem eigen gaebe unde daz daz im niemer mêr genomen würde von êwen unz êwen. Unde dâ von sult ir von rehtem herzen frô sîn und sult gote danken der grôzen gâbe unde der grôzen gnâde, die er uns hiute geheizen hât. 'Owê, bruoder Berhtolt, ich waere vil frô, der mir iezuo zehen marke silbers gaebe! daz wiste ich waz daz waere: ich enger des niht, daz ich ein künic waere oder würde.' Sich, dû verstêst sîn anders niht, der übergrôzen gnâde diu in himelrîche ist. Wan reht als gewis dû des bist daz morgen ein tac kumet, als ouch hiute einer ist – wan dâ sprichet her Salomôn: '*orietur sol:* diu sunne diu gêt hînt hin unde kumet morne aber her wider' – unde dâ von spriche ich alsô: als man gewis ist daz morgen ein ander tac kumet, als gewis ist daz hiute dehein mensche vor mînen ougen sitzet als versmaehet und als arm, ez sî siech oder zervallen von ûzsetzikeit, unde wil ez dar umbe werben, im engebe der almehtige got ein künicrîche. Der got der nie deheine lügen getete, der hât ez iu geheizen unde wil ez iu wâr lâzen. Unde dar umbe

Umfang sie habe, wie lang und hoch sie sei und wie breit ihre Mauer sei. Diese Mauer nun, von der die Stadt eingefaßt war, bestand nur aus Edelsteinen: aus Achaten, Karfunkeln, Saphiren und anderen Edelsteinen sowie aus purem Gold. Der Engel nun erzählte dem heiligen Johannes, wie viele tausend Meilen die Mauer in der Länge, in der Höhe und in der Breite messe. Die Bewohner dieser Stadt sind allesamt Könige und Königinnen. Sie alle sind mit Kleidern, hell wie die Sonne, bekleidet, und sie alle haben eine strahlende Königskrone auf dem Kopf. Die Stadt leuchtet so sehr in der Pracht Gottes, daß ich genau weiß: Gäbe es eine solche Stadt jenseits des Meeres im Heidenland, so würden sich viele von euch vornehmen, von hier fort über das Meer zu reisen, nur um diese Stadt zu erblicken. Ich will dabei noch gar nicht von dem Fall sprechen, daß man in jener Stadt ein Königreich als rechtmäßiges Eigentum erhielte und daß es einem niemals mehr, von Ewigkeit zu Ewigkeit, genommen würde. Deshalb freut euch von Herzen und dankt Gott für sein wertvolles Geschenk und seine grenzenlose Gnade, die er uns heute zugesagt hat. – »Wieso denn, Bruder Berthold, ich würde mich doch schon darüber freuen, wenn ich hier jetzt auch nur zehn Mark Silber geschenkt bekäme, wüßte ich dabei doch wenigstens, woran ich bin: ein König zu sein oder zu werden, kommt mir gar nicht in den Sinn.« Schau, dabei begreifst du überhaupt nicht die grenzenlose Gnade, die uns im Himmelreich zugesagt ist. Denn darin bist du dir doch ganz sicher, daß morgen ebenso ein Tag beginnt wie heute – sagt doch auch König Salomo: »Orietur sol [. . .], die Sonne geht heute abend unter und morgen wieder auf.«[7] Deshalb sage ich: Ebenso sicher wie morgen ein neuer Tag beginnt, sitzt hier niemand vor mir, der so verächtlich, so arm, so krank oder vom Aussatz[8] so zerfressen wäre, daß ihm Gott der Allmächtige nicht ein Königreich schenken würde, falls er sich nur darum bemühen würde. Gott, der noch niemals sein Wort gebrochen hat, hat es euch zugesagt und wird es auch erfüllen. Deshalb strebt

sult ir alle gerne zuo dem himelrîche komen und dar umbe werben daz ir alle dar kumet unde künige werdet unde für baz sît iemer mêre. Unde daz iuwer etelîcher sô niuwegernde ist, er füere über mer niwan dar umbe, daz er gesaehe eine stat sô überrîch unde dâ sô manic künic unde küniginne inne waeren, wirt unde wirtinne, unde dâ sô maniger rîcheit kraft inne waere, nû kumet ir alle sanfter dar danne ir über mer vart unde danne her wider hein, unde daz ir sie danne als gerne sehet als vor. Nû seht, waz danne daz wert waere, daz ir iemer und iemer herren unde künige soltet sîn! [235] 'Wie, bruoder Berhtolt, wie wît daz himelrîche danne müeste sîn, sô ein ieglich mensche ein künicrîche haete!' Nû merke rehte, wie vil der himel mügen sîn. Alse vil und alliu diu werlt wîter unde groezer ist danne einigiu nâdelspitze, als ist der himel wîter unde groezer dâ die sternen ane stênt danne alliu disiu werlt. Unde dar über ist ein himel, der heizet *celum cristallinum*, unde der ist danne als vil wîter unde groezer als daz firmament ist wider dem ertrîche. Unde dar über ist aber der himel wîter unde groezer, der dâ heizet *celum empireum*, danne *celum cristallinum*. Und alsô vil ist ie ein himel groezer danne der ander. Als vil als alliu disiu werlt ist gein einer nâdelspitze, als vil ist der êrste himel, dâ die sternen ane stênt, wider aller der werlte oder allem ertrîche, und als vil ist danne der ander groezer. Nû seht, welch ein wîte daz sî! Wande er aller engel herre ist und aller der werlte, dâ hât er ouch grôze hêrschaft unde vil künige. Unde dâ von vienc er den himel wît unde hôch unde grôz, daz ez unzellich aller der werlte ze sagenne waere. Unde dâ

alle voll Freude nach dem Himmelreich: Bemüht euch darum, dorthin zu gelangen, dort zu Königen zu werden und fortan auch zu bleiben! Während nun manche von euch so neugierig sind, daß sie nur deshalb über das Meer reisen würden, um eine Stadt von solch überwältigendem Reichtum zu erblicken, mit so vielen Königen und Königinnen, Herren und Herrinnen in ihren Mauern und von solch überwältigendem Reichtum, könntet ihr alle doch mit geringerem Aufwand dorthin gelangen, als wenn ihr erst übers Meer reist, sodann wieder zurück nach Hause, euch dann aber wiederum, wie schon vorher, danach sehnt, die Stadt zu erblicken. Bedenkt doch bloß, wie herrlich es demgegenüber wäre, wenn ihr für immer und ewig Herren und Könige wäret! – »Wie das, Bruder Berthold? Wie riesig groß müßte das Himmelreich dann wohl sein, wenn jeder Mensch dort ein Königreich besäße?« Hör nun gut zu, wie viele Himmel es gibt[9]: der Himmel, an dem die Sterne stehen, ist um so viel weiträumiger und größer als die ganze Welt, wie diese weiträumiger und größer als eine einzige Nadelspitze ist. Über diesen Himmel spannt sich ein weiterer Himmel – er heißt »caelum cristallinum« – der wiederum um so viel weitläufiger und größer als die erste Himmelfeste ist, wie diese gegenüber der Erde. Darüber spannt sich ein noch weitläufigerer und größerer Himmel; er heißt »caelum empireum« und ist um ebenso viel größer als der »caelum cristallinum«. Jeder einzelne Himmel ist also in dem genannten Maße größer als der unter ihm liegende. Der unterste Himmel, an dem die Sterne stehen, verhält sich zur ganzen Welt bzw. zur ganzen Erde wie diese zu einer Nadelspitze, und um so viel ist dann auch jeder weitere Himmel größer als der unter ihm liegende. Seht doch bloß, was für ein weiter Raum das ist! Da Gott der Herr über alle Engel und über die ganze Welt ist, gebietet er auch über mächtige Reiche und viele Könige[10]. Deshalb also schuf er den Himmel so weiträumig, hoch und groß, daß niemand auf der Welt ihn ermessen könnte! – Und deshalb auch sagt

von sprichet der guote sant Johannes: 'daz ez mügelich waere daz man ez allez geschrîben möhte daz ich ze himele sach, sô möhte doch alliu diu werlt diu buoch niht behalten.' Daz ist alsô gesprochen: diu buoch möhten von dem ertrîche unz an daz firmament niht geligen, dâ ez allez an geschriben waere daz ich ze himele hân gesehen.

Nû seht! ob ir niht die liebe unde die minne unsers herren dâ mite woltet êren, sô möhtet ir doch durch daz grôze wunder gerne ze himelrîche komen unde dar umbe werben, daz ir daz übergrôze wunder saehet. Wan der almehtige got alse wît und alse breit ez hât gemachet, sô gedâhte er im der wîsheit, wie er der liute aller meiste in sîn wîtez himelrîche möhte bringen. Unde dâ von gehiez er in als grôz, daz sie deste gerner zuo im füeren. Dô liez er doch niht, er fünde dô ein ander wîsheit, dâ mite er der liute eht vil in sîn rîche braehte, daz er vil werlte gewünne. Unde swie grôz burcreht er in gehiez, dâ kêrten sie sich niht ane unde fuoren von dem almehtigen gote unde von sînem wîten schoenen himelrîche unde fuoren zuo dem verfluochten tiuvel in die verfluochten helle. Unde dar umb erdâhte im der almehtige got einer wîsheit, wie er vil werlte zuo dem himelrîche braehte mit guoten dingen, [236] unde gedâhte im, wâ mite den liuten aller sanfteste waere und aller beste unde daz alliu diu werlt aller gernste taete, die jungen unde die alten, die frouwen unde die man, unde dâ aller der werlte gir aller meiste nâch stüende, und ob sie wünschen solten, daz sie niht anders wolten. Unde daz selbe hât iu der almehtige got geboten, daz ir dem almehtigen gote dâ mite dienen soltet unde zuo dem himelrîche komen. Wan er weiz wol, ob er iu ein hertez

der heilige Johannes: »Auch wenn man all das aufschreiben könnte, was ich im Himmel sah, könnte dennoch auch die ganze Welt diese Bücher nicht fassen«[11]. Damit will er sagen: all die Bücher, in denen das festgehalten wäre, was ich im Himmel gesehen habe, würden zwischen Erde und Himmelsfeste keinen Platz finden.

Nun bedenkt doch: Wenn ihr schon die Liebe und Zuneigung unseres Herrn nicht dadurch preisen wollt, daß ihr mit Freuden ins Himmelreich zu gelangen sucht, so könntet ihr es doch zumindest wegen jenes unfaßbaren Wunders im Himmel tun und euch darum bemühen, dieses zu Gesicht zu bekommen. Denn wie weiträumig und ausgedehnt auch Gott der Allmächtige das Himmelreich geschaffen hat, so sann er dennoch auf ein Mittel, wie er möglichst viele Menschen dorthin bringen könnte. Deshalb versprach er ihnen solche Herrlichkeiten, auf daß sie um so lieber zu ihm kämen. Doch ließ er es dabei nicht bewenden, sondern sann darüber nach, ob er nicht noch ein weiteres Mittel fände, das viele Menschen in sein Reich brächte und er somit große Teile der Menschheit für sich gewänne. Jedoch: wie weitreichende Privilegien [im Himmel] er den Menschen auch versprach, sie scherten sich nicht darum, sondern kehrten sich von Gott dem Allmächtigen mit seinem so weiträumigen und strahlenden Himmelreich ab und stürzten in die verfluchte Hölle zu dem verfluchten Teufel. Deshalb nun sann Gott der Allmächtige darüber nach, wie er über etwas, das ihnen wünschenswert erschiene, möglichst viel Menschen ins Himmelreich führen könnte. Und er sann darüber nach, was wohl für die Menschen am angenehmsten und vorteilhaftesten wäre, was alle Welt: Junge und Alte, Frauen und Männer, am ehesten zu leisten bereit wären, worauf wohl ihr Verlangen am stärksten gerichtet wäre und was sie, vor die Entscheidung gestellt, gegen nichts anderes eintauschen würden. Eben das nun hat euch Gott der Allmächtige aufgegeben, ihm gerade darin zu dienen und so ins Himmelreich zu gelangen. – Denn er weiß genau, daß ihr, wenn er

dinc haete geboten, daz ir daz niemer haetet getân. Unde dar umbe hât er iu ein senftez dinc, ein süezez geboten, daz iuwer deste mêr dar kome. Wan daz himelrîche ist wît, und haete eht gerne vil liute in sînem rîche, in sînen keiserlîchen êren. Unde dar umbe hât er iu gar ein lustlich dinc geboten: ob ir wünschen kundet, daz ir niht anders woltet wünschen. Und ez ist halt sô lustlich, daz der vogel in dem lufte niht anders begert noch der visch in dem wâge noch daz tier ûf dem velde noch der wurm in der erden. Und allez menschlich künne begert anders niht wan eht des einen, daz iu der almehtige got geboten hât. Unde den worten daz ir ez deste gerner behaltet daz gebot, sô wil ich iu sagen, welher leie gebot ez ist, dâ aller der werlte girde nâch stuont. Daz heizet der fride. Der fride ist ein dinc, des alliu diu werlt begert und anders niht danne des frides. Und allez daz der mensche begert unde tuot, daz tuot er anders niht danne durch den fride. Ez sitzet etewenne einez in mir, daz heizet der hunger; sô izze ich eht dar, dar umbe, daz ich mir einen fride gemache vor dem, daz der hunger dâ heizet. Sô sitzet danne einez in mir, daz heizet der durst; sô trinke ich eht dar, durch daz ich mir einen fride geschaffe vor dem, daz dâ heizet der durst. Sô gên ich in eine stuben oder zuo einem fiure oder ich lege des gewandes deste mê an mich, daz ich mir einen fride geschaffe vor dem, daz dâ heizet der frost. Sô sitzet einez etewenne in mir, daz heizet der slâf; sô lege ich mich nider, daz ich mir einen fride geschaffe vor dem, daz dâ heizet der slâf. Sô twinget mich etewenne einez, daz heizet diu müede; sô erbeite ich kûme, unz daz ich mich gelege, daz ich mir einen fride gemache vor der müede. Sô twinget mich etewenne einez, daz heizet hitze; sô kume ich gar gerne an eine küele, daz ich mir einen fride geschaffe vor der hitze. Und alsô ist sîn gar vil, des die liute gernt [237] durch den fride. Sô twinget manige liute armuot. Die wirkent dar tac unde naht, dar umbe, daz sie in gerne einen fride schüefen

euch ein schweres Gebot auferlegt hätte, dies niemals erfüllt hättet. Deshalb hat er euch ein leichtes und mildes Gebot auferlegt, auf daß von euch um so mehr ins Himmelreich gelangen. Denn das Himmelreich ist weitläufig, und Gott sähe mit Freuden viele Menschen unter seiner Herrschaft und kaiserlichen Majestät. Deshalb hat er euch ein ganz und gar willkommenes Gebot auferlegt: Kein anderes würdet ihr euch aussuchen, wenn ihr wählen könntet! Es ist so willkommen, daß [selbst] der Vogel in der Luft, der Fisch im Wasser, das Tier auf dem Felde oder der Wurm in der Erde nach nichts anderem verlangen. Auch die Menschen nun verlangen nach nichts anderem als nur nach dem einen, das euch Gott der Allmächtige aufgegeben hat. Damit ihr es nun auch fleißig haltet, will ich euch das Gebot nennen, nach dem alle Kreatur verlangt: Es heißt Friede. Nach Frieden verlangt alle Kreatur und nach nichts anderem als nach Frieden. Wonach der Mensch auch verlangt und was er auch unternimmt: er tut es einzig deshalb, um Frieden zu finden. – So steckt bisweilen etwas in mir, das man Hunger nennt. Dann esse ich, um vor eben diesem Hunger Frieden zu finden.[12] Oder es steckt etwas in mir, das man Durst nennt. Dann trinke ich, um vor eben diesem Durst Frieden zu finden. Oder[13] ich trete in eine warme Stube an ein Feuer und ziehe mir noch mehr Kleider über, um vor dem, was man Frost nennt, Frieden zu finden. Bisweilen steckt auch etwas in mir, das man Müdigkeit nennt. Dann lege ich mich zur Ruhe, um vor eben dieser Müdigkeit Frieden zu finden. Oder es bedrängt mich etwas, das man Erschöpfung nennt. Dann kann ich es kaum erwarten, bis ich mich hinlegen kann, um vor der Erschöpfung Frieden zu finden. Manchmal bedrängt mich auch etwas, das man Hitze nennt. Dann gelange ich mit Freuden ins Kalte, um vor der Hitze Frieden zu finden. – So gibt es sehr vieles, wonach die Menschen verlangen, um vor anderem Frieden zu finden. So z. B. drückt viele die Armut. Die schaffen dann Tag und Nacht, um endlich vor der Armut Frieden zu finden. Mithin ver-

vor der armüete. Und alsô begert alliu diu werlt eht niht wan frides, noch der vogel in dem lufte noch der visch in dem wâge noch daz tier in dem walde noch der wurm in der erden, und alliu diu geschaft die got ie geschuof diu begert des frides. Wan daz der almehtige got ûf ertrîche kam, daz tet er anders niht danne durch den fride: daz er einen fride gemachte under uns und under dem vater von himelrîche unde daz er úns einen fride gemachte. Dô sungen die engel ob der kripfen: '*gloria in excelsis deo et in terra pax hominibus bonae voluntatis:* dîn êre in der hoehe und allen den die dâ guotes willen sîn guot fride ûf erden'. Unde dô unser herre hie ûf erden gienc mit sînen jüngern, dô sprach er ze allen zîten zuo sînen jüngern und ouch zuo andern liuten: '*pax vobis*'. Daz sprichet: 'der fride sî mit iu'. Unde dô er in erschein an dem ôstertage, dô sprach er aber zuo sînen jüngern: 'der fride sî mit iu'. Unde dô er ze himele fuor, dô sprach er aber: 'der fride sî mit iu'. Wan eht alliu diu werlt niht anders begert danne frides, sô gebôt der almehtige got uns, daz wir den fride behielten, sît er sô senfte unde sô guot ist, daz unser deste mêr zuo dem himelrîche komen. Dâ gebot er uns drîer hande fride, die wir solten behalten. Und allen den die die drîer leie fride behielten, den wil der almehtige got tegelîchen êwigez künicrîche geben. Und alle die der drîer leie fride niht enhaltent, die werdent verstôzen des êwigen künicrîches, daz der almehtige got hiute uns allen geheizen hât. Unde dô die tiuvel sâhen, daz uns got gar genaedeclîche hete getân an dem rîche daz sie dâ verworht heten, dô giengen sie ze sende; wan sie vorhten, daz der heiligen kristenheit ze vil zuo dem himelrîche waeren komen. Unde sie gingen ze sende unde wurden ze râte, wie sie daz erwenten, daz der werlte sô vil iht zuo dem himelrîche kaeme. Unde sie funden einen list, eine valscheit, daz sie valsche münze sluogen ûf den edeln fride und ûf den rehten fride und ûf den gnaedigen fride, als der rehte valsche

langt die ganze Schöpfung nach nichts anderem als nach Frieden: so auch der Vogel in der Luft, der Fisch im Wasser, das Tier im Wald und der Wurm im Boden. Alle Geschöpfe Gottes verlangen nach Frieden. So ist denn Gott der Allmächtige auch einzig um des Friedens willen auf die Erde herabgekommen: um zwischen uns und dem Vater im Himmel Frieden zu stiften und um uns Frieden zu schaffen. Da sangen dann die Engel über der Krippe: »Gloria in excelsis deo et in terra pax hominibus bonae voluntatis«, d. h.: »Ehre sei Gott in der Höhe und wahrer Friede auf Erden für all jene, die guten Willens sind!«[14] Und als unser Herr hier auf Erden mit seinen Jüngern umherwanderte, begegnete er seinen Jüngern und auch anderen Menschen immer mit »pax vobis«; das bedeutet: »Friede sei mit euch.« Auch als er seinen Jüngern am Ostertag erschien, sprach er zu ihnen: »Friede sei mit euch.« Und als er schließlich zum Himmel auffuhr, sagte er wiederum: »Friede sei mit euch!«[15] Weil nun alle Menschen einzig und allein nach Frieden verlangen, hat uns Gott der Allmächtige, damit um so mehr von uns ins Himmelreich gelangen, aufgegeben, den Frieden zu bewahren, ist er doch so angenehm und vorteilhaft für uns. Drei verschiedene Formen des Friedens hat er uns zu bewahren aufgegeben. Allen aber, die diese drei Formen des Friedens bewahren, will Gott der Allmächtige an jedem Tag neu ihr ewiges Königreich schenken. Wer sie aber nicht bewahrt, der wird aus dem ewigen Königreich verjagt, das Gott der Allmächtige heute uns allen verheißen hat. – Als nun die Teufel sahen, daß uns Gott gerade hinsichtlich des Reichs, das sie verspielt hatten, solch große Gnade erwiesen hatte, traten sie zur Beratung zusammen; fürchteten sie doch, daß nun zu viele Menschen aus der heiligen Christenheit ins Himmelreich gelangen könnten. So versammelten sie sich und berieten darüber, wie sie das wohl verhindern könnten. Da kamen sie auf eine Hinterlist: auf Falschmünzerei. Sie prägten nach dem kostbaren, echten und gnadenbringenden Frieden unechte Münze, ebenso wie kupferîne pfenninge sleht, die valsch unde kupferîn sint, ûf guote pfenninge. Unde haeten die unsaeligen tiuvele unde die verfluochten den valsch unde den list den sie erdâhten niht funden, sô waere manic tûsent sêle zem himelrîche komen, zuo [238] dem schoenen himelrîche, daz in got geheizen hete. Unde dar umbe habent sie gar grôzen unde gar trügenhaften valsch dar under gemischet. Unde die drîer hande fride die sint alsô.

Der êrste fride den uns got gegeben hât daz wir in halten, den sullen wir halten alse liep uns daz himelrîche sî. Daz ist fride mit gote. Unde mit dem almehtigen gote suln wir einen vesten fride halten unde staeten, wan er uns einen fride gemachet hât vor dem gewalte des tiuvels unde vor dem zorne des vater. Unde dar umbe suln wir fride mit gote hân. Der fride ist alsô, daz wir den almehtigen got mit deheiner slahte toetlîchen sünden niemer mêr erzürnen suln. Wan got reine ist vor allen sünden, sô wil er bî deheiner sünde dehein tuon hân. Wan er verstiez manic tûsent engel von dem himelrîche, daz sie den fride zebrâchen den sie mit gote êweclîchen solten haben, unde dar umbe muosten sie daz himelrîche rûmen, und ez kan niemer mêr fride noch suone werden zwischen got unde den engelen, die den fride zebrâchen mit der ungehôrsame der sünden. Daz selbe geschach Adâme in dem paradîse. Als er die sünde getet, sâ zehant was fride ûz unde muoste daz paradîse rûmen, als der engel daz himelrîche. Unde dar umbe kam unser herre Jêsus Kristus von himelrîche ûf ertrîche her abe, daz er Adâmes künne einen fride gemachete. Wan Adam zuo der sünde verrâten wart, dô was daz ouch wol mügelich, daz er baz ze hulden kaeme danne der ungehôrsame engel. Der überhuop

der richtige Falschmünzer nach vollwertigen Pfennigen falsche Kupferpfennige prägt.[16] Wären die unseligen und verfluchten Teufel nicht auf die Falschmünzerei und damit auf die von ihnen ersonnene Hinterlist gekommen, dann wären viele tausend Seelen mehr ins Himmelreich gelangt: in das herrliche Himmelreich, das Gott ihnen verheißen hatte. Aus diesem Grund haben die Teufel Gottes Friedensgebot so gründlich und hinterhältig verfälscht. Die drei Formen des Friedens aber sind die folgenden:

Den ersten Frieden, den Gott uns zu bewahren aufgegeben hat, sollen wir in eben dem Maße bewahren, wie uns das Himmelreich am Herzen liegt: Es ist der Friede mit Gott. Mit Gott dem Allmächtigen sollen wir einen unverbrüchlichen Frieden halten und immer wieder bekräftigen, hat er uns doch vor der Macht des Teufels und vor dem Zorn des Vaters im Himmel Frieden geschenkt:[17] aus diesem Grund sollen wir mit Gott Frieden halten. Er besteht darin, daß wir Gott den Allmächtigen niemals mehr mit einer Todsünde erzürnen.[18] Da Gott selbst nämlich frei ist von allen Sünden, will er auch mit keinerlei Sünde mehr zu schaffen haben, verjagte er doch deshalb viele tausend Engel aus dem Himmelreich, weil sie den Frieden mit Gott gebrochen hatten, den sie für alle Ewigkeit halten sollten. Aus diesem Grund mußten sie das Himmelreich verlassen, und niemals mehr wird es zum Friedensschluß oder zur Versöhnung zwischen Gott und jenen Engeln kommen, die im Ungehorsam ihrer Sünden den Frieden mit Gott gebrochen hatten. Ebenso erging es Adam im Paradies. Als er seine Sünde vollbracht hatte, war sogleich sein Friede mit Gott zerbrochen, und er mußte das Paradies ebenso verlassen wie der [gefallene] Engel das Himmelreich. Unser Herr Jesus Christus aber kam deshalb vom Himmel auf die Erde herab, um für Adams Nachkommen den Frieden mit Gott wiederherzustellen. Denn Adam war zu seinem Sündenfall verführt worden;[19] es war ihm deshalb auch eher als dem gefallenen Engel möglich, wieder in Gottes Gnade aufgenommen zu

sich von sîn selbes willen unde brach den fride mit der hôhvart. Und alle die mit grôzer hôhvart umbe gênt, die sint sâ zehant fridebrecher; oder swelher leie sünde ez ist, daz houbetsünde sîn, sô ist fride ûz. Owê, armer sünder! sâ zehant sô dû die sünde begêst, sô ist fride ûz. Unde dar umbe sô hânt die tiuvel valsch geslagen ûf den edeln fride, den ein ieglich mensche haben solte mit gote. – Daz ist der êrste fride, den der almehtige got geboten hât dem menschen.

Der ander fride den dir got geboten hât, daz ist fride mit dir selber. Der dritte fride daz ist fride mit dînem naehsten. Wan der mensche fride haben sol mit dem almehtigen gote, als ich iezuo sprach, als er fride haben sol mit gote, alsô sol er fride haben mit im selber; sô sol er ouch fride haben mit sînem naehsten als mit im selber. Unde dâ mite sô habent die tiuvel valschen fride geslagen under den guoten und under [239] den rehten fride unde habent nû gemachet, daz der werlte daz mêrre teil valschen fride hât. Die dâ fride haben solten mit gote, die habent nû fride mit dem tiuvel. Die danne mit in selber fride solten haben, die habent fride mit dem fleische. Unde swer mit im selber fride hât, der hât fride mit dem lîbe unde mit der sêle, alsô daz der lîp niht begern sol danne daz der sêle guot ist. Die danne fride haben suln mit ir naehsten, die habent nû fride mit der werlte süezekeit. Nû von den selben wil ich des êrsten sagen. Unde dar umb, ir unsaeligen tiuvel, unde haetet ir den list niht funden, sô waere manic tûsent sêle behalten, die alle samt verlorn iemer mêre êwiclîchen müezent sîn. Pfî, ir verfluochten tiuvel! waz ir mit disen listen sêle verlorn habet unde verkoufet mit iuwerr ungetriuwen valschen münze, die ir ûf disen guoten fride geslagen habet! Fride mit dînem naehsten hât der almehtige got dir geboten. Daz ist alse vil gesprochen, daz dû dînem naehsten solt günnen daz dû dir selber ganst und

werden. Jener Engel aber vermaß sich aus eigenem Antrieb und kündigte aus Hoffart den Frieden mit Gott auf.[20] Dementsprechend werden sie alle, die mit solch maßloser Hoffart auftreten, damit sogleich zu Friedensbrechern. Um welche Sünde es auch immer gehen mag: ist es eine Hauptsünde, so ist der Friede mit Gott zerbrochen.[21] Ach, du armer Sünder! Im Augenblick schon, wenn du sündigst, ist der Friede mit Gott zerbrochen. Aus diesem Grund nun haben die Teufel nach dem kostbaren Frieden, den jeder Mensch mit Gott halten soll, falsche Münze geprägt. Es ist dies der erste Friede, den Gott der Allmächtige dem Menschen aufgegeben hat.

Der zweite Friede, den Gott dir aufgegeben hat, ist der Friede mit dir selbst. Der dritte Friede ist der mit deinem Nächsten. Denn wie ich soeben sagte, soll der Mensch mit Gott dem Allmächtigen Frieden halten. Ebenso nun wie mit Gott soll er auch mit sich selbst Frieden halten, und ebenso wie mit sich selbst auch mit seinem Nächsten. Die Teufel jedoch haben den echten und wahren Frieden verfälscht und es erreicht, daß die meisten Menschen nun falschen Frieden bewahren. Statt mit Gott halten sie nun Frieden mit dem Teufel und statt mit sich selbst mit dem [sündigen] Fleisch[22]. Wer dagegen mit sich selbst wirklich Frieden hält, hält ihn mit Leib u n d Seele, auf daß der Leib nur danach verlange, was der Seele von Nutzen ist.[23] Sie nun, die mit ihrem Nächsten Frieden halten sollen, halten ihn mit den Freuden dieser Welt. Von ihnen will ich zuerst sprechen. Wenn ihr gottlosen Teufel auf diese Heimtücke nicht gekommen wäret, dann wären viele tausend Seelen gerettet worden, die nun für immer verdammt sind. Weh euch, ihr verfluchten Teufel! Wie viele Seelen habt ihr doch mit eurer Heimtücke ins Verderben gestürzt und mit eurem betrügerischen Falschgeld verschachert, das ihr nach diesem trefflichen Frieden geprägt habt! – Gott der Allmächtige hat dir Frieden mit deinem Nächsten aufgetragen. Das bedeutet, daß du deinem Nächsten dasselbe zubilligen,

im solt verbünnen daz dû dir selber verbanst. ‘Wie, bruoder Berhtolt, sô würde nieman behalten. Jâ hât maniger zwêne röcke oder drîe an, unde daz der ander niht einigen hât, wie sol des danne rât werden? Wan der ziuhet doch sînen roc niht abe unde gît in disem der dâ keinen hât.’ Sich, alsô hât ez got niht gemeinet; wan sô würde nieman behalten. Ich hân ouch zwêne röcke; der gibe ich dir dewedern. Ich wolte aber vil gerne, daz dû einen semelîchen haetest oder zwêne alsam. Ich haete ouch daz himelrîche gerne; sô günde ich dirz alse wol alse mir selber, daz dû gotes hulde haetest unde daz dû die niemer mêre verliesen möhtest. Des günde ich dir gar wol, unde dar an stêt ouch diu minne, die dû dînem naehsten tragen solt als dir selber. Und ûf die wâre minne hât der tiuvel valsch geslagen. Unde wan der mensche sînen naehsten minnen sol als sich selben – daz ist diu wâre minne –, sô hât der tiuvel valsche minne geslagen ûf die wâren minne. Unde dû minnest dînen naehsten als dich selber, daz ist alsô gesprochen; wan dû selbe unkiusche bist an dem lîbe, sô minnest dû alle die deste gerner die dâ unkiusche sint, unde dû hâst sie dar umbe liep; wan dû trûwest ir geniezen an der unkiusche. Unde dâ mite sô hât der tiuvel valsch geslagen ûf die wâren minne. Wan allez daz dû minnen solt an dînem naehsten mit der wâren minne, [240] daz hât der tiuvel allez verkêret in die valschen minne. Wan bist dû ein unkiuscher mensche, dû minnest einen andern, der ouch unkiusche ist, unde dû minnest in ouch durch anders niht wan eht durch unkiusche. Bist dû ein rouber, dû minnest einen, der ouch ein rouber ist. Bist dû ein diep, dû minnest einen andern, der ouch ein diep ist. Bist dû ein tanzer oder ein turneiesman oder ein luoderer oder ein spiler oder ein frâz, dû bist einem vil holder, der dir des selben hilfet wan

aber auch versagen sollst wie dir selbst. »Wie das, Bruder Berthold? Dann würde doch niemand die Seligkeit erlangen! Wenn einer zwei oder gar drei Röcke anhat, ein anderer aber keinen einzigen, wie soll man das dann lösen? Denn der erste zieht doch seinen Rock nicht aus und gibt ihn dem zweiten, der keinen anhat!« Schau, so hat es Gott nicht gewollt. Denn dann würde in der Tat niemand die Seligkeit erlangen. Auch ich habe zwei Röcke an, gebe dir aber keinen von beiden. Jedoch wünschte ich von Herzen, daß du einen oder zwei gleiche Röcke besäßest.[24] Ebenso besäße ich von Herzen gern das Himmelreich. Auch dir nun wünschte ich, wie auch mir selbst, daß du Gottes gnädige Zuneigung erfahren und nie wieder verlieren mögest! Das wünsche ich dir von Herzen, und darin besteht auch die Liebe, die du deinem Nächsten so erweisen sollst wie dir selbst. Nach dieser echten Liebe nun hat der Teufel sein Falschgeld geprägt. Während der Mensch seinen Nächsten lieben soll wie sich selbst – darin besteht die echte Liebe[25] – hat der Teufel nach der echten eine trügerische Liebe geprägt. Deinen Nächsten so zu lieben wie dich selbst, heißt nun [für dich]: weil du selbst deiner sexuellen Begierde gehorchst, neigst du um so eher all jenen zu, denen es genauso geht, ja du liebst sie nur aus diesem Grund, hoffst du doch, sie dir in ihrer Geschlechtsgier zunutze machen zu können. Damit aber hat der Teufel die echte Liebe verfälscht. Denn worin auch immer sich deine echte Liebe zu deinem Nächsten beweisen soll: der Teufel hat es alles zu trügerischer Liebe verfälscht. – Also: wenn du der sexuellen Begierde gehorchst, dann liebst du einen anderen, der ebenfalls der sexuellen Begierde gehorcht, ja, du liebst ihn allein deswegen, um diese Gier zu befriedigen. Weiter: bist du ein Räuber, so liebst du einen, der ebenfalls ein Räuber ist, und bist du ein Dieb, so wiederum liebst du einen, der ebenfalls ein Dieb ist. Liebst du den Tanz, das Turnierspiel, die Schlemmerei, das Spiel oder das große Fressen, so bist du einem, der dich darin unterstützt, eher zugetan als einem, der dir dar zuo niht gehelfen kan. Unde dû minnest den frâz durch sîne frâzheit unde den spiler durch sîn spil, unde ieglîcher minnet sînen gelîchen. Sô minnet der díe sünde; sô minnet der ein ander sünde, ketzerîe unde zouberîe unde swelher leie ez ist, daz minnet iuwer ieglîcher an dem andern, an sînem naehsten. Daz wir dâ sprechen: 'an unserm naehsten', daz ist alsô gesprochen: wir sîn alle einander gebrüeder in gote, unde dâ von suln wir sprechen: 'unser naehsten', daz ist, daz wir gebrüeder sîn. Unde dar ûf hât ouch der tiuvel valsch geslagen, daz wir sprechen: 'unser naehster'. Dû minnest dînen naehsten, daz ist, der dir an bôsheit der naehste ist: den hât der tiuvel dir ze einem naehsten geben unde ze minnen für die wâren minne. Des mac er dir vil wol gelônen, im zerrinne danne alles des fiures, daz er iendert hât.

Ze dem andern mâle hât iu der almehtige got geboten, daz ir fride haltet mit iu selben. Daz ist alsô gesprochen, daz der lîp sol mit der sêle vereinet sîn, daz der lîp niht begern sol swaz der sêle schade sî. Sô hâst dû fride mit dir selber. Swenne aber der lîp toetlîcher sünde begert, sô kan niemer dehein mensche fride mit im selber gehaben. Wan diu sêle ist von der edeln gotheit gemachet, sô ist ir diu sünde wider; sô krieget der lîp nâch den sünden. Wan ir wizzet wol, swenne der lîp die sünde getuot, sô erkumest dû in dînem herzen – swelher leie diu sünde ist –, sô erschrickest dû dar abe vil oder wênic unde gedenkest dir alsô: 'owê, waz hân ich getân!' Sich, daz ist diu sêle: wan sie daz wol weiz, daz sie die martel dar umbe lîden muoz. Sô sprichet manic mensche: 'weh! waz schulde hât diu sêle an den sünden, die der lîp getuot'. Jâ, gotweiz! diu sêle hât dicke und ofte schulde an den sünden, wan von rehte ist diu sêle des lîbes meister unde sie ist wirt und hûsfrouwe in dem lîbe als ein frumer wirt in

der das nicht tut. Dann liebst du den Freßsack wegen seiner Gefräßigkeit, den Spieler wegen seiner Spielleidenschaft; jeder liebt so seinesgleichen. Der eine liebt d i e Sünde, der andere jene: Ketzerei, Zauberei oder was auch immer es sei; jeder von euch liebt genau das am anderen, also an seinem Nächsten. Wenn wir sagen: »an unserem Nächsten«, so heißt das, wir alle sind vor Gott Brüder. Deshalb also sollen wir sagen: »unseren Nächsten«; es bedeutet, daß wir Brüder sind. Auch danach aber, daß wir sagen: »unser Nächster«, hat der Teufel Falschgeld geprägt. Seinen Nächsten zu lieben, heißt nun: den, der dir in seiner Verworfenheit am nächsten steht. Der T e u f e l hat ihn dir als deinen Nächsten anvertraut und ihn – statt wirklicher Nächstenliebe – zu lieben aufgegeben. Dafür kann er dich reich entlohnen, es sei denn, sein Höllenfeuer sollte ihm jemals ausgehen.[26]

Des weiteren hat euch Gott der Allmächtige den Frieden mit euch selbst aufgetragen. Damit ist gemeint, daß der Körper mit der Seele übereinstimmen und nicht nach etwas verlangen soll, was der Seele schaden könnte. Auf diese Weise hältst du mit dir selbst Frieden. Sobald der Körper jedoch nach einer Todsünde verlangt, kann niemand mehr mit sich selbst Frieden halten. Denn die Seele ist aus der kostbaren Wesenheit Gottes geschaffen; jede Sünde ist ihr deshalb verhaßt.[27] Der Körper aber trachtet nach Sünden. Ihr wißt doch genau: wenn der Körper die Sünde begeht, fährst du im Herzen vor Schreck zusammen; um was für eine Sünde es sich dabei auch immer handeln mag: du erschrickst darüber sehr oder auch nur wenig und denkst bei dir: »Weh mir, was habe ich getan?« Schau, darin spricht die Seele; weiß sie doch ganz genau, daß s i e die Höllenqualen für [die Sünden] erdulden muß. Da sagen dann viele: »Wie denn, welche Schuld trifft denn die Seele an den Sünden, die doch der Körper begeht?« Bei Gott, so ist es aber! Denn die Seele ist nur zu oft für die Sünden verantwortlich, ist sie doch von Rechts wegen die Herrin über den Körper: Hausherr und Hausherrin im Körper, gerade wie ein tüchtiger

sînem [241] hûse. Daz sprichet der guote sant Jacob: 'diu sêle sol sich gar vaste widersetzen in dem lîbe'. Als der lîp einer sünde begert, sô sol diu sêle gar vesteclîchen widerstrîten unde sol dem lîbe meisterschaft anhaben, daz er die sünde iht tuo. Wan daz mac sie wol getuon, ob sie eht wil. Unde dâ von, swaz der lîp gesündet, dâ ist diu sêle ouch schuldic an; wan sie henget allez dem lîbe nâch durch die liebe, die sie zuo dem lîbe hât, unde dâ von muoz sie ouch die martel lîden. Wan ez ist manic sêle als frum, daz sie sô gar des lîbes meister ist, daz der lîp niemer deheine sünde getuon mac. Tegelîcher sünde der mac sich nieman behüeten, wan der ist mêre danne stoubes in der sunnen, unde dar umbe kan sich nieman dâ vor behüeten und ez envert ouch nieman dar umbe ze helle. Und taete ein mensche alle tegelîche sünde, ez enfüere drumbe ze helle niht. Unde tuo niht danne éine houbetsünde: ez muoz zer helle varn unde muoz iemer dâ sîn. Buoze nim ich alle zît ûz. Und danne swie dâ tegelîche sünde niht zer helle ziehen, sô ist manigiu sêle doch sô frumer meister in dem lîbe, daz sich der lîp niht alleine behüetet vor toetlîchen sünden, wan sie hüetent sich halt vor tegelîchen sünden gar vil. Niht gar mac man sich vor tegelîchen sünden behüeten; iedoch hüetet sich etelîcher mensche verre baz danne daz ander. Unde dar umbe, ir hêrschaft alle samt, sô hüetet iuch durch den almehtigen got. Swenne ir der sünden muot gewinnet, sô enpfindet ir der sünden wol, daz ir ein vorhte dergegen habet. Daz ist diu edele sêle: diu strîtet vaste wider, wan sie die râche unsers herren wol bekennet unde weiz. Unde dar umbe sult ir der edeln sêle volgen unde widerstrîtet den sünden: sô ist eht ein ganzer fride zwischen lîbe unde sêle. Nû habent die tiuvel grôzen valsch ûf den fride geslagen. Wan diu sêle niht danne himeli-

Hausherr in seinem Hause. So sagt auch der heilige Jakobus: »Die Seele soll sich dem Bösen im Körper mit allen Kräften widersetzen.«[28] Wenn der Körper eine Sünde begehen will, dann soll sie mit allen Kräften dagegen angehen und den Körper überwinden, damit er die Sünde nicht begeht. Denn das kann sie durchaus schaffen, wenn sie es nur will. Deshalb also ist auch die Seele dafür verantwortlich, was der Körper an Sünden begeht, sieht sie ihm doch in ihrer Liebe zu ihm alles nach und muß deshalb wie er die Höllenqualen erdulden. Nun sind aber viele Seelen auch so tüchtig, daß sie den Körper völlig überwinden und er keinerlei Sünde mehr begehen kann. Vor den alltäglichen Sünden kann sich niemand bewahren, gibt es von denen doch mehr, als Staub im Sonnenlicht zu sehen ist. Vor ihnen kann sich deshalb niemand bewahren, doch fährt ihretwegen auch niemand zur Hölle. Würde ein Mensch auch alle nur denkbaren alltäglichen Sünden begehen, so würde er deshalb noch nicht zur Hölle fahren, wohl aber, sobald er nichts als eine Hauptsünde begeht: Für immer muß er dann dort bleiben, ausgenommen allerdings den Fall, daß Buße geleistet wird. Obwohl nun alltägliche Sünden noch nicht in die Hölle bringen, setzt sich so manche Seele sogar so tüchtig im Körper durch, daß der sich nicht nur vor Todsünden, sondern weitgehend auch vor alltäglichen Sünden bewahrt. Vollständig kann man sich vor alltäglichen Sünden nicht bewahren, doch gelingt es dem einen weit besser als dem anderen. Deshalb, ihr alle hier: bewahrt euch [auch vor ihnen] um Gottes des Allmächtigen willen! Wenn euch der Sinn nach Sünden steht, dann ist es euch durchaus klar, daß es Sünden sind, und euch beschleicht Furcht vor ihnen. Das bewirkt eure teure Seele; sie kämpft nach Kräften gegen die Sünde, kennt sie doch die Strafe unseres Herrn ganz genau. Folgt deshalb eurer teuren Seele und geht gegen die Sünde an, wird doch erst dann zwischen Körper und Seele völliger Friede herrschen. – Allerdings haben die Teufel auch nach diesem Frieden schlimmstes Falschgeld geprägt. Während

scher dinge begern solte unde sie von himelischen dingen ist, sô habent sie danne valsch ûf die begerunge funden, daz der lîp oberhant hât gewunnen unde daz er niht wan irdenischer dinge begert unde hât der sêle den sic meistic an gewunnen. Wan der lîp ist von irdenischen dingen gemachet unde dâ von begert er ouch irdenischer dinge und die ouch der sêle gar wider sint. Unde dâ von mac niht fride sîn, swâ dû dînem lîbe toetlîcher sünden verhengen wilt. Und alsô hât iu der almehtige got fride geboten, daz ir fride mit iu [242] selben habet. Daz ist der fride, dâ mite der unedel lîp der edelen sêle volgen sol, unde sol ir gehôrsam und undertaenic sîn. Daz ist der gotes fride. Sô ist daz des tiuvels fride, sô der unedel lîp der sêle mit der sünde an gesiget.

Die dritten, die dâ fride mit gote haben suln, alsô daz sie den almehtigen got mit keinen dingen erzürnen suln die toetlîche sünde sint, die habent nû fride mit dem tiuvel. Daz sint drîer hande liute, die fride habent mit dem tiuvel. Unde dâ von habent sie fride mit dem tiuvel, daz sie dem an ir lebene aller gelîchest sint. Daz eine sint ketzer, die fride mit dem tiuvel habent. Wan der ketzer hât zwei dinc an im, diu dem tiuvel gelîchent unde diu der tiuvel beidiu hât. Daz ein daz der tiuvel tuot daz ist, daz er alle die er mac von gote kêret, daz er daz tuot. Wan er daz himelrîche verworht unde verlorn hât, sô saehe er âne mâze gerne, daz ez alle die verworhten, die von Adâmes künne geborn sint, und er schüpfet unde raetet mit allem flîze, swie er kan unde mac, daz ir vil sî die den fride unsers herren zebrechen unde daz êwige künicrîche verwirken, daz sie dâ verworht hânt die leiden tiuvel. Daz ander, daz ouch der tiuvel an im hât, daz ist, daz er sich

die Seele nur nach Himmlischem verlangen soll, zumal sie selbst von himmlischer Wesenheit ist, sind die Teufel auf die Möglichkeit gestoßen, gerade dieses Verlangen zu verfälschen, so daß nun der Körper den Streit für sich entschieden hat: [Jetzt] verlangt er nurmehr nach Irdischem und hat in den meisten Fällen die Seele siegreich überwunden. Denn der Körper ist aus Irdischem geschaffen; deshalb verlangt er auch nach Irdischem, das wiederum der Seele ganz zuwider ist. Insofern kann kein Friede [zwischen Körper und Seele] herrschen, solange du deinem Körper Todsünden zugestehst. Gott der Allmächtige dagegen hat euch diesen Frieden aufgegeben: den Frieden mit euch selbst. Das ist der Friede, bei dem der wertlose Körper der kostbaren Seele nachfolgen, ihr gehorsam und zu Diensten sein soll. Das ist dann der Friede Gottes. Dagegen ist es der Friede des Teufels, wenn der wertlose Körper die Seele mit der Sünde überwindet.

Die dritte Gruppe schließlich von denen, die Frieden mit Gott halten sollten – was ja bedeutet, daß sie Gott den Allmächtigen mit keinerlei Todsünde erzürnen – hat statt dessen Frieden mit dem Teufel geschlossen. – Es sind drei verschiedene Arten von Menschen, die Frieden mit dem Teufel halten, und dies insofern, als sie ihm in ihrer Lebensweise aufs genaueste entsprechen: Erstens sind das die Ketzer. Denn die Ketzer zeichnet zweierlei aus, was auch dem Teufel entspricht und ihn ebenfalls auszeichnet. Einerseits ist es für den Teufel charakteristisch, all jene von Gott abzubringen, bei denen er es irgend vermag. Weil er nämlich das Himmelreich unabweislich verloren hat, würde er sich unbändig darüber freuen, wenn es alle Nachkommen Adams ebenfalls verlieren würden. Unablässig treibt und rät er dazu, soweit er nur irgend vermag, auf daß möglichst viele Menschen den Frieden mit unserem Herrn brechen und das ewige Königreich verlieren, das sie, die widerlichen Teufel, schon längst verloren haben. Andererseits ist es für den Teufel charakteristisch, daß er niemals wieder zum rechten

niemer bekêren wil. Er wolte halt niht, daz er bî gote in dem himelrîche waere, den worten daz er gotes friunt wolte sîn. Und an den selben dingen sint die ketzer dem tiuvel ouch gelîch. Der ketzer ist gevallen von der gemeinde der heiligen kristenheit, und alsô machete er alle die ze ketzern gerne, die in der heiligen kristenheite sint. Unde dar umbe sol man sich vor im hüeten, sô er vil heimlîchen gêt zuo iu unde sprichet, er welle iuch guot dinc lêren heimelîche in einem winkel unde des er iuch offenlîche gelêren entar. Daz ist reht ein ketzer. Wan wolte er dich guot dinc lêren, sô lêrte er dich an dem liehte vor den liuten. Und als ir des selben innen werdet, sô sult ir sie rüegen, unde hüetet iuch vor in, als liep iu himelrîche sî, daz ir iemer ein einigez wort von in gelernet. Und etelîche die dunkent sich sô gar sicher, daz sie in gedenkent: 'ich wil ez wol im vervâhen, unz ich besihe, waz ez sî daz er mich dâ lêren wil.' Seht, daz sult ir niht tuon. Wan als ir sie versuochen wellet unde biz ir niwan versuochet waz er künne, mit dem selben sô hât er dich ze einem ketzer gemachet unde daz dû iemer deste boeser unde [243] deste kränker an dînem gelouben bist oder daz dû sâ zehant vellest von der gemeinde der heiligen kristenheit unde von dem frônen himelrîche, daz dû daz antlütze unsers herren niemer mêre gesihst. Dâ beschirme uns der almehtige got vor! – Daz ander, dar an sich der ketzer dem tiuvel gelîchet, daz ist, daz sich der ketzer niemer mêre bekêren wil als wênic als der tiuvel. Wan er ist als gar verhertet unde versteinet als der tiuvel in der ketzerîe. Unde rehte als der kristalle von wazzer ze steine worden ist, als ist der ketzer von einem kristenmenschen worden. Und als wênic als man den kristallen iemer ze wazzer gemachen mac, als wênic mac man den ketzer iemer mêr ze einem kristenmenschen gemachen, er sî denne kürzlîche in die ketzerîe komen. – Die

Glauben zurückkehren will. Er wollte sich nun einmal nicht mehr bei Gott im Himmelreich aufhalten, um ihm dort in Liebe ergeben zu sein. In beiden Merkmalen gleichen die Ketzer den Teufeln. Auch der Ketzer ist von der heiligen Christengemeinde abgefallen, auch er möchte deshalb nur zu gern all jene zu Ketzern machen, die der heiligen Christenheit angehören. Deshalb hütet euch vor ihm, wenn er sich euch ganz heimlich nähert und euch erzählt, er wolle euch heimlich und im Verborgenen in frommen Lehren unterweisen, dies aber in aller Öffentlichkeit nicht wagt. Das ist dann wahrhaft ein Ketzer! Denn wenn er dich wirklich in frommen Lehren unterweisen wollte, dann würde er das ganz offen vor allen Leuten tun. Wenn ihr solche Leute nun bemerkt, dann zeigt sie an und hütet euch davor, von ihnen auch nur ein einziges Wort anzunehmen, wenn euch das Himmelreich lieb ist! – Manche nun halten sich für ganz gefeit gegen das Böse, so daß sie bei sich denken: »Ich will mich ruhig auf ihn einlassen, bis ich selbst erkenne, in was für einer Lehre er mich unterweisen will.« Schaut, das gerade tut nicht! Denn während ihr sie noch überprüfen wollt und bis ihr in Erfahrung bringt, was er wohl mitzuteilen hat, hat er dich dabei schon zum Ketzer gemacht, so daß du immer mehr der Sünde verfällst, im Glauben abnimmst oder gar sofort von der heiligen Christengemeinde und von Gottes Himmelreich abfällst: Unseren Herrn wirst du dann niemals mehr von Angesicht erblikken. Gott der Allmächtige bewahre uns davor! – Auch darin gleicht der Ketzer dem Teufel, daß er, ebensowenig wie der Teufel, niemals mehr zum rechten Glauben zurückkehren will. Denn wie der Teufel bleibt auch er ganz und gar verstockt bei seinem Ketzerglauben. Gleich wie der Kristall aus Wasser zu Stein geworden ist, ist der Ketzer aus einem Christen zum Ketzer geworden. Und ebensowenig man den Kristall jemals wieder zu Wasser erweichen kann, kann aus dem Ketzer jemals wieder ein Christenmensch werden, es sei denn, daß er erst vor kurzem zu seinem Ketzerglauben

andern liute, die sich ouch aller beste dem tiuvel gelîchent unde die sô staeten fride mit dem tiuvel habent, daz er niemer zerbrochen wirt, daz sint alle die dâ sündent wider den heiligen geist. Daz sint fünf leie oder sehs leie sünde die wider den heiligen geist sint, unde dâ engetürren wir niht von gereden, wan daz ist eht uns verboten. Unde die sint ouch als versteinet unde verhertet als der tiuvel. – Sô sint die dritten aller liute wirste, die dem tiuvel aller gelîchest sint an ir sünden. Die haltent staeten fride mit dem tiuvel. Der ist sô staete, daz halt under allen sündern nieman sô staeten fride hât mit dem tiuvel. Die sint dem tiuvel aller gelîchest under allen liuten unde sint aller sünder schedelîcheste die selben sünder, die diu werlt ie gewan oder iemer gewinnet. Daz sint die gîtigen liute. Alle die unreht guot wider got gewinnent unde wider sînen hulden, sô mit wuocher, sô mit fürkoufe, mit dingesgeben, sô mit roube oder mit diupstâl oder mit trügenheit an koufe oder an antwerke oder mit swelhen dingen dû ez gewinnest daz unrehte guot: die sint alle dem tiuvel gelîche unde habent staeten fride mit dem tiuvel eht iemer mêre. Wan der tiuvel hât driu dinc an im, diu sint aller dinge wirstiu, diu diu werlt ie gewan. Daz êrste ist, daz der tiuvel staetes sündet tac unde naht für sich dar, daz er niemer geruowet keine wîle noch deheine stunde. Daz ander, daz er gîtic nâch den sünden ist: sô er ie mêr gesündet, sô er ie gerner sündet, und in benüeget eht niemer. Daz dritte ist, daz der tiuvel sich niemer bekêren wil. Und an disen drin sünden sint die gîtigen liute dem tiuvel aller [244] gelîchest unde habent staeten fride mit im an den selben dingen. Die gîtigen liute sündent tac unde naht alle zît, diu zît sî heilic oder niht, ez sî jeniu zît oder disiu zît, sô sündet eht er für sich dar. Ir andern sünder, ir lât doch gote etewenne einen fride mit iuwern sünden. Ir mörder, ir mordet iezuo nieman;

gekommen sei.[29] – Zweitens gehören zu jenen, die dem Teufel aufs genaueste gleichen und mit ihm so festen Frieden halten, daß er niemals gebrochen wird, alle die, welche sich gegen den Heiligen Geist versündigen. Es gibt fünf oder sechs verschiedene Sünden gegen den Heiligen Geist, von denen wir aber nicht zu sprechen wagen, denn das ist uns untersagt. Auch diese [Sünder] sind ebenso ganz und gar verstockt wie der Teufel.[30] – Drittens schließlich die schlimmsten von all jenen, die in ihren Sünden dem Teufel am genauesten gleichen: ihr Frieden mit dem Teufel hat Bestand, ja so festen Bestand, daß sie darin alle anderen Sünder noch übertreffen. Diese Sünder nun gleichen von allen Menschen dem Teufel am meisten; sie sind die schlimmsten von allen Sündern, die es je auf Erden gab oder je geben wird: die Habgierigen. Wer auch immer gegen Gottes Willen und entgegen seiner gnädigen Zuwendung zu uns Vermögen vereinnahmt, das ihm nicht zusteht, sei es nun durch Wucher, Vorkauf oder Borgen, durch Raub oder Diebstahl, durch Betrug in Handel oder Arbeit oder wodurch auch immer du das Vermögen vereinnahmst, das dir nicht zusteht: sie alle gleichen dem Teufel und festigen ihren Frieden mit ihm immer noch besser. Denn [auch] den Teufel zeichnet dreierlei aus; es ist das Schlimmste von allem, was der Menschheit je widerfuhr. Erstens sündigt der Teufel ohne Unterlaß, Tag und Nacht in einem fort; auch nicht einen Augenblick lang hört er damit auf. Zweitens giert er nach Sünden: je mehr er sündigt, desto lieber möchte er noch mehr sündigen; niemals findet er darin Befriedigung. Drittens will der Teufel nicht mehr [zum rechten Glauben] zurückkehren. In diesen drei Sünden nun gleichen die habgierigen Menschen dem Teufel aufs Haar und halten hierin mit ihm festen Frieden. Denn auch die Habgierigen sündigen ohne Unterlaß Tag und Nacht, sei nun gerade eine heilige Zeit oder auch nicht, diese oder jene Zeit: Er sündigt in einem fort.[31] Ihr anderen Sünder verschont Gott doch wenigstens von Zeit zu Zeit mit euren Sünden. Ihr Mörder:

ir êbrecher, ir brechet iezuo niht iuwer ê; ir zouberer und ir zoubraerinne, ir zoubert iezuo mit nihte; ir fraeze, ir luoderer und ir spiler und ir tenzer, ir trîbet iuwer unfuore mit nieman iezuo und iuch durstet halt vil sêre; ir tuot ez gerne oder ungerne sô müezet ir sîn ungetrunken. Ir tanzer, ir tanzet iezuo mit nieman. Ir andern sünder, ir gebet dem almehtigen gote etewenne fride. Dise gîtigen liute die gebent dem almehtigen gote niemer deheinen fride. Daz ist dâ von, daz sie fride mit dem tiuvel habent. Nû sich, gîtiger, wuocherer unde fürköufer, sît hiute daz dû her kaeme, sît hâst dû mit wuocher unde mit fürkoufe wol vier pfenninge gewunnen. Unde sît ich dise rede an huob, sît bist dû lîhte eines helbelinges rîcher danne ê. Und an dém teile hâst dû fride mit dem tiuvel. Der laet ouch got niemer geruowen. Unde dâ von sprichet der almehtige got selbe von den gîtigen liuten als gar übel, daz ich niht naeme dehein guot, ich naeme niht hundert pfunt, daz ich alsô vor disen engeln spraeche, die alhie gegenwertic sint unde vor allen den liuten. Ez würde den engeln unde liuten allen ir ôren betrüebet, ob ich nû vor in spraeche als got selber hât gesprochen. Er sprichet: ‘dû rehte boese hût!’ al für sich hin, unde sprichet gar übele: ‘dû rehte boese hût, dû laest mich niemer geruowen. Die von Samariâ unde die von Gomorrâ unde die von Sodomâ die lânt mich geruowen etewenne: dû laest mich niemer geruowen, wan dîn pfluoc ist eht alle zît ûf der verte und ûf der arbeit des gewinnes’. Nû wis frô, gîtiger! dû versûmest einen helbelinc niht an dirre predige. Ir andern liute, ir versûmet iuch iezuo gar sêre an iuwer arbeit. Der

jetzt gerade mordet ihr doch niemanden! Und ihr Ehebrecher: jetzt gerade brecht ihr nicht eure Ehe! Und ihr Zauberer und Zauberinnen: jetzt gerade zeigt ihr nicht eure Zauberkunst! Und ihr Freßsäcke, Schlemmer, Spieler und Tänzer: jetzt gerade treibt ihr mit niemandem eure Ausschweifungen, obwohl euch doch sehr danach verlangt; ob es euch nun gefällt oder nicht: in diesem Augenblick könnt ihr euer Verlangen nicht stillen. Und ihr Tänzer: gerade jetzt tanzt ihr mit niemandem! Auch ihr anderen Sünder laßt Gott von Zeit zu Zeit mit euren Sünden in Ruhe. Jene Habgierigen aber lassen Gott den Allmächtigen niemals in Ruhe, weil sie mit dem Teufel Frieden halten. Bedenke doch bloß, du Habgieriger, Wucherer oder Vorkäufer: Seitdem du heute herkamst, hast du durch Wucher oder Vorkauf bestimmt schon vier Pfennige verdient, und seit ich mit dieser Predigt begann, bist du sicher schon um einen halben Pfennig reicher geworden, als du es vorher warst! Darin aber hältst du mit dem Teufel Frieden, läßt doch auch er Gott nicht mehr zur Ruhe kommen. Deshalb nun spricht Gott der Allmächtige selbst von den habgierigen Menschen so fürchterlich, daß ich mich durch keinerlei Bezahlung, noch nicht einmal von hundert Pfund, dazu bewegen ließe, so vor den hier anwesenden Engeln und vor all diesen Menschen zu sprechen.[32] Denn all den Engeln und Menschen würde es in den Ohren dröhnen, wenn ich so zu ihnen sprechen würde, wie Gott selbst gesprochen hat. In einem fort ruft er, »du nichtswürdiger Lump«, und noch einmal fürchterlich: »Du nichtswürdiger Lump, du läßt mich überhaupt nicht mehr zur Ruhe kommen. Die Leute aus Samaria, aus Gomorrha und auch aus Sodom[33] lassen mich [wenigstens] noch von Zeit zu Zeit zur Ruhe kommen; du aber läßt mich überhaupt nicht mehr zur Ruhe kommen, gehst du doch unermüdlich deinem Gewerbe nach, dem Gewinn hinterher zu sein und dich für ihn abzurackern.« Deshalb freu dich, Habgieriger! Nicht einmal ein halber Pfennig entgeht dir während dieser Predigt! Ihr anderen habt jetzt für längere Zeit eure Arbeit

gîtige versûmet sich aber nihtes niht an dirre predige. Wan iuwer gewinne gênt eht alle zît für sich, sô krump sô sleht, ez witer übel oder wol, ez sî bisezze oder niht, ez sî hagel oder niht, sô gêt dîn pfluoc doch alle zît gelîch. Pfî, daz dich diu erde niht verslant, daz dû mit dem heiligen toufe getoufet bist! wan dû ein jüde bist an dînen werken und an dînem leben. Unde dâ mite ist dîn fride mit dem tiuvel iemer [245] staete. – Zem andern mâle bist dû dem tiuvel ouch gelîch an dînen sünden. Daz ist, daz den tiuvel an sînen sünden niemer genüeget. Sô er ie mêr sündet, sô er ie gerner sündet. Alsô tuot ouch der gîtige. Den selben fride heltet er gar vesteclîche mit dem tiuvel. Wan sô er ie mêre mit fürkoufe unde mit wuocher unde mit satzunge gewinnet, sô er ie gerner mê unde ie gerner vil haete. Pfî, gîtiger, wie gar gelîch dû dem tiuvel bist! und ir verfluochten tiuvel, wie gar wîslîche ir den valsch geslagen habet unde disen ungetriuwen fride! Wan dise gîtigen liute, der herze vor gîtikeit niemer vollen sat werden kan, sie heizent anders niht die gîtigen liute danne dâ von: sô sie des unrehten guotes ie mêre gewinnent, sô sie ie gerner mê wolten haben. Unde daz ist ir fride mit dem tiuvel. – Ze dem dritten mâle hât der gîtige fride mit dem tiuvele, alsô daz er niemer wâre riuwe gewinnet, als wênic als der tiuvel und als der ketzer und alse die dâ sündent wider den heiligen geist. Wan daz ist allez éin geselleschaft. Der tiuvel unde die gîtigen unde die ketzer unde die wider den heiligen geist dâ sündent, daz ist allez éin kumpanîe und éin gesinde, sie haeten anders niht fride mit dem tiuvel. Und iedoch suln wir versuochen unde suln dise

unterbrochen; anders dagegen der Habgierige: auch während dieser Predigt entgeht ihm rein gar nichts. Denn [ihr Habgierigen], eure Gewinne stellen sich eben zu jeder Zeit ein, gleichgültig ob die Voraussetzungen nun schwierig oder günstig sind: ob schlechtes oder gutes Wetter ist, ob es eine Mißernte gibt oder nicht, ob Hagelschlag oder nicht; euer Gewerbe verläuft doch immer gleichmäßig.[34] Wehe, daß dich die Erde nicht schon längst verschlungen hat, und wehe, daß du überhaupt mit dem Taufsakrament getauft worden bist! Denn nach deinen Handlungen und deiner Lebensweise bist du ein Jude[35]. Somit hat dein Frieden mit dem Teufel für immer Bestand. – Auch in dem zweiten Punkt gleichst du in deinen Sünden dem Teufel, nämlich darin, daß auch dem Teufel seine Sünden niemals ausreichen: Je mehr er sündigt, desto mehr verlangt ihn nach der Sünde. Ebenso steht es mit dem Habgierigen; auch in diesem Punkt hält er mit dem Teufel ganz unverbrüchlichen Frieden. Denn je größere Gewinne er mit Vorkauf, Wucher oder Pfändung macht, desto dringender verlangt es ihn nach immer mehr. Weh dir, du Habgieriger, wie genau gleichst du doch dem Teufel! Und ihr, ihr verfluchten Teufel, wie klug habt ihr doch das Falschgeld geprägt, d. h. also diesen falschen Frieden! Denn diese habgierigen Menschen, deren Habgier niemals ganz gestillt werden kann, werden nur deshalb habgierig genannt, weil sie, wieviel verbotenen Gewinn sie auch zusammenraffen, doch nur immer noch mehr haben wollen. Gerade darin besteht ihr Friede mit dem Teufel.[36] – Drittens hält der Habgierige mit dem Teufel Frieden, weil er niemals mehr zu wirklicher Reue findet, ebensowenig wie auch der Teufel, der Ketzer oder all jene, die sich gegen den Heiligen Geist versündigen. Denn sie gehören alle zusammen. Der Teufel, die Habgierigen, die Ketzer und die Sünder gegen den Heiligen Geist: das ist doch alles dasselbe Pack und derselbe Haufen, hielten sie doch sonst nicht alle mit dem Teufel Frieden. Dennoch sollten wir den Versuch wagen, diese Habgierigen zu bitten und aufzu-

gîtigen liute biten unde manen, daz sie sich ûz dem fride nemen, ûz dem fride des tiuvels, unde sich ergeben in den fride und in die geselleschaft des almehtigen gotes und aller gotes heiligen und aller engele und aller himelischen menie; unde hiute daz unrehte guot lâzet, daz ir erhoehet werdet in der himelischen Jerusalem bî dem almehtigen gote. Jâ soltet ir ze edel iuwer ieglîcher sîn dar zuo, daz ir mit dem verfluochten tiuvel iemer geselleschaft habet an dem grunde der helle. Man gap einest wîsen liuten für, daz sie solten râten, waz mannes herze aller schierste überwunden habe. Dô sprach daz eine, daz taete ein künic: der überwünde aller schierste mannes herze; wan swaz der künic einem armen manne gebüte, des waere er mit allem flîze gerne gereht unde bereit und er getörstes niemer widerreden und er waere halt frô swenne im der künic ihtes gebüte. Dô sprach der ander: 'des ist niht! der wîn überwindet mannes herze aller schierste. Der wîn der machet einen, daz er von bürge und ouch von lande ret unde von grôzem guote unde von tûsent marken, der er einigen pfenninc niht enhât.' Sô sprach der [246] dritte: 'des ist niht! die frouwen habent mannes herzen aller schierste überkomen'. Der nam obernthant, wan er hete reht, daz bewaerete er mit Adâme wol. Den hete got als starken geschaffen, und haete man alle tage berge ûf in geleit, man möhte in niht erdrücket hân, wan er hete eht in untoetlich geschaffen. Der alliu swert und alliu wâfen haete ûf in geslagen unde gestôzen, er enwaere niht tôt. Der in versenket haete in alliu wazzer, er waere niht ertrunken, wan er was reht untoetlich: dâ von mohte er niht erstorben

fordern, ihren Frieden mit dem Teufel aufzukündigen und sich statt dessen in den Frieden und in die Gemeinschaft mit Gott dem Allmächtigen, mit allen Heiligen Gottes, allen Engeln und allen himmlischen Heerscharen zu fügen; und weiter, daß ihr [Habgierigen] noch heute auf euer unrechtmäßig erworbenes Gut verzichtet, auf daß auch ihr im himmlischen Jerusalem vor Gott dem Allmächtigen erhöht werdet! In der Tat: ein jeder von euch sollte doch zu kostbar sein, als daß ihr für immer auf dem Grund der Hölle dem verfluchten Teufel zugehört. – Einst gab man klugen Leuten die Frage zu beantworten auf, was wohl den Willen eines Mannes am schnellsten überwinden könne. Da meinte der eine, das gelinge am ehesten wohl einem König; der könne am schnellsten eines Mannes Willen überwinden. Denn zu allem, was der König einem Manne von niederem Stand abverlange, wäre der ohne Umschweife und eifrigst bereit; niemals würde er sich herausnehmen, dem König zu widersprechen, vielmehr würde er sich noch darüber freuen, wenn der König ihm etwas abverlangte. Darauf sagte der zweite: »So ist es durchaus nicht! Vielmehr überwindet der Wein eines Mannes Willen am schnellsten, bringt er ihn doch dazu, daß er von Burgen und Ländereien schwatzt, von reichem Besitz oder von tausend Mark, obwohl er davon auch nicht einen Pfennig besitzt.« Schließlich der dritte: »So ist es nicht! Die F r a u e n haben den Willen des Mannes am schnellsten überwunden.« Dieser hatte gewonnen, denn er hatte recht und konnte es mit Adams Geschichte gut belegen.[37] Den hatte Gott so stark gemacht, daß man ihn, auch wenn man täglich ganze Berge auf ihn gewälzt hätte, nicht hätte zerquetschen können, hatte ihn Gott doch unsterblich gemacht. Auch wenn man mit allen Schwertern und allen sonstigen Waffen auf ihn eingeschlagen und ihn gestoßen hätte, er wäre dennoch nicht gestorben. Oder wenn man ihn auch in alle Wasser versenkt hätte, er wäre dennoch nicht ertrunken, war er doch wirklich unsterblich: was man ihm auch sonst noch angetan hätte, er

sîn, swie man im getân haete. Unde swie starken unde swie untoetlîchen er in hete geschaffen, sô hât in doch ein frouwe schiere überwunden: an aller sîner kraft und an aller sîner wirde und an aller sîner edelkeit überwant in ein frouwe, daz er alle sîne krefte verlôs. Unde dâ von sô hete er behabet. Wan Sampsôn der hete tûsent manne sterke, unde gewan im ein wîp alle sîne sterke an und alle sîne kraft. Unde Salomôn wart betrogen an aller sîner wîsheit unde manic ander man, die betrogen sint von frouwen. Unde dâ von habent die frouwen den mannen den sic an behabet. Unde dar umbe wil ich dise gîtigen liute des biten: sît disiu driu dinc aller meiste mannes herze überwindent, sô lât iuch hiute disiu driu dinc überwinden unde sît des êrsten erbeten unde ermant bî dem wîne, den iu der almehtige got schenken wil êwiclîchen, wan der bezeichent die wâren minne unsers herren. Die wil er dir dar umbe êwiclîchen schenken, daz dû komest ûz der geselleschaft des tiuvels unde daz dû daz unrehte guot hiute laezest, daz dû doch muost lâzen, den worten daz dir der guote sant Pêter schenket êwiclîchen mit den heiligen zwelfboten, daz dich die êwiclîchen minnen in der genôzeschaft aller heiligen. Nû lât hiute daz unrehte guot durch den guoten sant Stephân und alle gotes martelaere, daz iuch die iemer êwiclîchen müezen minnen. Ich bite iuch hiute, daz ir ein wênic unrehtes guotes widergebet durch den guoten sant Niclausen unde durch alle nôthelfer – owê! nû ist er doch gar milte der guote sant Nicolaus und er hât manic tûsenden ûz noeten geholfen mit sîner heilikeit, die er umbe got verdienet hât – unde durch die heiligen niun koere der heiligen engele

hätte davon nicht sterben können. Wie stark und unsterblich jedoch Gott ihn auch geschaffen hatte, eine Frau hat ihn dann schließlich doch rasch überwunden; trotz all seiner Stärke, seiner Herrlichkeit und seiner Vorzüge hat ihn eine Frau überwunden, so daß er all seine Stärke verlor. Wäre das nicht geschehen, hätte er sie behalten. Auch Simson war so stark wie tausend Männer zusammen, und dennoch nahm ihm eine Frau seine ganze Stärke und all seine Kraft.[38] Ebenso wurde auch Salomo trotz all seiner Weisheit von einer Frau betrogen,[39] und es gibt noch viele andere Männer, die von Frauen betrogen worden sind.[40] Somit haben die Frauen über die Männer den Sieg davongetragen. – Aufgrund dieser Geschichte nun will ich die Habgierigen um folgendes bitten: da also diese drei Dinge [d. h. der König, der Wein und die Frauen] den Willen des Mannes am ehesten überwinden, so laßt auch ihr euch von ihnen überwinden. Als erstes sollt ihr bei dem Wein gebeten und ermahnt werden, den Gott der Allmächtige euch für alle Ewigkeit ausschenken will: er bedeutet die wahrhafte Liebe unseres Herrn.[41] Diese seine Liebe nun will er dir für alle Ewigkeit schenken, auf daß du die Gemeinschaft mit dem Teufel aufkündigst und noch heute auf das unrechtmäßig erworbene Gut verzichtest. Unbedingt mußt du darauf verzichten, damit dir der heilige Petrus und die heiligen Apostel für alle Ewigkeit ihre Liebe schenken in der Gemeinschaft aller Heiligen. Verzichtet deshalb noch heute um des heiligen Stephanus[42] und aller Märtyrer Gottes willen auf das unrechtmäßig erworbene Gut, auf daß sie euch in alle Ewigkeit liebhaben. Heute bitte ich euch, wenigstens etwas von dem unrechtmäßig erworbenen Gut zurückzugeben, und zwar um des heiligen Nikolaus[43] und aller Nothelfer willen[44] – wieso wohl der gerade? Weil gerade der heilige Nikolaus besonders barmherzig ist und viele tausend Menschen mit seiner Heiligkeit, die er aufgrund seines Dienstes an Gott erlangt hatte, aus Mühe und Not errettet hat. Weiter bitte ich euch um der neun heiligen Chöre der heiligen Engel

und allez himelische her, daz die iu iemer mêr in den êwigen freuden êwiclîchen müezen schenken den edeln süezen wîn der wâren minne unde daz ir dâ von trunken [247] müezet werden der wâren minne, der dâ niemer zerrinnet unde diu dâ niemer kein ende genimet, und alsô trunken mit der freude werden, die herze nie betrahten kunde, die ôre nie gehôrte unde munt nie gesprach, als der guote sant Paulus dâ sprichet. Unde lât hiute daz unrehte guot durch alle gemeinschaft alles himelischen hers unde lât iu hiute disen edeln süezen wîn iuwer herze an gewinnen, daz iuch allez himelische her iemer froelîchen müeze minnen.

Zem andern mâle bite ich iuch durch die liebe, die ir dem himelischen künige leisten sult; wan daz ist der drîer dinge einez, diu mannes herze überwindent. Wan jener künic den himelischen künic bediutet, den künic aller künige und aller dirre werlte unde den keiser aller künige und aller engel herren: den lât iuch hiute überwinden, daz ir daz unrehte guot lât, wan er iu geheizen hât, daz er iuwer ieglîchem ein künicrîche geben welle und iuch ouch ze künigen wil machen, als er selbe ein künic ist. Und er hât iuch doch gelobet, daz er iuch iemer mêre êwiclîche behalten wil, in dirre werlte und in jener, ob ir sîn im getrûwet. Unde dâ von sult irs im getrûwen, ob ir ein künicrîche durch sînen willen liezet, daz er iuch des wol ergetzen mac. Nû seht, wie lützel sie der glîche iendert tuont! wie gar sie verzwîvelt hânt an aller gotes barmherzikeit! Nû wirt doch maniges hôhen mannes herze überwunden von küniclîchem gewalte. Nû weist dû doch wol, daz ér dir lîp unde sêle geben hât unde guot unde gehoeren unde gesehen und alle iuwer sinne.

und der himmlischen Heerscharen willen darum[45], auf daß diese euch in der ewigen Glückseligkeit und für alle Ewigkeit den kostbaren und lieblichen Wein der wahrhaften Liebe ausschenken und ihr von dieser wahrhaften Liebe ganz trunken werdet. Dieser Wein wird ebensowenig versiegen, wie auch die Liebe kein Ende nimmt. So sollt ihr von dieser Glückseligkeit ganz trunken werden, die keine Vorstellung je denken, kein Ohr je hören und kein Mund je nennen könnte, wie der heilige Paulus sagt.[46] Deshalb verzichtet noch heute um der Gemeinschaft mit den himmlischen Heerscharen willen auf das unrechtmäßig erworbene Gut und laßt euch von diesem kostbaren und lieblichen Wein betören, auf daß sie euch fortan voll Freude lieben mögen!

Zweitens bitte ich euch um der Liebe willen, die ihr dem König im Himmel schuldet, gehört doch auch sie zu den drei Dingen, die den Willen eines Mannes überwinden können. Denn jener König [der Erzählung] steht für den König im Himmel; den König über alle Könige und über die ganze Welt, den Kaiser über alle Könige und Herrn über alle Engel. Laßt euch noch heute von ihm überwinden und verzichtet auf euer unrechtmäßig erworbenes Gut, hat er euch doch versprochen, jedem von euch ein Königreich zu schenken und euch ebenso zu Königen zu machen, wie er selbst einer ist. Außerdem hat er euch versprochen, euch bis in alle Ewigkeit, hier auf Erden und im Himmel, in seine Obhut zu nehmen, wenn ihr ihm nur Glauben schenkt. Deshalb sollt ihr ihm vertrauen, daß er euch, selbst wenn ihr um seinetwillen ein Königreich aufgäbet, dafür reichlich entschädigen kann! Nun seht doch aber bloß, wie wenig man sich danach richtet und wie gründlich man die Hoffnung auf Gottes Barmherzigkeit aufgegeben hat! Dabei werden doch auch viele vornehme Männer von der Macht des Königs überwunden. Und du bist dir doch sehr genau darüber im klaren, daß er es ist, der dir Leib und Seele geschenkt hat sowie deinen Besitz, dein Hör- und Sehver-

Unde dâ von ist ez ein wunder, daz ir daz iemer getürret geleben, daz ir deheiner slahte guot wider got haben wellet. Unde dâ von bist dû eintweder ein verzwîveler als der tiuvel oder ein verherter als der tiuvel. Owê des! daz dîn herze als versteinet ist, daz ez weder wîn mit der wâren minne noch alliu diu geselleschaft aller gotes heiligen noch der künic aller künige niemer überwinden mac! Sô lâ dich doch überwinden diu reine süeze frouwe, diu mit der sunnen bekleit ist, als sie der guote sant Johannes dâ sach in apokalipsî, unde zwelf sternen ûf ir houbete ze einer krône, und ir füeze hânt den mânen under in ze einem fuozschemel. Seht, die selben edeln künigin die sult ir hie mit êren unde sult hiute daz unrehte guot von iu lâzen durch die edeln frouwen sant Marîam, gotes muoter, von der her Dâvît dâ sprach, [248] daz sie stêt bî sînem künige ze sîner zeswen in guldîner waete. Unde der wîse Salomôn hât sie ouch gelobet: '*sicut lilium inter spinas etc.*'. Unde dâ von sult ir die hôhen frouwen êren, diu frouwe ist über alle frouwen und über alle juncfrouwen; unde sant Marîam Magdalênen unde sant Margarêten unde sant Katharînen unde die andern alle samt. Sô lange daz jener gewan, daz frouwen mannes herze aller schierste überwünden und aller meiste, sô lât iuch hiute dise edeln frouwen überwinden, diu uns allen ze heile unde ze saelden ist ertaget unde diu uns dâ wol gehelfen mac von allen unsern sünden und uns ouch helfen wil. Nû lât hiute unrehtez guot durch aller der êre willen, die mîn frouwe sant Marîâ hât bî ir heiligem trûtkinde, unde daz ir die iemer mit ir niezet êwiclîchen. Ir andern sünder, die dâ fride mit dem

mögen sowie alle eure Sinne. Deshalb ist es völlig unerklärlich, daß ihr, obwohl ihr euch gegen Gottes Willen an euer unrechtmäßig erworbenes Gut klammert, überhaupt noch zu leben wagt. Da kannst du nur einer sein, der – wie der Teufel – an Gott verzweifelt, oder einer, der sich – ebenfalls wie der Teufel – gegen Gott verhärtet. Weh dir: du bist so sehr zu Stein geworden, daß dich weder der Wein mit der wahrhaftigen Liebe noch die Aussicht auf die Gemeinschaft mit allen Heiligen Gottes, noch schließlich der König über alle Könige jemals werden erweichen können. – Dann laß dich doch schließlich von der unbefleckten, heiligen, (Himmels-)Herrin überwinden, die mit der Sonne bekleidet ist, gerade wie sie der heilige Johannes in einer Offenbarung geschaut hat: mit zwölf Sternen als Krone auf ihrem Haupt und mit dem Mond als Fußschemel unter ihren Füßen.[47] Seht: diese erhabene Königin sollt ihr nun preisen und deshalb noch heute um unserer erhabenen [Himmels-]Herrin, der heiligen Maria, der Gottesmutter, willen auf euer unrechtmäßig erworbenes Gut verzichten, sagte doch [schon] König David von ihr, sie stehe im goldenen Gewand seinem König zur Rechten.[48] Auch der weise Salomo hat sie bereits gepriesen: »sicut lilium inter spinas [...] etc.«[49] Deshalb sollt auch ihr unsere hohe Herrin lobpreisen, die über allen Frauen und Jungfrauen die Herrin ist; sodann auch die heilige Maria Magdalena[50], die heilige Margarete[51], die heilige Katharina[52] und alle anderen. Wenn jener [in der Erzählung] darin recht behielt, daß Frauen am ehesten und am schnellsten eines Mannes Willen überwinden können, so laßt ihr euch nun auch von dieser erhabenen Herrin überwinden, die uns allen zu unserem Seelenheil und unserer Seligkeit erschienen ist: Sie kann und sie will uns von all unseren Sünden befreien. Deshalb verzichtet noch heute um all des Ansehens willen, das meine Herrin, die heilige Maria, bei ihrem heiligen und geliebten Kinde genießt, auf euer unrechtmäßig erworbenes Gut, auf daß auch euch dieses Ansehen neben ihr in Ewigkeit zukomme. – Ihr anderen

fleische habent unde die fride mit der werlte süeze habent, die gewinnen alle samt wâre riuwe unde buoze nâch gotes gnâden unde nâch iuwern staten. Wan swaz ich mit disen gîtigen liuten gerede, daz ist verlorn: wan ez ist ein sô staeter fride, den sie mit dem tiuvel habent gesichert, daz er nû niemer mêr zerbrochen wirt. Ir andern sünder gewinnet wâren riuwen unde gewinnet fride mit dem almehtigen gote unde mit iu selben unde fride mit iuweren naehsten, als iu der almehtige got geboten hât, unde daz ir daz künicrîche besitzet, daz er iu geheizen hât, als man hiute liset in dem heiligen amte. Daz uns daz allen widervar, iu mit mir und mir mit iu, daz verlîhe uns der almehtige got. Âmen.

Sünder, die ihr mit dem [sündigen] Fleisch[53] und mit den Annehmlichkeiten dieser Welt Frieden haltet, ihr möget alle gemäß der Gnade Gottes und gemäß eurem Stand zu wirklicher Reue und Buße finden! Wie ich aber auch auf die Habgierigen einrede, es ist alles umsonst: haben sie doch mit dem Teufel einen so dauerhaften Frieden geschlossen, daß er niemals mehr gebrochen werden wird. Ihr anderen Sünder dagegen sollt zu wirklicher Reue und zum Frieden mit Gott dem Allmächtigen, mit euch selbst und mit eurem Nächsten finden, wie ihn euch Gott der Allmächtige aufgegeben hat; auf daß ihr das Himmelreich gewinnt, das er euch, wie wir heute in der heiligen Messe lesen, versprochen hat. Daß uns allen das widerfahren möge, euch zusammen mit mir und mir zusammen mit euch, das schenke uns Gott der Allmächtige. Amen.

Drie und zwinzig
Von drin mûren
Simile est regnum celorum*

'Daz himelrîche glîchet einem acker, dâ schatz inne verborgen lît. Als den ein mensche vindet daz verkoufet allez daz ez hât und kouft den acker, daz im der schatz werde'. Welhez ist der acker, dem daz himelrîche gelîchet? Daz ist diu heilige kristenheit. Daz ist dâ von, daz nieman zem himelrîche kumet wan ûz der heiligen kristenheit. Ez gêt niht weges zem himelrîche ûz der heidenschaft noch ûz der jüden ê, noch ûz der ketzerîe gêt niht weges zuo dem himelrîche. Sô heizet ouch diu heilige kristenheit ein acker ûz der heiligen schrift. Welhez ist der schatz, der dâ inne verborgen lît? Daz ist eins ieglîchen reinen kristenmenschen sêle. Daz ist gote gar ein lieber schatz und ist im halt sô liep, daz er verkoufet allez sîn guot, den worten daz im der schatz werde; wan er wart sîn vil wol gewar, swie verborgen er dô lac. Diu sêle ist ein verborgen schatz, sie siht nieman, sie hoeret nieman, sie gerüeret nieman. Sie ist ein verborgen schatz. Und dar umbe verkoufte der almehtige got allez sîn guot unde koufte den acker (die heiligen kristenheit), daz im der schatz werde. Ir herren, ir koufet iuwer ecker niwan mit pfenningelînen unde mit silberlînen; unser herre Jêsus Kristus verkoufte sîn selbes lîp unde koufte den acker, daz im der schatz wurde: alse herzeclîchen liep was im der schatz, des reinen kristenmenschen sêle. Owê, lieben kristenliute, nû habet den almehtigen got liep, wan er hât iuch âne mâzen liep gehabt, unde dô er den acker koufte mit sîn selbes lîbe, dô genuogete im dannoch niht, er wolte in ouch selber bûwen: sô gar herzeclîchen liep was im der acker durch den schatz, der drinne was gelegen verborgen. Alse wolte er zuo

* Diese Überschrift entspricht dem Inhaltsverzeichnis der Handschrift A; die Hs. a, die einer anderen Zählung folgt, hat über dem Text: »Die XX predigt sagt von den dreien mauren Symile est regnum celorum«. [Anm. d. Hrsg.]

Von den drei Mauern

»Das Himmelreich ist gleich einem Acker, in dem ein Schatz verborgen liegt. Sobald den einer findet, verkauft er alle seine Habe und kauft den Acker, um den Schatz zu erwerben.«[1] Was ist das für ein Acker, dem das Himmelreich gleich ist? Es ist die heilige Christenheit, und dies deswegen, weil niemand, außer aus der heiligen Christenheit, in das Himmelreich gelangt. Weder von den Heiden noch vom jüdischen Gesetz[2], noch schließlich von den Ketzern führt ein Weg ins Himmelreich. Deshalb wird die heilige Christenheit in der Heiligen Schrift als ein Acker bezeichnet.[3] Was ist das nun für ein Schatz, der in ihm verborgen liegt? Es ist die Seele eines jeden frommen Christen: sie ist Gott ein so lieber und teurer Schatz, daß er all seine Habe dahingibt, um ihn zu erwerben; hatte er ihn doch durchaus bemerkt, wie versteckt er auch dort im Acker gelegen hatte. So ist die Seele ein verborgener Schatz; niemand sieht sie, niemand hört sie, niemand kann sie ertasten: sie ist eben ein verborgener Schatz. Deshalb nun gab Gott der Allmächtige all seine Habe dahin und kaufte den Acker, d. h. die heilige Christenheit, um den Schatz zu erwerben. Ihr Herren, ihr kauft eure Äcker nur mit Pfennigen oder sonstigen Silberstücken[4]; unser Herr Jesus Christus dagegen kaufte, um den Schatz zu erwerben, den Acker mit seinem Leben: So von Herzen liebte er den Schatz, die Seele des frommen Christenmenschen. Wohlan nun, meine lieben Christen, liebt auch ihr Gott den Allmächtigen, hat er euch doch über alle Maßen geliebt! Als er den Acker schon mit seinem eigenen Leben bezahlt hatte, da begnügte er sich noch nicht damit: Er wollte ihn auch selbst bestellen; so von Herzen liebte er den Acker wegen des Schatzes, der in ihm versteckt lag. Deshalb auch wollte er es niemandem, außer sich selbst,

dem acker niemanne getrûwen der in [358] bûwete danne im selber, weder patriarchen noch prophêten noch deheinem der zwelfboten noch engeln noch menschen, weder nieman in himel noch ûf der erden noch niemanne, alse gar liep was im der acker durch den schatz der dar inne verborgen lît, des reinen kristenmenschen sêle. Owê, ir saeligen kristenliute, wie herzeclîchen liep ir haben soltet aller engel herren und aller der werlt herren unde keiser unde künic aller künige! der hât den pfluoc selber durch iuwern willen gehabt. Ir hêrschaft, ir lônet dem knehtelîn, daz den acker bûwet: dem gebet ir ein wênic güetelîns. Dâ was im der acker alse liep, diu heilige kristenheit, daz er in nieman wolte lâzen bûwen, und er hât den pfluoc selber gehabt aller engele herre. Ein pfluoc muoz von îsin und von holze sîn; alsô was daz heilige kriuze von holze, unde von îsin die nagel, die im dâ giengen durch hende unde durch füeze, und alsô habte er den pfluoc, unze er den tôt dar an nam. Nû seht ir, liebe kristenheit, wie liep iu got hât gehabt! Unde dâ genuogete in niht an, daz er in koufte mit sîn selbes lîbe und in dô selbe bûwete: er hât in ouch selbe getünget mit sîn selbes bluote. Wâ wart ie dehein acker sô gar übertiure gekoufet und als tiure vergolten und alsô zertlîche erbûwen und als harte erbûwen und als lieplîchen getunget und alsô minneclîche getunget? Wan er hât in getunget mit sînem edeln minneclîchen herzbluote, wan dâ mite wart diu erde begozzen. Als gar liep was im der acker, diu heilige kristenheit unde der edele schatz, des reinen kristenmenschen sêle. Nû seht, wie herzeclîchen liep iuch got gehabet hât unde wie herzeclîchen er iuch geminnet hât! Unde dâ von, alse er selbe sprichet unde gebiutet, sô suln wir in minnen von allem unserm herzen unde von aller unser kraft unde von aller unser sêle, und unsern naehsten alse uns selber. Wan er uns als herzeclîchen liep hât gehabt, sô wil er ouch daz wir in liep hân, und ist diu liebe der er von uns muotet niwan unser sêle saelikeit und unsers lîbes. Ist ieman

überlassen, den Acker zu bestellen: keinem Patriarchen[5] oder Propheten, keinem der Apostel, keinem Engel oder Menschen, niemandem im Himmel oder auf Erden, noch sonst irgendwem; so sehr liebte er den Acker wegen des Schatzes, der darin versteckt liegt: der Seele des frommen Christenmenschen. Wohlan denn, ihr gesegneten Christenmenschen, so liebt denn auch ihr den Herrn über alle Engel und über die ganze Welt, den Kaiser und König über alle Könige von Herzen: hat er selbst doch um euretwillen den Pflug geführt! Ihr Herren: ihr vergütet es eurem armseligen Knecht nur mit einem geringfügigen Entgelt, daß er den Acker bestellt. Gott aber hat den Acker, die heilige Christenheit, so geliebt, daß er ihn niemand anderen bestellen lassen wollte: So hat er selbst, der Herr über alle Engel, den Pflug geführt. – Ein Pflug muß aus Eisen und aus Holz sein; deshalb auch war das heilige Kreuz aus Holz und die Nägel, die Christus die Hände und Füße durchbohrten, aus Eisen: So führte er den Pflug, bis er daran starb. Nun begreift ihr, meine geliebten Christen, wie sehr euch Gott geliebt hat!
Auch damit aber, daß er den Acker mit seinem Leben bezahlte und ihn selbst bestellte, hat er sich noch nicht begnügt: Er hat ihn auch mit seinem eigenen Blut gedüngt. Ward denn jemals ein Acker so über seinen Wert gekauft, so teuer bezahlt, so voller Liebe, aber auch mit solchen Mühen bestellt oder so liebevoll gedüngt? Denn Gott hat ihn mit seinem kostbaren und süßen Herzblut gedüngt, wurde damit doch die Erde getränkt[6]: so sehr liebte er den Acker, also die heilige Christenheit, und den kostbaren Schatz, also die Seele des frommen Christenmenschen. So seht doch selbst, wie von Herzen euch Gott geliebt und immer wieder geliebt hat! – Deshalb nun sollen wir ihn, wie er selbst sagt und uns aufgibt, von ganzem Herzen, nach bestem Vermögen und aus tiefster Seele lieben, unseren Nächsten aber wie uns selbst.[7] Weil er uns so von Herzen geliebt hat, wünscht er auch, daß wir ihn lieben; diese Liebe aber, die er uns abverlangt, dient einzig dem Heil unserer Seele und unseres

hie, der im êren unde saelden unde guotes wol gan, der habe got liep von allem sînem herzen und aller sîner sêle unde von aller sîner kraft, unde sînen naehsten alse sich selben. Swer daz tuot der gan im selber guotes wol und aller saelikeit, wan des zerrinnet im halt niemer mêre. Ich wil ein grôz wort sprechen: er hât halt allez daz got selber hât. Unde wir suln von der [359] selben liebe, daz er uns als liep hât, unsern naehsten ouch liep hân. Wan swen der herre liep hât, den sol daz hofgesinde ouch liep hân, und alsô hât er uns alle liep gehabt.

Hât einer mêr danne der ander, er hât doch den armen alse liep alse den rîchen. Swie arm er ist, swie ungestalt er ist, dû weist niht, wes got mit im gedâht hât, mit des armen armuot unde mit des rîchen rîcheit. Unde dar umbe soltû dînen naehsten, daz ist dînen ebenkristen, minnen alse dich selben, wan in got selber alse liep hât, daz er den tôt durch in leit. Des enmuotet aber got hin ze dir niht: er muotet niwan daz dû in alse dich selben minnest. 'Owê, bruoder Berhtolt, jâ tuost dû des selber niht! nû bin ich dîn ebenkristenmensche unde hâst zwêne guote röcke unde hân ich einen vil boesen, unde laest mich doch ê mangeln danne dich selben.' Daz ist vil wâr, ich hân die röcke: ich gibe aber dir dekeinen. Haetez got alsô gemeinet, ez würde nieman behalten der hiute lebet, weder geistlich noch werltlich mensche. Ich gib dir des rockes niht, ich wolte aber gerne mit guoten triuwen, daz dû einen alse guoten haetest oder einen zwirunt alse guoten. Sich, dar an lît diu minne, die dû gein dîm ebenkristen haben solt. Ganst dû dir selben guotes, dû solt ouch im guotes günnen. Hâst dû gerne êre, dû solt ouch im êren günnen. Hâst dû gerne guot, dû solt ouch im guotes günnen. Hâst dû gerne himelrîche, dû solt im ouch himelrîches günnen alse

Leibes. Wenn deshalb jemand von euch Ansehen, Glück und Besitz erwerben will, dann möge er Gott von ganzem Herzen, aus tiefster Seele und nach bestem Vermögen lieben, seinen Nächsten aber wie sich selbst. Wer das tut, der verschafft sich reichen Besitz und vollkommene Glückseligkeit, verliert er solches doch nun niemals mehr. Etwas ganz Erstaunliches will ich aussprechen: [Wer das tut] der besitzt dann all das, was Gott selbst besitzt. Außerdem sollen wir aufgrund dieser Liebe, die er uns erwiesen hat, auch unseren Nächsten lieben. Denn wen der Herr liebt, den soll auch sein Gefolge lieben, und er hat doch nun einmal uns alle so sehr geliebt!

Besitzt einer auch mehr als der andere: Gott liebt dennoch den Armen ebenso wie den Reichen. Wie arm oder wie unansehnlich einer auch sein mag: du weißt nicht, welche Absicht Gott mit der Armut des Armen und mit dem Reichtum des Reichen verfolgt. Deshalb liebe deinen Nächsten, also deinen Mitchristen, wie dich selbst, denn Gott selbst liebt ihn so sehr, daß er um seinetwillen den Tod erduldet hat. Das allerdings verlangt Gott von dir nicht; er verlangt von dir lediglich, daß du jenen so liebst wie dich selbst. »Wie das, Bruder Berthold, du selbst handelst ja nicht danach! Obwohl du zwei gut erhaltene Röcke besitzt, ich aber als dein Mitchrist nur einen ganz zerschlissenen, läßt du mich doch eher Mangel leiden als dich selbst.«[8] Es ist völlig richtig: ich besitze zwei Röcke, schenke dir aber trotzdem keinen. Wenn es nämlich Gott so gemeint hätte, dann würde kein Mensch, der heute lebt, sei er nun Geistlicher oder Laie, die Seligkeit erlangen. Mithin schenke ich dir den Rock nicht, wünsche es dir aber aus ehrlichem Herzen, daß du einen ebenso gut oder sogar noch doppelt so gut erhaltenen besitzen mögest! Schau, so ist die Liebe, mit der du deinem Mitchristen begegnen sollst. Beanspruchst du für dich selbst Vorteile, so billige sie ihm ebenfalls zu: Wünschst du dir Ansehen, so billige ihm auch welches zu; wünschst du dir Besitz, so billige ihm auch welchen zu; wünschst du dir

wol alse dir selben. Dû solt alse gerne dînem naehsten gunnen daz im wol geschehe als dir selben an allen dingen, mit dînem herzen unde mit dîner triuwe unde mit dînem willen unde mit dîner erbermede, daz dich erbarmen sol sîn jâmer unde sîn kumber, alse ob ez dir selber an laege. Soltez dir an ligen als ez manige liute verstênt, sô möhte nieman behalten werden. Sô waere her Dâvît verlorn worden: er gunde im selben des künicrîches baz danne hern Saule. Er hât im aber vil wol günnet, daz er mit gote unde rehte ein semelîchez haete gehabt und daz er ein semelîchez herze gein got haete gehabt an der rihtekeit. Ez möhte ouch keiser Heinrich niht heilic sîn worden: der möhte dar umbe niht alle kristenliute ze keisern hân gemachet. Daz selbe spriche ich ouch zuo dem guoten sant Ôswalde unde zuo allen den, die mit grôzer rîcheit ze himelrîche sint komen: die möhten übele alle die ze künigen hân gemachet unde ze herren, die dés mâles lebten.

Got der meinet ez alsô niht: er meinet [360] daz dû den armen durch sîn armuot niht solt versmâhen und im halt sîn armuot büezest swâ dû maht unde sô dû aller meiste maht, daz er bî dir iht verderbe. Unde maht dû im mit gâbe unde mit andern sachen niht gehelfen, sô soltû in troesten unde grüezen unde sol dir leit sîn waz im wirret, unde solt dich über in erbarmen. Und ist ouch daz ein ander edeler, tiuwer oder bezzer sî wan dû, sî ez an lîbe oder an guot oder an friunden oder an êren, den soltû ouch vor ougen hân, zuht und êre erbiten, dû solt ouch gein niemans haz noch nît tragen, unde swaz dir liep sî daz man dir tuo, daz soltû ouch dem naehsten tuon; swaz dir leit sî, daz man dich hazze oder

schließlich das Himmelreich, so billige es auch ihm genauso gut wie dir selbst zu! Wünsche es deinem Nächsten von Herzen, ganz aufrichtig, willentlich und voll Barmherzigkeit, daß es ihm – wie dir selbst – in allem gut ergehen möge, auf daß du dich seiner Schmerzen und seiner Not so annimmst, als ob du selbst sie ertragen müßtest. Solltest du sie nun aber so ertragen müssen, wie es viele verstehen,[9] dann könnte wohl niemand die Seligkeit erlangen. Auch König David wäre dann verdammt worden: erkannte er doch die Königsherrschaft sich selbst eher zu als König Saul. Er hat ihm jedoch auch von Herzen gewünscht, daß er gemäß dem Willen Gottes und gemäß der Rechtslage über ein ebensolches Königreich hätte herrschen können, aber auch, daß er – wie er selbst – vor Gott gerecht geblieben wäre.[10] Ebenso hätte auch Kaiser Heinrich nicht heilig werden können, hätte er doch nicht alle Christen zu Kaisern krönen können.[11] Dasselbe gilt für den heiligen Oswald[12] sowie für sie alle, die hohen Standes ins Himmelreich gelangt sind: Auch sie hätten wohl kaum alle ihre Zeitgenossen zu Königen oder Herren machen können.

So hat es Gott auch nicht gewollt. Vielmehr will er, daß du den Armen wegen seiner Armut nicht verachtest, sondern ihm seine Armut, soweit es überhaupt in deinen Kräften steht, linderst, damit er nicht neben dir zugrunde geht. Wenn du ihn aber mit Geschenken oder sonstwie nicht unterstützen kannst, dann spende ihm wenigstens Trost und Zuspruch, laß dir sein Mißgeschick zu Herzen gehen und erbarme dich über ihn. Wenn dagegen einer von höherem Stand ist, höheres Ansehen genießt oder besser dasteht als du: sei es nun hinsichtlich seiner Person, seiner Besitzverhältnisse, seiner Familie oder seines Ansehens, dann denke auch an den und suche ihn zu Anstand und Ansehen zu bewegen,[13] begegne aber niemandem mit Feindseligkeit oder Mißgunst. Vielmehr: wie du möchtest, daß man mit dir verfährt, so verfahre auch du mit deinem Nächsten![14] Und wenn es dich schmerzt, daß man dir feindselig begegnet,

schelte oder spotte, des soltû in erlâzen. Nû seht, daz möhte ein ieglich mensche tuon gar wol, wan wir sîn sîn alle einander schuldic, wir sîn alle einander gebrüeder unde swester unde heizen alle nâch einander, nâch dem almehtigen gote unserm herren Jêsû Kristô: alsô heizen wir alle sament kristenliute. Nû seht, ir reinen kristenliute alle sament, wie liep iuch der almehtige got hât gehabt! Wan er als maniger hande liebe hât an den acker geleit, dâ genuogete in dannoch niht an, er habe in nâch im genennet unde den edeln schatz, der im sô herzeclîchen liep was. Unde dâ bî allem samt genuogete in niht, er wolte dannoch mêr kost unde gezierde an den acker legen. Ir hêrschaft, ir umbeziunet iuwer ecker niwan mit einem swachen zûne oder ir lât sie gar sus. Dâ umbevienc der almehtige got disen acker mit drin vesten mûren: in genuogete mit éinem zûne niht als ir herren iuwer ecker mit eime kranken ziunlîn umbevâhet und umbeschrenket. In genuogete ouch an éiner mûre niht, in genuogete ouch an zwein mûren niht: er wolte niwan drî starke mûren al umb und umb den acker lâzen gên, gar stark unde veste: sô herzeclîchen liep was im der acker unde der schatz. Unde dar umbe hât er in sô vesteclîchen umbevangen mit drin starken mûren: mit einer sîdînen mûre (ir wizzet wol, daz sîde gar stark ist unde veste und zaehe); dannoch hât er sie umbevangen mit einer îsenînen mûre unde mit einer himelischen mûre.

Diu êrste mûre diu ist sîdîn. Dâ hât der almehtige got sînen herzelieben acker gar vesteclîchen mit grôzer kraft umbevangen. Daz ist diu sîdîne stôle, daz geistlîche gerihte, wan er die stôle dem guoten sante Pêter bevalch mit grôzer vestenunge daz er der mûren pflege und im den schatz, den edeln hort, gar wol behüete. Unde dâ von mâlet man sante [361] Pêtern den himelslüzzel in die hant, daz er ein kamerer ist der heiligen kristenheit mit der kristenlîchen geistlîchen

dich schmäht oder verspottet, dann erspare das auch ihm! Schaut: jeder Mensch könnte durchaus so verfahren, zumal wir uns das auch alle gegenseitig schulden, alle miteinander Brüder und Schwestern sind und alle miteinander nach Gott dem Allmächtigen, unserem Herrn Jesus Christus, benannt werden: Darum heißen wir alle doch Christen. – Nun bedenkt, all ihr frommen Christen, wie sehr euch Gott der Allmächtige geliebt hat. Denn wieviel Fürsorge er dem Acker auch zugewandt hat, er hat sich auch damit noch nicht begnügt, bis er dem Acker und dem kostbaren Schatz, der ihm so am Herzen lag, seinen Namen gegeben hatte. Auch damit aber hat er sich noch nicht begnügt, er wollte noch mehr Ausgaben und Pracht für den Acker aufwenden. Ihr hier, ihr umzäunt eure Äcker nur mit einem armseligen Zaun oder überhaupt nicht. Gott der Allmächtige dagegen umschloß jenen Acker mit drei starken Mauern: Ein Zaun reichte ihm nicht aus, so wie ihr eure Äcker nur mit einem armseligen Zäunchen umschließt und eingrenzt. Dabei begnügte er sich nicht mit einer Mauer, auch nicht mit zweien: Ganze drei gewaltige Mauern wollte er rings um den Acker laufen lassen und alle drei besonders fest und stark; so sehr lagen ihm Acker und Schatz am Herzen. Deshalb also hat er den Acker so fest mit drei gewaltigen Mauern umschlossen: mit einer Mauer aus Seide – sicher wißt ihr, daß Seide sehr widerstandsfähig, fest und beständig ist –, dann mit einer aus Eisen und schließlich mit einer himmlischen Mauer.

Die erste Mauer ist aus Seide: Mit ihr hat Gott der Allmächtige seinen vielgeliebten Acker fest und sicher umschlossen. Die Mauer ist die seidene Stola des Priesters, die geistliche Gewalt; er hat sie dem heiligen Petrus anvertraut und dabei bekräftigt, daß er für diese Mauer sorgen und ihm seinen kostbaren Schatz sicher bewahren solle.[15] Deshalb wird der heilige Petrus auf Bildern mit dem Himmelsschlüssel in der Hand dargestellt, ist er doch mit dem geistlichen Lehramt der Christen und mit dem geistlichen

lêre unde mit dem geistlîchen gerihte. Alse vesteclîchen ist ez hiute eime ieglîchen bâbeste bevolhen, daz er an gotes stat die kristenheit wîse unde lêre, wie sie kristenglouben lernen süln. Und alse sie in gelernen, sô sol man daz volk dannoch lêren, wie man in halten sol kristenlîchen, ob in jüden oder heiden oder ketzer den kristenglouben leiden wolten, daz sie den künnen widerstên unde sich vor ungelouben gehüeten künnen, unde wie man kristenglouben mit kristenlîchen werken vollefüeren sol: wan kristenlîcher gloube âne kristenlich werk ist vor gote ein tôtez dinc unde kristenlich werk ân kristenlîchen glouben ist vor gote alsam. Swer der bêder niht behaltet alse er von rehte sol, der gevert êwiclîchen übel. [Wie man ieglîchez behalten sol nâch sînem rehte, daz ist dicke und ofte gesaget.] Nû mac der bâbest in allen landen niht gesîn unde mac alle menschen niht erkennen an ir gelouben und an ir werken, unde dâ von hât er den patriarchen unde den kardinâln unde den erzebischoven unde den andern bischoven und erzepriestern und abten unde probesten unde techanden und pfarrern und underpfarrern den gewalt gegeben unde verlihen, daz sie an sîner stat einen ieglîchen kristenmenschen behüeten alse verre alse ieglîchen geordent unde gesetzet ist, daz der edele schatz iht gevelschet werde mit deheiner bôsheit, alse verre sie ez erwenden mügen. Und alsô ist diu sîdîne stôle ein mûre umbe die heiligen kristenheit; und alsô bevalch der almehtige got dô er ze himelrîche fuor der pfafheit sînen herzelieben acker unde den edeln unde reinen schatz an ir triuwe und an ir sêle, und an daz hoehste pfant alle die sêle kristener liute, daz sie im sie iht verliesen, alse verre alse sie ez mügen behüeten. Unde dâ müezent sie gote umbe antwürten an dem jungesten tage vor gerihte. Her bâbest, unde waeret ir

Gericht ein Kämmerer der heiligen Christenheit.[16] Ebenso unabänderlich gehört es noch heute zu den Pflichten eines jeden Papstes, als Stellvertreter Gottes die Christenheit in der rechten Aneignung[17] des christlichen Glaubens zu unterweisen. Daneben sollen die Menschen aber auch darin unterwiesen werden, wie man den christlichen Glauben auf christliche Weise bewahrt, damit sie sich gegen Juden, Heiden oder Ketzer zur Wehr setzen und sich vor Unglauben schützen können, wenn die ihnen ihren Glauben abspenstig machen wollen. Schließlich soll man die Leute noch darin unterweisen, wie der christliche Glaube mit christlichen Werken auch praktiziert werden soll. Denn christlicher Glaube ohne christliche Werke ist vor Gott tot, ebenso sind [aber auch] christliche Werke ohne christlichen Glauben tot.[18] Wer beides nicht so bewahrt, wie es ihm abverlangt wird, dem wird es für alle Ewigkeit schlimm ergehen. Schon häufig wurde beschrieben, wie beides angemessen bewahrt werden kann. – Allerdings kann der Papst nun nicht überall zugleich sein und Glauben und Werke aller Menschen kennen. Deshalb hat er den Patriarchen[19], Kardinälen, Erzbischöfen, sonstigen Bischöfen, Erzpriestern[20], Äbten[21], Pröbsten[22], Dechanten[23], Pfarrern und Vikaren[24] die Vollmacht zuerkannt, als seine Vertreter einen jeden Christen vor Sünde zu bewahren, insoweit es jeweils ihren Aufgaben entspricht: auf daß der kostbare Schatz, so gut sie das nur irgend abwenden können, mit keinerlei Sünde verdorben wird! – In dem Sinne ist die seidene Stola eine Mauer um die heilige Christenheit, in dem Sinne auch hat Gott der Allmächtige bei seiner Himmelfahrt seinen vielgeliebten Acker sowie seinen kostbaren und sündlosen Schatz der Geistlichkeit, ihrem Gehorsam und ihrem Seelenheil, anheimgestellt.[25] Als vornehmstes Pfand setzte er dafür die Seelen aller Christenmenschen aus, auf daß die Geistlichkeit – so gut sie das nur irgend vermag – Gott keine einzige zuschanden werden läßt. Alle Geistlichen müssen Gott darüber zum Jüngsten Gericht Rechenschaft ablegen. – Auch wenn Ihr,

hie, ich getorstez iu wol sagen: alle die sêle die ir dem almehtigen gote verlieset oder verlorn werdent von iuwern schulden, als verre und irz erwenden soltet unde möhtet, ir müezet sie gote gelten mit iuwerm grôzen schaden. Daz selbe sprich ich zuo ir ieglîchem besunder. Ir sullet anders niht ze tuonne haben unde ze schaffen, weder tagalt noch jene noch dise kurzewîle, wan daz ir ob iuwern buochen soltet sitzen, wenne iu ein zît wirt vor dem amte, [362] daz iu got bevolhen hât und iuch über alle menschen geêret unde gewirdet hât unde gehoehet. Unde dar umbe sult ir im sîns herzelieben ackers unde des schatzes gar getriuwelîchen pflegen. Daz hât er wol umb iuch verdienet unde wil ez noch hundert tûsent stunt baz umb iuch verdienen. Wan als ir hie gewirdet unde geêret sît, als vil sît ir dort in den êwigen freuden geêret; wan swenne man iuch wîhet, sô wirt ein karacter gedrücket in iuwer sêle, dâ man iuch iemer mêr bekennet, dâ von man iuch êren muoz. Unde kumet ir halt zer helle (dâ iuch got vor beschirme!), dâ möhten ez alle tiuvele ab iu niemer gebrennen noch gekratzen, ez muoz iemer und iemer mêre an iu sîn. Dâ sult ir iuch iemer mêre gerne vor behüeten, daz daz selbe edel zeichen iemer zer helle an als smaeher stat gesehen werde. Ir sult vil wundersnelle bereit sîn, swenne ein bote kümt umbe mitten tac, umbe mitte naht: ir enwizzet niht waz die liute twinget. Versûmet ir diu kint an der toufe oder einen siechen an dem heiligen gotes lîchnamen oder an dem heiligen olei oder an der bîhte, dâ müezet ir gote umbe antwürten. Ir erzebischöve und ir andern bischöve, waeret ir hie, ich getorstez iu wol sagen: swenne ir iuwer bistüeme versûmet als verre ir sie

Herr Papst, hier anwesend wäret, so würde ich es Euch dennoch ins Gesicht sagen: Für jede Seele, um die Ihr Gott den Allmächtigen bringt oder die durch Euer Verschulden der Verdammnis anheimfällt, müßt Ihr Gott, sofern Ihr das hättet abwenden sollen und auch können, mit Eurem eigenen Verderben bezahlen. Dasselbe gilt für jeden einzelnen Geistlichen: Weder dem Spiel, noch dieser oder jener Unterhaltung sollt ihr frönen, vielmehr euch keiner anderen Beschäftigung widmen, als in euren Büchern zu studieren, wenn euch euer Amt dazu schon einmal Zeit läßt; Gott hat es euch anvertraut und euch damit gegenüber allen anderen Menschen besonders ausgezeichnet, verherrlicht und erhöht. Nehmt euch deshalb Gottes vielgeliebten Ackers und seines Schatzes gehorsam an! Bereits jetzt hat er euch das schon hinreichend vergolten und wird es euch noch tausendmal besser vergelten. Denn ebenso wie ihr hier auf Erden bereits eine besondere Verehrung und Auszeichnung erlangt, werdet ihr sie dann auch dort [im Himmel] in ewiger Glückseligkeit erlangen. Mit eurer Priesterweihe wird euch in eure Seele ein Merkmal eingeprägt, an dem man euch fortan erkennt und für das man euch hohes Ansehen zollen muß. Sogar wenn ihr in die Hölle gelangen solltet – wovor Gott euch schützen möge – könnte es euch kein Teufel ausbrennen oder abkratzen: Für immer haftet es an euch. Hütet euch deshalb fortan ganz entschieden davor, daß dieses kostbare Merkmal jemals in der Hölle, dem verabscheuungswürdigen Ort, auftaucht! Steht geschwind bereit, wenn ihr zu Mittag oder um Mitternacht gerufen werdet, wißt ihr doch nicht, was die Menschen bedrängt. Laßt ihr die Kinder bei der Taufe im Stich, einen Kranken[26] beim heiligen Abendmahl, bei der heiligen letzten Ölung oder bei der Beichte, dann müßt ihr euch vor Gott dafür verantworten. Auch euch, ihr Erzbischöfe und sonstigen Bischöfe, würde ich, wäret ihr hier, ins Gesicht sagen: Falls ihr eure Bistümer vernachlässigt, während ihr sie doch bewahren und für sie sorgen sollt, dann müßt ihr euch vor

behüeten unde bewarn sült, ir müezet gote drumbe antwürten. Ir erzepriester etc.
Diu ander mûre, dâ mite der almehtige got sînen acker umbemûret hât, daz ist ein îsenîniu mûre. Daz ist gar ein vestiu mûre, diu ist vil vester danne ein steinîniu mûre. Daz ist daz îsenîne swert des werltlîchen gerihtes. Daz sol der bâbest dem keiser lîhen, obe ieman waere, der dise sîdîne mûre mit ungehôrsam zerbraeche, daz diu îsenîniu mûre dannoch dâ vor sî unde den acker schirme vor jüden unde vor heiden unde vor ketzern; wan die waeren nû lange als gewaltic worden, daz diu kristenheit vil deste wirs möhte oder gar verdrücket waere. Und alsô ist ouch dem keiser diu kristenheit bevolhen. Sô enmac ouch der keiser in allen landen niht gesîn unde mac allez unreht niht verrihten; dâ von lîhet er den künigen die künicrîche, daz sie an sîne stat diu lant berihten sullen, der künic in sîme künicrîche, der herzoge in sînem herzogetuome, unde pfalnzgrâven unde lantgrâven unde marcgrâven und andern grâven und allen wertlîchen rihtern: die suln uns beschirmen vor unrehtem gewalte, vor ungeloubigen liuten. [363] Wan jüden suln sie alsô schirmen alse die kristen an ir lîbe und an ir guote, wan sie sint in den fride genomen. Unde swer einen jüden ze tôde sleht, der muoz in gote büezen unde dem rihter alse einen kristen, wan sie habent eht die keiser in den fride genomen. Wan durch zwei dinc dulden wir die jüden under den kristenliuten. Daz ein, daz sie geziuge sint daz unser herre gemartelt wart von in. Unde swenne ein kristenmensche einen jüden siht, sô sol ez im eine andâht drabe nemen. 'Owê', sol ez gedenken, 'bist dû der einer, von den unser herre Jêsus Kristus gemartelt wart unde daz durch unser schulde leit?' Und ir sult gote sîner martel danken, ir kri-

Gott dafür verantworten. Auch euch, ihr Erzpriester ... usw.

Die zweite Mauer, die Gott der Allmächtige um seinen Acker gebaut hat, ist aus Eisen. Es ist eine überaus feste Mauer, viel fester noch als eine Mauer aus Stein: sie ist das eiserne Schwert des weltlichen Gerichts.[27] Der Papst soll es dem Kaiser übertragen, damit, falls jemand mit seinem Ungehorsam die Mauer aus Seide durchbrechen sollte, dann noch die Mauer aus Eisen im Wege stünde und den Acker so vor Juden, Heiden und Ketzern schützt.[28] Ohne diese Mauer wären diese schon längst so mächtig geworden, daß es der Christenheit schlechter erginge oder sie sogar schon [von ihnen] überwältigt wäre. Mithin ist auch dem Kaiser die Christenheit zum Schutz anvertraut. Allerdings kann auch er nicht überall zugleich sein und jeden Rechtsbruch sühnen. Deshalb belehnt er die Könige mit ihren Königreichen, damit sie, stellvertretend für ihn, in ihrem Land Recht und Ordnung sichern: der König in seinem Königreich, der Herzog in seinem Herzogtum, ebenso die Pfalzgrafen[29], Landgrafen[30], Markgrafen[31] und sonstigen Grafen sowie schließlich alle anderen weltlichen Regenten. Sie alle sollen uns vor unrechter Gewalt und vor den Ungläubigen schützen. – Ebenso wie die Christen sollen sie auch die Juden an Leib und Gut schützen, weil auch sie dem Friedensschutz unterliegen.[32] Wer also einen Juden erschlägt, der muß Gott und seinem Gerichtsherrn dafür dieselbe Buße leisten wie für den Totschlag an einem Christen, haben doch die Kaiser auch die Juden ihrem Friedensgebot unterstellt. Denn aus zwei Gründen akzeptieren wir die Juden unter den Christen: erstens, weil sie davon Zeugnis ablegen, daß unser Herr von ihnen gepeinigt wurde. Beim Anblick eines Juden soll sich ein Christ deshalb daran erinnern: »Ach Gott«, soll er bei sich denken, »bist du einer von denen, die unseren Herrn Jesus Christus gepeinigt haben, was er ja um unserer Sündenschuld willen erduldet hat?« Deshalb, ihr Christen: sobald ihr einen Juden erblickt, dankt Gott für seine Pas-

stenliute, swenne ir den seht. Ir sult sîner martel niemer vergezzen, wan er vergizzet unser niemer; iedoch süln wir von den jüden sunderlîche ermanet werden. Unde durch ein ander sache: swaz ir den endekrist überlebt, die werdent vor dem jungesten tage alle ze kristenliuten. Vor andern ungeloubigen liuten süllent die rihter schirmen; der jüden würden danne sô vil, daz sie uns obernthant ane wolten gewinnen: sô muoz man sich ir wern als der heiden. Ir ritter, ir sult uns ouch schirmen vor dieben unde vor röubern unde vor mordern unde vor bennigen liuten, die dâ lange in dem banne sint gewesen und in der âhte frevelîche. Nû seht, waz des volkes ist daz der kristenheit vârende ist! Ir sult uns ouch schirmen vor den, die mit des tiuvels gespenste umbe gênt, die dâ lüppe unde zouber trîbent. Unde dâ von sô sol der keiser dem bâbeste den stegereif haben, dar umb, daz sich der satel iht umbe winde. Daz ist alsô vil gesprochen: swaz der bâbest mit dem banne gerihten mac, daz sol der keiser und ander werltlîche rihter mit dem swerte rihten. Unde dar umbe segent man iu daz swert, sô ir von êrste ritterschaft enpfâhet. Daz ist ein zeichen daz ir dar zuo geordent sît von gote, daz ir der kristenheite gebunden sît rehtes gerihtes, wan aller kristenliute saelde lît an den zwein gerihten, an geistlîchem gerihte und an werltlîchem gerihte. Unde wer getörste iemer dekeine sünde getuon, swenne geistlich gerihte unde werltlich gerihte sich genzlîche vereinten mit gelîchem muote und einander getriuwelîchen gestüenden unde hülfen, als sie von rehte solten? Sô getörste nieman deheinen unrehten gewalt tuon an goteshiusern, daz iezuo gar unmâzen vil geschiht, daz sich der herren gar vil verwirkent an goteshiusern, [364] an symonîe, an sacrilegie, an zehenden unde swaz eht der heiligen guot heizet: des hânt die herren alse gar vil an sich gezogen, daz nû vil wunderlîchen kûme eteswâ ûf vier kirchen éin priester sitzet, wan sie

sion! Vergeßt sie niemals, vergißt doch auch er uns niemals! Vor allem die Juden sollen uns daran erinnern. Zweitens akzeptieren wir die Juden unter den Christen, weil all jene von ihnen, die den Antichrist[33] überleben, noch vor dem jüngsten Tag zu Christus bekehrt werden. Die Gerichtsherren sollen die Christenheit vor sonstigen Ungläubigen schützen; der Juden aber muß man sich erst dann – wie der Heiden – erwehren, wenn sie so zahlreich würden, daß sie sich uns zu überflügeln anschicken. – Ihr Ritter, beschützt uns auch vor Dieben, Räubern, Mördern und vor solchen, die lange Zeit in Acht und Bann[34] gewesen sind, ohne sich darum zu scheren. Seht doch bloß, wie viele es sind, die gegen die Christenheit Böses im Schilde führen! – Schützt uns auch vor denen, die mit dem Trugbild des Teufels umherziehen und Giftmischerei und Zauberei betreiben.[35] Aus all diesen Gründen soll der Kaiser dem Papst den Steigbügel halten, damit dessen Sattel beim Besteigen des Pferdes nicht umschlägt. Das bedeutet: wo der Papst mit dem Bann straft, da sollen der Kaiser und die anderen weltlichen Gerichtsherren mit dem Schwert strafen.[36] Deshalb wird euer Schwert bei eurer Ritterweihe gesegnet.[37] Das verweist darauf, daß ihr von Gott dazu bestimmt seid, der Christenheit gegenüber euer Richteramt rechtschaffen auszuüben, liegt doch das Heil aller Christen bei beidem: bei der geistlichen und bei der weltlichen Rechtsprechung. Wer würde es denn noch wagen, ein Verbrechen zu begehen, wenn sich geistliche und weltliche Rechtsprechung ganz einig wären und einander, ohne sich zu übervorteilen, begegnen und beistehen würden, wozu sie ja eigentlich verpflichtet wären? Dann würde es niemand mehr wagen, den Gotteshäusern gegen alles Recht Gewalt anzutun: Geschieht es doch heutzutage in zahllosen Fällen, daß sich adlige Herren mit Simonie[38] und Kirchenraub an den Kirchen, am Zehnten[39] und was sonst noch Gut der Heiligen genannt wird, versündigen: Sehr viel davon haben sie sich bereits angeeignet, so daß nun kaum einmal auf vier Kirchen

mügent eht sich dâ von niht begên. Dâ vil billîchen vier priester waeren, dâ ist kûme einer. Pfî, Symôn, wâ sitzest dû dâ vor mînen ougen? unde sacrileger unde die dâ ûf den ban dâ niht enahtent und ez für ein gespöte habent? Wer getoerste gewuochern, gefürkoufen oder pfant behaben oder gerouben oder gesteln oder ê gebrechen, sô man die hôhen herren saehe ze banne getuon unde dar nâch in die âhte tuon unde dar nâch êlôs unde rehtelôs sagen und dar nâch den lîp nemen, unde den nidern daz selbe taete, unde hiute zehene hienge unde morgen zehenen daz houbet abe slüege, dise radebrechte, jene brente, dise an der siule slahen, jene binden an den kirchzûn? Sô sprichet der ketzer, ez müge nieman einem menschen sînen lîp genemen âne toetlîche sünde mit gerihte. Her rihter, ich setze iu niht mêr buoze danne iuwerm swerte. Swer mit rehte vor iu überredet wirt sô getâner schulde diu ze dem lîbe stêt, sô dâ sült ir uns einen fride vor schaffen. Sê, wer möhte lîp oder guot deheine wîse behalten? Nû mac man sus lîp oder guot mit nihtiu behalten. Unsaeliger ketzer! der almehtige got hât sînen herzelieben acker dâ beschirmet. Unde swenne man gerihtes alsô pflaege alse got gesetzet hât, sô möhte kûme iemer dehein sêle verlorn werden, wan ez engetorste eht nieman deheine grôze sünde getuon. Dâ von, ir keiser, waeret ir hie, ich kundez iu wol gesagen: alle die sêle die von iuwern schulden verlorn werdent, von unrehtem gerihte, von der lazheit des gerihtes, daz ir iuch versûmet oder vergâhet mit gerihte unde witewen unde weisen und armen unde rîchen niht fride machet als verre ir müget unde sült: alle die sêle die dâ von verlorn

ein einziger Priester kommt; ihr Auskommen finden sie hier nicht mehr. Wo von Rechts wegen vier Priester hingehörten, da ist also kaum noch einer zu finden. Weh dir, Simon, wo sitzt du hier vor mir? Und wo sitzt du, du Kirchenräuber, und ihr, die ihr den Kirchenbann mißachtet und euch sogar noch über ihn lustig macht? – Wer würde es denn noch wagen, Wucher und Vorkauf zu treiben, ein Pfand zurückzuhalten, zu rauben, zu stehlen oder die Ehe zu brechen, wenn man sähe, wie auch die hohen Herren mit dem Bann belegt, dann in die Acht getan, für rechtlos erklärt[40] und schließlich getötet würden, und wenn es denen aus niederem Stand genauso erginge: wenn man heute zehn aufhängen, morgen zehn köpfen würde, die einen rädern, die anderen auf dem Scheiterhaufen verbrennen, die einen an den Pranger stellen[41], die anderen an den Kirchhofzaun binden würde? Nur ein Ketzer behauptet, daß kein Mensch einen anderen zum Tode verurteilen könne, ohne eine Todsünde zu begehen[42]. Ich dagegen, Herr Richter, ich spreche euch dafür einzig ein Sühngeld im Werte eures Schwertes zu.[43] Wenn jemand unter Wahrung des Rechts vor euch eines Vergehens überführt wird, das mit dem Tode bedroht wird, dann schützt uns auch vor ihm! Bedenkt doch: wer könnte denn sonst noch sein Leben oder sein Gut behaupten? Niemand könnte es, du verfluchter Ketzer! Gott der Allmächtige hat seinen vielgeliebten Acker doch geschützt: Wenn die Rechtsprechung dem Willen Gottes folgen würde, dann könnte kaum eine Seele noch verlorengehen, würde es doch niemand mehr wagen, schwere Sünden zu begehen. – Deshalb, ihr Kaiser, würde ich euch, wäret ihr hier anwesend, ins Gesicht sagen: Jede Seele, die durch euer Verschulden dem Verderben anheimfällt, sei es, weil das Gericht nicht rechtmäßig vonstatten geht, sei es, weil es verzögert wird, ihr das Verfahren saumselig angeht oder es übereilt, schließlich Witwen und Waisen, Menschen niederen oder hohen Standes nicht zu dem Friedensschutz verhelft, den ihr durchsetzen könntet und ja auch sollt; jede Seele, sage ich,

werdent, die müezet ir gote vil tiure gelten nâch iuwerm grôzen schaden. Ir künige und ir herzogen, alle die, den der almehtige got den gewalt geben hât unde daz gerihte bevolhen hât, swâ ir niht guoten fride machet alse verre alse ir müget unde niht reht gerihte habet, dâ verfluochet iuch got umbe, als er zuo Moysen sprach, wie hôhe er die segente, die rehtez gerihte dâ habent. Jâ hât iu got gar grôze wirde ûf erden gegeben. Man muoz vor iu knien unde gegen iu ûf stên unde muoz gein iu [365] vorhte hân unde habt vil wîte unde breit umb iuch unde rîtet schône unde gêt schône unde habt hôhe bürge unde schoene frouwen, unde dâ von soltet ir tac unde naht trahten, wie ir daz gote gedanken möhtet. Nû baete er iuch anders niht danne guoten fride machen und rehtez gerihte halten. Wan swenne ir rehtez gerihte hieltet, sô waere ouch der fride guot in allen iuwern landen. Nû rihtet ir niwan nâch dem pfenninge. Herre, waz hât eht der pfenninc getân! Wan swelhen enden daz gerihte gât, sô gêt eht ez niwan über den pfenninc.

Dise zwô mûre sint von irdenischer materie, dâ von slîfent sie unde werdent krank, und dar umbe bevienc unser herre sînen lieben acker mit einer himelischen mûre, wan im was eht der acker unde der schatz sô herzeclîchen liep, daz in niht genuogete an den zwein mûren, unde satzte im huote mit der heiligen schar der engele. Er müeste einem herren ein lieber acker sîn, der ze iegelîchem orte einen hüeter satzte; der müesten vier ze einem acker sîn. Sô waere im aber der vil lieber, der ze ieglîchem bete einen satzte. Sô waere im aber der gar ein lieber acker, der ze einem ieglîchen eher einen hüeter satzte. Alsô liep hât unser herre die heiligen kristen-

die dadurch dem Verderben anheimfällt, müßt ihr Gott sehr teuer und mit üblen Folgen für euch selbst bezahlen. – Ihr Könige und Herzöge und ihr anderen alle, denen Gott der Allmächtige Herrschaft und Gerichtsgewalt anvertraut hat: wenn ihr nicht, soweit ihr das irgend durchsetzen könntet, dauerhaften Frieden schafft und nicht gerecht urteilt, so wird euch Gott dafür verdammen, wie er ja schon Mose verhieß, daß er jene segnen wolle, die gerechtes Gericht halten.[44] Gott hat euch ein fürwahr hohes Ansehen auf Erden zuerkannt: man muß vor euch niederknien, in eurem Beisein aufstehen und euch fürchten; ihr besitzt weit umher große Ländereien, ihr bewegt euch zierlich zu Pferde und zu Fuß, ihr besitzt mächtige Burgen und schöne Frauen: aus all diesen Gründen solltet ihr Tag und Nacht darüber nachdenken, wie ihr Gott wohl dafür danken könntet! Er allerdings würde sich von euch nichts weiter erbitten, als für dauerhaften Frieden und für gerechtes Gericht zu sorgen. Würdet ihr nun für gerechtes Gericht sorgen, dann wäre auch der Frieden in all euren Landen von Dauer. Euch aber geht es beim Gericht nur ums Geld. Ihr Herren, was hat das Geld schon alles vollbracht! Denn wie euer Urteil auch ausfällt, es ist einzig am Geld orientiert.

Diese beiden Mauern nun sind aus irdischem Stoff, deshalb vergehen sie auch und werden brüchig. Aus diesem Grund hat unser Herr seinen geliebten Acker noch mit einer himmlischen Mauer umschlossen, lagen ihm doch der Acker und der Schatz so sehr am Herzen, daß ihm jene beiden Mauern nicht genügten: So stellte er noch die heilige Schar der Engel vor dem Acker als Wache auf. Wie müßte einem Herrn sein Acker wohl am Herzen liegen, wenn er auf allen seinen Seiten einen Wächter aufstellte; für einen Acker wären das dann schon vier. Dem Herrn jedoch würde er noch mehr am Herzen liegen, der an jedem einzelnen Beet des Ackers einen Wächter aufstellte. Und dem schließlich, der an jeder Kornähre einen Wächter aufstellte, läge sein Acker ganz besonders am Herzen. Unser Herr nun hat die heilige Christen-

heit, den acker, daz er ze ie dem orte einen hüeter satzte. Er hât ze iegelîchem künicrîche einen engel gesetzet der des künicrîches hüetet, und danne ze iegelîchem herzogetuome unde ze ieglîchem lande, daz ein lant mit sunderm namen ist; unde danne ze iegelîchem bistuome einen unde ze ieglîcher stat einen die in den landen und in den bistuomen sint, unde danne ze iegelîchem dorfe einen unde ze iegelîchem klôster einen unde ze iegelîchem wîler unde riet einen unde ze ieglîcher bürge einen unde ze iegelîchem hûse einen unde ze iegelîchem menschen einen sunderlîchen, ez sî junc oder alt, getoufet oder ungetoufet, einem iegelîchen kristenmenschen sunderlîchen einen hüeter und einen engel gegeben, unde halt ieslîchem heiden unde ketzer unde jüden unde slafênen unde tatânen, ez sîn jene oder dise, die nâch menschen gebildet sint, der hât iegelîchez sînen engel der sîn hüetet. Sê, herre, wâ von? Dâ hât ouch iegelîchez einen tiuvel: der braeche im sâ zehant den hals abe wan diu huote des engels, swenne er eine tôtsünde getaete. Her jüde, iu haete der tiuvel langes den hals abe gebrochen wan iuwer engel, der iuwer dâ [366] hüetet. Daz selbe tete er ouch den heiden unde den ketzern, wan sie menschen sint unde nâch gote gebildet sint: des laet er sie ouch geniezen unde gît in die engele ze huote. Und rehte als der bâbest ein fürste ist über alle pfaffeheit unde der keiser ein fürste ist über alle werltlîche rihter, alsô ist sant Michahel ein fürste über alle die engele die der menschen hüetent ûf ertrîche unde die über diu lant sunderlîchen gesetzet sint. Der selbe ist ouch herre über alle die der menschen pflegent in dem lande, unde danne sant Michahel ist herre über sie alle. Dâ von begên wir im eine hôchgezît hie ûf ertrîche unde vîgern im einen tac. Daz tuot man deheinem engel mêre danne im unde sînen gesellen die unser dâ pflegent. Unde man mâlet im allez eine wâge in die hant unde heizet in den weger. Daz ist dâ von daz er uns wiget vor des tiuvels freisen. Wir lesen von hern Thobîas, dô er

heit, seinen Acker, so sehr geliebt, daß er an jedem nur denkbaren Ort einen Wächter aufgestellt hat. Er hat für jedes Königreich einen Engel bestellt, der es schützen soll, sodann für jedes Herzogtum und für jedes weitere eigenständige Territorium; dann auch für jedes Bistum und für jede Stadt einen, ob sie nun in einem weltlichen Territorium oder in einem Bistum liegt; sodann für jedes Dorf einen, für jedes Kloster einen, für jedes Gehöft und jede Ansiedlung einen, für jede Burg und für jedes Haus einen, schließlich für jeden Menschen einen eigenen, ob er nun jung oder alt ist, getauft oder nicht getauft. Jedem einzelnen Christen hat er einen Schutzengel beigesellt, ebenso jedem Heiden, Ketzer, Juden, Slawen oder Tataren[45]; seien es nun diese oder jene: jeder, der ein menschliches Antlitz trägt, hat seinen Engel, der ihn beschützt. Schau, Herr, und warum? Jeder Mensch hat auch seinen Teufel: Der würde ihm, kaum daß er eine Todsünde beginge, ohne den Schutz des Engels sofort den Hals umdrehen. Auch euch, Herr Jude, hätte der Teufel schon längst den Hals umgedreht, wenn nicht euer Engel wäre, der euch beschützen würde. Ebenso verfuhr Gott auch mit den Heiden und Ketzern, weil auch sie Menschen und nach dem Bilde Gottes geschaffen sind[46]: daraus läßt er auch sie ihren Nutzen ziehen und schenkt ihnen einen Schutzengel. Wie nun der Papst über die ganze Geistlichkeit und der Kaiser über alle weltlichen Regenten, so ist der heilige Michael Herr über all die Engel, die auf Erden die Menschen beschützen und die jeweils für die einzelnen Länder bestellt sind. Er ist Herr auch über die Engel, die sich dort der Menschen annehmen: der hl. Michael ist Herr über sie alle. Aus diesem Grunde feiern wir hier auf Erden zu seinen Ehren ein Fest und begehen festlich den Michaelstag.[47] Kein anderer Engel erfährt größere Ehrerbietung als er mit seinen Gefährten, die sich unserer annehmen. Auf Bildern stellt man ihn immer mit der Waage in der Hand dar; so nennt man ihn auch den »guten Waagemeister«, weil er uns gegen die Gefahren des Teufels beisteht.[48] – Über Tobias

sînen sun sante verre unde verre, dô hete der tiuvel siben man erwürget bî einer frouwen; dâ beschirmete unser herre dem guoten herren Thobîas sînen sun vor, und alsô genas er vor der tiuvels freise von der engele huote.

Nû seht, bî allen disen huoten unde bî allen disen mûren sô hât der tiuvel unkrût gesaewet in den herzelieben garten, unde dâ von liset man in dem heiligen êwangeliô, daz die hüeter kâmen unde sprâchen: 'owê, herre! die vînde hânt unkrût gesaewet under dînen weizen: weder suln wirz ûz brechen oder niht?' 'Niht, niht!' sprach der herre, 'lât mirz mit einander wahsen unz ez zîtic werde: sô sol man ez sundern von dem weizen unde sol ez ze büschelînen binden unde sol ez in ein fiwer werfen'. Nû waz meinet unser herre hie mite? Nû sehet, alsô habent des almehtigen gotes vînde (daz sint die leidigen tiuvele) die habent unkrût gesaewet in den edeln weizen, daz ist under die heilige kristenheit, die gedultigen unde die dêmüetigen unde die barmherzigen unde die milten unde die tugenthaften, dâ habent sie unkrût under geworfen unde frâzheit unde gîtikeit und unkiusche unde hôhvart etc. Unde dâ von sprechent die engele alle tage, sô in der mensche ungehôrsam ist und in die sünde vellet, seht, sô sprechent die engele: 'herre, herre! lâz uns sie toeten', wan sie sint uns allen samt unmâzen vînt für daz der mensche in tôtsünde gevellet, daz sie in herzeclîchen hazzent, unde sprechent alle: 'herre, lâz [367] sie ertoeten'. 'Niht, niht!' sprichet er, 'lât mir sie mit einander wahsen.' Her Kâîn unde her Abel, nû wahset mit einander! ir morder und ir gedultigen, ir bluottrinker und ir barmherzigen gotes kinder! Kâîn, wâ sitzest dû? dîn bruoder saeze als billîche als dû den dû hâst ermordet. Nû wahset mit einander, ir spoter und ir bescheidenen liute! Der groesten schaden einen haben wir von den spotern den die werlt ie gewan. Her Ismahel

lesen wir, daß er seinen Sohn in die Ferne schickte, wo der Teufel bereits sieben Männer neben einer Frau erwürgt hatte. Unser Herr aber schützte den Sohn des frommen Tobias vor diesem Schicksal, und so wurde er, weil die Engel ihn beschirmten, vor der Gefahr des Teufels errettet.[49]
Nun bedenkt aber: trotz aller dieser Schutzvorrichtungen und all dieser Mauern hat der Teufel dennoch in den vielgeliebten Garten Unkraut gesät. So heißt es im heiligen Evangelium, daß die Wächter des Gartens vor ihren Herrn traten und ihn fragten: »Was nun, Herr? Die Feinde haben Unkraut unter deinen Weizen gesät; sollen wir es ausreißen oder nicht?« – »Bloß nicht«, antwortete der Herr; »laßt es zusammen mit dem Weizen aufwachsen, bis es reif wird. Dann aber soll es vom Weizen getrennt, zu Bündeln gebunden und ins Feuer geworfen werden.«[50] Was will unser Herr mit diesem Gleichnis sagen? Schaut, die Feinde Gottes des Allmächtigen – es sind die widerwärtigen Teufel – haben unter den kostbaren Weizen, d. h. unter die heilige Christenheit, Unkraut gesät: unter die Geduldigen, Demütigen, Barmherzigen, Mildtätigen und Frommen haben sie Unkraut gestreut, also Freßgier, Habgier, sexuelle Gier, Hoffart usw. Deshalb sagen die Engel jeden Tag, immer wenn ihnen die Menschen den Gehorsam verweigern und der Sünde verfallen, zu Gott: »Herr, o Herr! Gib uns zu, daß wir sie töten dürfen.« Denn dafür, daß die Menschheit der Todsünde verfällt, werden sie zu unseren Todfeinden; sie hassen uns aus dem Grunde ihres Herzens und bitten allesamt: »Herr, laß zu, daß wir sie töten!« – »Bloß nicht«, antwortet der, »laßt sie zusammen aufwachsen!«[51] Kain und Abel: ihr Mörder und ihr Geduldigen, ihr Blutrünstigen und ihr barmherzigen Gotteskinder, wachst zusammen auf! Kain, wo sitzt du? Dein Bruder, den du ermordet hast, säße von Rechts wegen auch hier.[52] Wachst auch ihr zusammen auf, ihr Lästerer und ihr verständigen Leute! Dabei kommt das schlimmste Verderben, das der Menschheit je widerfuhr, durch die Lästerer über uns. Ismael und Isaak, wachst auch

und her Îsaac, nû wahset mit einander! ir êlîchen und ir unêlîchen, ir gerehten und ir ungerehten wahset mit einander! ir fraeze und ir unkiuschen liute, die dâ ungerne vastent durch die liebe unsers herren, und ir maezegen und ir kiuschen wahset mit einander! wan jener Esau frâz alle sîne saelikeit an einem muose. Ist iendert dehein fraz hie? jâ fürhte ich des, ich habe etelîchen frâz vor mînen ougen, dem sîniu frâzheit alle sîne saelikeit verliese. Nû wahset mit einander, her Helysêus und her Jesi! Nû wahset mit einander, ir lügener und ir trügener, die mit unrehtem gewinne und mit untriuwen umbe gênt, und ir getriuwen! Wahset mit einander, her Saul und her Dâvît! Nû wahset mit einander, frau Iesabêl unde heilige frou sant Elizabêth! Nû wahset mit einander, ir hôhvertigen und ir dêmüetigen! Nû wahset mit einander, ir gilwerinne und ir verwerinne mit dem gelwen gebende, und ir reinen frouwen mit iuwerm dêmüetigen gewande! alse mîn frou sant Elizabêth, diu was gar ein heilige dêmüetige frouwe; dô was aber jene Iesabêl gar ein boese hût und ein gilwerin und ein verwerin. Pfî, wâ sitzest dû dâ vor mînen ougen, mâlerin? wiltû dich baz mâlen danne dich der almehtige got hât geschaffen, dir geschiht als Iesabêln: des tages dô sie sich geverwet hete, dô nam sie ein lesterlîchez ende und einen schemelîchen tôt unde fuor des selben tages in die stinkenden helle, dâ ir niemer mêr rât wirt, unde die hunde laften ir bluot des selben tages. Alsô laet iu got mit einander wahsen unz daz ir zîtic sît: sô wirfet man iuch danne in daz êwige fiwer, dâ ir iemer mêre âne ende brinnet. Nû wahset mit einander, her sant Pêter unde her Judas! nû wahset mit einander, her Dismas und her Jesmas! nû wahset mit einander, ir gîtigen und ir milten, ir gotes büezer und ir zwîveler. Ir gîtigen, Judas brüeder, ir

ihr zusammen auf:[53] also ihr, die ihr ehelich, und die ihr unehelich geboren seid, die ihr dem Gesetz Gottes folgt oder aber nicht folgt, wachst zusammen auf! Ihr gierigen Freßsäcke, die ihr nur widerwillig fastet um der Liebe unseres Herrn willen, und ihr, die ihr bei Essen und Trinken maßhaltet, wachst zusammen auf! Wie jener wohlbekannte Esau: der fraß mit einer einzigen Breimahlzeit seine ganze Seligkeit auf.[54] Gibt es hier irgendwo einen Freßsack? In der Tat fürchte ich, daß ich hier vor mir so manchen sitzen sehe, dem seine Freßgier seine ganze Seligkeit verdirbt. – Wachst auch ihr zusammen auf, Helyseus und Jesi![55] Ebenso ihr Lügner und Betrüger, die ihr euch mit unrechtmäßigem Gewinn oder mit Betrug abgebt, und ihr Rechtschaffenen! König Saul und König David, wachst auch ihr zusammen auf![56] Ebenso du, Königin Isebel[57], und du, heilige Landgräfin Elisabeth[58]: also ihr Hoffärtigen und ihr Demütigen, die ihr gelben Kopfschmuck anlegt und euch schminkt[59] oder euch aber als fromme Frauen mit schlichten Kleidern begnügt. Eine solche war die heilige Elisabeth: eine heilige und demütige Frau. Dagegen war jene Isebel ein nichtswürdiges Weib, das gelben Kopfschmuck trug und sich schminkte. Weh dir, wo sitzt du hier, die du dich schminkst? Wenn du dich schöner machen willst, als dich Gott der Allmächtige geschaffen hat, denn wird es dir wie Isebel ergehen: An dem Tage, da sie sich geschminkt hatte, fand sie ein schimpfliches Ende und einen schmachvollen Tod, und sie stürzte noch an demselben Tag in die stinkende Hölle, aus der sie niemals mehr errettet wird, und die Hunde leckten ihr Blut auf.[60]

So läßt euch Gott zusammen aufwachsen, bis ihr reif geworden seid: Dann wirft man euch in das ewige Feuer, in dem ihr fortan brennen müßt bis in alle Ewigkeit. – So wachst auch ihr zusammen auf: du, heiliger Petrus und du, Judas,[61] oder du, Dismas, und du, Jesmas![62]. Wachst zusammen auf, ihr Habgierigen und ihr Barmherzigen; die ihr vor Gott Buße tut und die ihr an ihm verzweifelt! Ihr Habgierigen,

habet gar verzwîvelet an der miltekeit des almehtigen gotes, daz ir iuch mit rehtem guote iht ernern müget. Nû wahset alle [368] mit einander die wîle ez gotes wille sî. Wan die engele ruofent eht alle tage: 'herre, lâz uns sie toeten!' 'Niht!' sprichet got, 'lât sie mit einander wahsen, die übelen bî den guoten, die gerehten bî den ungerehten' etc.
Nû war umbe tuot unser herre daz, daz sie nû sô gar wider sînen hulden sint und ouch die engele daz alle tage begernt, daz sich got lâze an in rechen, unde laet sie doch bî den guoten unde bî den gerehten wahsen? Seht, daz tuot unser herre durch drîe sache. Swâ die übeln den guoten übel tuon, daz den guoten ir lôn dâ mite gemêret wirt oben in dem himelrîche unde daz disen gotes kinden ir lôn ûf neme und ir vegefiwer geminret werde. Unde dar umbe, ir saeligen gotes kint, ir sült ez gar gedulteclîchen lîden, swâ sie iuch beswern an lîbe oder an guote oder an friunden, daz sult ir gedulteclîchen unde dêmüeteclîchen lîden: sie sint doch bezzer an ze sehenne danne die tiuvele unde daz egeslîche vegefiwer, daz ir dort müestet lîden. Wan swie guot ir sît, sô müezet ir doch manic mâl unde tegelîchen sünden hinne für. Sô muoz eht daz gar schoene unde klâr sîn, daz liehter ist danne diu sunne: dâ von müezent iuwer tegelîche sünde in dem vegefiure geliutert werden, unde dar umbe laet sie der almehtige got leben, daz sie iuwer vegefiwer sîn die unrehten gewaltesaere unde die heuschrecken, der herren schiltknehte. Swâ der hine vert sô tuot er als ein heuschrecke. Der wil niwan mitten in dem grase ligen; alse wil er allez daz umbe sich streuwen daz er gesiht. Er streuwet den guoten liuten ir arbeit und ir fuoter und ir heu vil mêre etewenne under diu ros danne sie sîn gezzen. Sô er danne an eime huone genuoc

ihr Brüder des Judas: so gründlich habt ihr die Hoffnung auf die Barmherzigkeit Gottes des Allmächtigen aufgegeben, daß ihr euren Lebensunterhalt mit rechtmäßig erworbenem Gut gar nicht mehr bestreiten könntet. Wachst ihr alle so lange zusammen auf, wie es Gott gefällt. Denn die Engel rufen jeden Tag: »Herr, gib uns zu, daß wir sie töten dürfen!« – »Nein«, sagt Gott, »laßt sie zusammen aufwachsen: die Bösen neben den Guten, die meinem Gebot gehorchen neben denen, die ihm nicht gehorchen ...« usw. Warum aber läßt unser Herr [die Bösen] neben den Guten und neben jenen aufwachsen, die seinem Gebot gehorchen, obwohl sie ihm doch so verhaßt sind und auch die Engel ihn jeden Tag darum ersuchen, er möge seine Rache an ihnen vollziehen lassen? – Schaut, das tut unser Herr aus drei Gründen. Erstens, damit der Lohn der Frommen dadurch, daß die Bösen ihnen Böses antun, oben im Himmelreich noch vermehrt wird, der Lohn dieser Gotteskinder also noch wächst und ihre Zeit im Fegefeuer verkürzt wird. Deshalb, ihr gesegneten Gotteskinder: ertragt es voll Geduld und Demut, wenn die Bösen euch selbst, eurem Besitz oder eurer Sippe Schaden zufügen, bieten sie doch immer noch einen erfreulicheren Anblick als die Teufel und das schreckliche Fegefeuer, das ihr in jenem Leben nach dem Tode erdulden müßtet. Denn wie fromm ihr auch seid: auch fortan werdet ihr noch so manches Mal, ja täglich sündigen. Dennoch soll, was heller als die Sonne ist, strahlend leuchten:[63] Deshalb müssen eure alltäglichen Sünden im Fegefeuer ausgebrannt werden. Zu diesem Zweck nun läßt Gott der Allmächtige jene rechtsbrüchigen Gewalttäter und Heuschrecken, die Kriegsknechte[64] des Adels, am Leben, auf daß sie euer Fegefeuer seien! Wohin sich so ein Kriegsknecht auch wendet, er verhält sich wie eine Heuschrecke: Nur mitten im Gras will sie liegen; genauso will der Kriegsknecht alles, was er sieht, nur vergeuden. So streut er den Pferden von dem mühsam erarbeiteten Tierfutter und Heu der rechtschaffenen Leute mehr vor, als sie [überhaupt] fressen kön-

haete, sô würget er zeheniu; sô er danne an einer gense genuoc haete, so würget er vier oder zehene, und alsô tuot er dem allem sament. Des die guoten liute ein ganzez jâr leben solten, möhte er daz einiges tages verbringen, daz taete er, unde wirt sîn selten iemer keiner tiwerr an lîbe und an guote. Als der heuschrecke: swie tief er in dem grase lît, sô wirt er doch niemer veizter, er ist alle zît mager und lancbeinic unde snâkelt. Alsô bist dû, schiltkneht, ein heuschrecke: dû hopfest ouch als ein heuschrecke ûf dîme gürrelîn, unde hangent dir die schuohe von den füezen vor armuot unde wirdest selten iemer wol berâten und dû muost ze jungest eins schentlîchen tôdes warten als der [369] heuschrecke: den vertretent die liute unde daz vihe in dem grase, oder in versnîdet diu sense, sô man daz gras maewet. Kümet er des hin, sô gezzent in die vogele: sô er ûz dem grase kümt, sô füerent sie die vogele hin. Dû schiltkneht-heuschrecke, dû wirdest versniten oder erhangen: des geschiht in gar vil daz sie unrehten tôt nement. Kument sie des hin, sô frizzet sie daz gefügele und füeret sie hin: daz sint die tiuvele, die füerent sie hin in daz apgründe der hellen, dâ ir niemer mêre rât wirt. Ir saeligen liute lîdet eht ez gedulteclîche, iuwer lôn wirt âne mâzen grôz ze himele. Swelher leie nôt sie iu ane legent, sô lîdet ez gedulteclîche in dem namen unsers herren unde durch die liebe unsers herren, wan er grôze liebe an iu erzöuget hât. Wellet ir im gar liebe tuon, sô künnet ir im niemer lieber getuon, danne daz ir in vergebet lûterlîchen allez, daz sie iu ie getâten an friunden oder an guote oder an iuwer selbes lîbe. ‘Owê, bruoder Berhtolt, jâ hât er mir mînen lieben vater benomen unde mac ich niemer mêr

nen; oder wenn ihm ein Huhn durchaus reichen würde, so dreht er dennoch zehn Hühnern den Hals um. Ebenso mit Gänsen: auch wenn ihm eine durchaus reichen würde, dreht er dennoch vieren oder gar zehnen den Hals um; und so verfährt er mit allem. Wenn er an nur einem einzigen Tag vertun könnte,[65] wovon die rechtschaffenen Leute ein ganzes Jahr lang leben sollen, so täte er es. Dennoch nimmt kaum mal ein Kriegsknecht an Körperumfang oder Besitz zu. Dasselbe gilt für die Heuschrecke: Auch sie wird, sie mag noch so tief im Gras liegen, niemals fetter, sondern bleibt mager, langbeinig und hager wie eine Schnake. In diesem Sinne bist du, Kriegsknecht, eine Heuschrecke: Auch du hüpfst, eben wie eine Heuschrecke, auf deinem klapprigen Gaul, aus Armut baumeln dir die Schuhe von den Füßen, du erhältst selten einmal richtig dein Auskommen und mußt schließlich, wie die Heuschrecke, eines schmachvollen Todes sterben: wird doch auch sie von Mensch und Vieh im Gras zertreten oder beim Grasmähen von der Sense aufgeschlitzt. Entgeht sie dem, wird sie von den Vögeln gefressen: Die tragen sie fort, sobald sie aus dem Gras hervorkommt. Du Kriegsknecht-Heuschrecke wirst ebenfalls aufgeschlitzt oder gehängt werden, sterbt ihr doch in der Regel eines rechtlosen Todes. Können sie dem noch entgehen, so werden sie von den Vögeln fortgetragen und gefressen: Das sind die Teufel, die sie in den tiefsten Höllengrund schleppen, aus dem sie niemals mehr entkommen werden. – Ihr Gesegneten aber, tragt das in Geduld: Euer Lohn im Himmel wird unermeßlich sein. Was für Schaden sie euch auch immer zufügen mögen, tragt ihn im Namen unseres Herrn und um seiner Liebe willen in Geduld, hat er doch seine große Liebe zu euch unter Beweis gestellt. Falls ihr ihm nun ebenfalls Liebe erweisen wollt: nichts wäre ihm lieber, als daß ihr den Bösen all das aufrichtig vergeben würdet, was sie euch je an eurer Sippe, eurem Besitz oder euch selbst angetan haben. »Wie das nun, Bruder Berthold? Hat er mir doch meinen geliebten Vater geraubt, so daß ich ihn nun für immer

deheinen gewinnen.' Sô wil got selber iemer mêr dîn vater sîn, ob dû daz durch sîne liebe verkiesen wilt, wan er sich selbe durch sînen willen toeten liez unde vergap ez den selben sâ zehant, die in ungetriuwelîche und unschuldiclîche tôten âne alle schulde. Dû maht als lûterlîchen hiute vergeben, daz dir got dîne sünde vergît. Lât hiute alle sament haz unde nît ûz iuwerm herzen unde vergebet in genzlîchen, den worten daz iu got alle iuwer sünde vergebe, ez sî unreht gewalt, unrehtes vogtes getwancnisse, schelten unde spoten, swaz ez sî daz man iu tuo, daz vergebet in luterlîchen durch got, ir saeligen kint des almehtigen gotes. Wan der sitzet etelîchez vor mir, daz noch in einem halben jâr oder ê die krône vor gote treit in dem himelrîche. Ez ist ouch etelîcher, der an dem grunde der hellen sitzet biz dar.
Daz ander ist dâ got die sünder umbe leben lât als den rehten, daz er ein mensche ist unde nâch gote gebildet ist. Dar umbe laet in got sîner güete unde sîner grôzen barmherzikeit geniezen, daz er doch dâ von sîne gnâde habe und eine wîle alsô lebe ûf erden; er brinnet sîn im dannoch genuoc in der hellen.
Daz dritte ist, ob ir noch deheiner widerkêren welle. Wan er sie harte hât erarnet, dâ von bîtet er dir, ob dû dich dîner [370] sünden wellest erkennen. Nû kêret wider! jâ ist got hiute als milte und als barmherzic als dô er sant Marîan Magdalênen alle ir sünde vergap unde dem guoten sante Pêter unde dem guoten schâcher etc. Nû hoere, sünder, wie dich der almehtige got mant daz dû widerkêrest, wie barm-

verloren habe.« So wird eben fortan Gott selbst dein Vater sein, sofern du nur aufgrund seiner Liebe zu verzeihen bereit bist. Denn auch um dieses Verbrechers willen erlitt er selbst den Tod, schenkte denen aber sofort auch seine Vergebung, die ihn so hinterhältig, und ohne daß sich irgendeine Schuld hatte feststellen lassen, töteten.[66] Dafür nun, daß Gott dir deine Sünde vergibt, kannst du heute ebenso aufrichtig Vergebung schenken: Vertreibt ihr alle miteinander ab sofort Feindschaft und Mißgunst aus eurem Herzen und vergebt denen, [die euch Schaden zufügten], wirklich alles, auf daß auch Gott euch all eure Sünde vergebe! Ob man euch nun willkürlich Gewalt antat, ihr Bedrückung durch einen rechtsbrüchigen Vogt[67] erfuhrt, Schimpf und Schande oder was sonst noch immer: ihr gesegneten Kinder Gottes des Allmächtigen, schenkt ihnen dafür aufrichtig und um Gottes willen eure Vergebung! Denn so mancher sitzt hier vor mir, der bereits in einem halben Jahr oder noch früher im Himmelreich, im Angesicht Gottes, die Krone des ewigen Lebens tragen wird. Allerdings gibt es hier auch so manchen, der dann auf dem Grund der Hölle sitzt.

Zweitens läßt Gott die Sünder – ebenso wie den, der seine Gebote achtet – am Leben, weil auch sie Menschen und nach Gottes Bild geschaffen sind. Aus diesem Grund also läßt ihn Gott an seiner Güte und grenzenlosen Barmherzigkeit teilhaben, auf daß er seine Gnade erfahre und so [sündhaft] eine Zeitlang auf Erden leben kann. Er läßt ihn dann noch lange genug im Höllenfeuer brennen.

Drittens, falls sich doch noch einer von ihnen von der Sünde abwenden will. Weil er sie unter Schmerzen errettet hat, läßt er dir [also] noch für den Fall eine Frist, daß du dich doch noch auf deine Sünden besinnst.[68] Wendet euch von der Sünde ab! Denn Gott ist heute noch so gütig und barmherzig wie damals, als er der heiligen Maria Magdalena all ihre Sünde vergab, ebenso dem heiligen Petrus, dem bußfertigen der beiden Räuber usw.[69] Höre doch bloß, du Sünder, wie dich Gott der Allmächtige voll Barmherzigkeit dazu aufruft,

herzeclîchen er dich mant unde wie lieplîchen unde wie getriuwelîchen er sprichet durch des wîssagen munt: *vespere et mane* etc., rehte als ob er spraeche: sünder, kêre wider! ich lege dir für mînen âbent den ich durch dînen willen hete; ich lege dir für mînen morgen, ich lege dir für mînen mittentag. Sünder, kêre wider durch alle die angest und alle die nôt, die ich durch dînen willen ie geleit des âbendes, dô ich des morgens den tôt durch dich lîden wolte, den worten daz der tiuvel iht an dir gefreuwet wurde. Nû sich, sünder, wie tiwer dich got mant! Wan ez wart niemer gehôrt von anegenge der werlte, daz ie dehein mensch sô bittern tôt ie erlite, wan er bluotigen sweiz switzte. Daz tete nie mensche mêr. Bî der angest unde bî der swaere unde bî der nôt mant dich got, daz dû widerkêrest mit wârem riuwen unde mit lûterre bîhte unde mit buoze ûf sîne gnâde. Sô leget er dir sînen morgen für, daz in die jüden vîntlîchen viengen, und ungetriuwelîchen verrâten wart und ûf sînen nacken geslagen wart und an manigen enden gewîzet wart unde mit eime rôre ein durnîn krône ûf sîn houbet gedrücket wart und under sîn ougen gespîet wart und spotlîchen gecleidet wart. Nû sich, sünder, daz leget dir der almehtige got allez für, daz er daz allez durch dînen willen erliten habe des morgens an dem heiligen karfrîtage, dar umbe daz dû der êwigen martel über wurdest ob dû selbe woltest. Gewinnet hiute wâren riuwen unde weinet von herzen iuwer sünde. Jâ hât er vil manigen zaher durch iuch gelâzen ûz sînem heiligen lîbe sînes vil reinen bluotes, des éin tropfe tiurre ist danne himelrîche und ertrîche. Die mit den ougen niht geweinen mügen die weinen mit dem herzen. Des dritten mâles leit er dir für sînen mittentag, dô man in an die spange nagelte des

dich doch von der Sünde abzuwenden, und wie er in Liebe ganz ohne Falsch durch den Propheten zu dir spricht: »Vespere et mane ...« etc.[70], gerade so, als ob er sagte: Sünder, wende dich von der Sünde ab! Ich stelle dir den Abend vor Augen, den ich [am Tag vor meinem Kreuzestod] um deinetwillen durchlitt, ich stelle dir den Morgen und den Mittag [meines Todestages] vor Augen. Wende dich, Sünder, aufgrund all der Angst und all der Mühsal von der Sünde ab, die ich um deinetwillen am Abend erduldete, um dann am folgenden Morgen für dich den Tod zu erleiden: und dies alles deswegen, damit sich der Teufel an dir nicht erfreuen kann. – Sieh doch bloß, du Sünder, wie dringend Gott dich dazu aufruft. Denn seit Anbeginn der Welt hat man von keinem Menschen gehört, der ein so bitteres Sterben durchlitten hätte: schwitzte er doch [sogar] Blut.[71] Keinem anderen Menschen ist das je widerfahren. Wegen dieser Angst nun, dieses Schmerzes und dieser Mühsal ruft Gott dich dazu auf, dich doch in wirklicher Reue, mit aufrichtiger Beichte und mit Buße im Vertrauen auf Gottes Gnade von der Sünde abzuwenden. – Ebenso stellt er dir den Morgen vor Augen, da ihn die Juden wie einen Räuber festnahmen,[72] er so hinterhältig verraten wurde,[73] man ihn auf den Kopf schlug[74] und auf mancherlei Art peinigte, ihm mit einem Rohr eine Dornenkrone aufs Haupt drückte,[75] ins Angesicht spie und Kleider zum Verhöhnen anzog[76]. Schau, du Sünder, das alles stellt dir Gott vor Augen: Er hat es am Morgen des heiligen Karfreitag um deinetwillen erduldet, auf daß du, wenn du selbst es nur willst, vor der ewigen Qual gerettet werdest. Findet ihr heute zu wirklicher Reue und beweint von Herzen eure Sünde, hat doch auch er um euretwillen aus seinem heiligen Leib so unzählig viele Tropfen seines unschuldigen Blutes vergossen: Ein Tropfen davon ist kostbarer als Himmel- und Erdreich zusammen! Wer nun von euch mit den Augen nicht weinen kann, der möge es mit dem Herzen tun! – Drittens schließlich stellt er dir den Mittag vor Augen, als er an den Balken des heiligen

hêren kriuzes; dô man im zwêne nagele sluoc durch sîne hende unde durch bêde sîne füeze einen etc. Dâ mant er sie nû sunderlîchen bî allen den noeten unde bî den hamerslegen unde bî sînen heiligen fünf wunden, bî sînen ruofen, die er ruofte gein dem sünder, unde bî dem jâmer unde bî der klage, die unser frouwe hâte. [371] Ir junge werlt, hüetet iuch durch den almehtigen got vor sünden! Ir seht wol, wie kûme sie dâ von koment. Noch wil ez der almehtige got dar umbe niht lâzen, er wellez noch baz an iu versuochen, unde wil iuch für baz manen. Wan allez daz ich hiute ruofte an iuch, sünder, daz ruofet der almehtige got durch mînen munt. Ich bin ein ruofende stimme.

Etelîche waenent unde habent sô getâniu herzen, daz sie ûf bitterkeit niht ahtent, daz ich sie bitterlîchen hân gemant. Nû wil ich sie zertlîche, minneclîche und süezeclîche manen, unde got selbe sprichet ez gein iu durch mînen munt unde heizet iuch zertlîchen biten unde manen durch sîne urstende, diu gar frôlich was, der sich himel und erde freuwete; unde noch hiute, wenne man sîne urstende begêt, sô freuwet sich allez daz ûf ertrîche ist. Bî der freude mant iuch got durch mînen munt, den worten daz ir iemer freude mit im habet in dem himelrîche. Er mant iuch durch der freude willen, die sîn heilige muoter gewan von sîner urstende, unde durch alle die freude, die diu frou Marîâ Magdalênâ und ir gespiln hâten von sîner urstende, unde bî aller der freude, die unser veter heten, dô er sie lôste von dem gevencnisse der hellen, unde durch die freuden alles himelischen hers, dô er ze himele fuor unde vil manic tûsent sêle mit im fuorte. Und er mant dich hiute sunder durch mînen munt unde durch alle die freude der heiligen engele unde bî ieglîches kôres freude besunder unde bî aller wünneclîchen gezierde die sie habent

Kreuzes genagelt wurde: je einen Nagel schlug man ihm durch seine Hände und einen durch beide Füße ... usw. Hier nun ruft Gott die [Sünder] insbesondere zur Buße auf: wegen all seiner Qualen, wegen der Hammerschläge, wegen seiner heiligen fünf Wunden, seiner Schreie, die er dem Sünder entgegenschrie, und schließlich wegen des Herzeleids und des Wehgeschreis unserer lieben Frau. Deshalb, ihr jungen Leute, hütet euch um Gottes des Allmächtigen willen vor Sünden, seht ihr doch, wie schwer man nur davon loskommt. Gleichwohl will es Gott der Allmächtige noch nicht aufgeben, sondern es noch einmal mehr mit euch versuchen, und euch somit auch fortan zur Buße aufrufen. Denn all das, was ich euch, ihr Sünder, heute zugerufen habe, das ruft euch Gott der Allmächtige durch mich zu. Ich bin eine Stimme, durch die Gott euch anruft.

Manche Menschen nun sind so veranlagt, daß selbst bitteres Leid sie nicht kümmert und ebensowenig, daß ich sie in solcher Schärfe zur Buße aufgerufen habe. So will ich es denn nun in Sanftmut, Liebe und Güte[77] versuchen; auch dabei spricht Gott durch mich zu euch und läßt mich euch nun voller Sanftmut bitten und ermahnen: dies um seiner Auferstehung willen, die so voller Freude war. Himmel und Erde freuten sich über sie, und noch heute freut sich alles, was auf Erden lebt, wenn seine Auferstehung gefeiert wird. Wegen dieser Freude ruft Gott euch durch mich zur Buße auf, auf daß eure Freude bei ihm im Himmelreich ewig währen möge. Aber auch wegen der Freude ruft er euch dazu auf, die seine Mutter – ebenso wie auch Maria Magdalena und ihre Gefährtinnen[78] – durch seine Auferstehung erfuhr, oder auch unsere Vorfahren, als er sie mit seiner Auferstehung aus ihrer Gefangenschaft in der Hölle befreite, und schließlich wegen der Freude aller Engel im Himmel, als er gen Himmel fuhr und viele tausend Seelen mit sich nahm.[79] Heute ruft er dich vor allem durch mich zur Buße auf wegen der großen Freude der heiligen Engel, und zwar der Freude eines jeden einzelnen Engelchors[80], dann aber

unde die got an sie geleit hât und an alle sîne heiligen, der dâ von künde oder möhte gesprechen, wan got sô vil êren an den aller minnesten heiligen hât geleit der dâ ze himele ist, dâ möhte alliu diu werlt von niht gesagen. Sant Gregorius hât wol fünf unde drîzic buoch gemachet unde hât noch dem aller minnesten heiligen daz minneste hâr niht gelobet der in dem himelrîche ist. Ez hât der guote sant Bernhardus vil büecher gemachet unde hât noch dem minnesten heiligen der iendert dâ ze himele ist den aller minnesten nagel niht gelobet der iendert an im ist. Ich spriche mêr: der guote sant Augustînus hât zehen hundert buoch gemachet unde hât noch dem aller minnesten heiligen den aller minnesten vinger niht gelobet der iendert an im ist. Nû seht, wer nû die freude und die êre volleloben möhte unde vollesagen unde vollezelen, die die grôzen unde die hôhen heiligen dâ ze himele hânt unde die [372] der almehtige got dâ selber hât unde mîn frouwe sant Marîâ? Diu ist des alles übergrôz, daz daz munt noch zunge niemer vollesprechen kan noch mac noch herze betrahten, alse der guote sant Paulus dâ sprichet. Bî der freude aller samt mant iuch der almehtige got, den worten daz ir der freuden müezet teilhaftic werden. Iuch möhte noch lusten solicher freuden ze sehenne, ob irz niemer durch gotes willen woltet getuon noch durch die saelikeit iuwer sêlen. Wande dô man den guoten sant Johannem frâgete, waz er in dem himelrîche gesehen haete – dâ bî sult ir alle wunder merken, waz êren unde freuden dâ ze himel ist –, dô sprach er alsô der guote sant Johannes: ‘daz ez mügelich waere daz man ez gesprechen oder geschrîben möhte daz ich in dem himelrîche sach, sô möhte doch diu werlt sô vil büecher niht behalten von ertrîche ûf unz an daz firmament, dâ ez an gestên möhte daz ich dâ ze himelrîche sach’. Bî der freude aller samt mant iuch der almehtige got hiute, daz ir von iuwern sünden kêret unde von der êwigen

auch wegen der Herrlichkeit und Pracht, mit der Gott sie und alle seine Heiligen versehen hat, wie viele man von ihnen auch aufzählen könnte; Gott hat auch noch den geringsten Heiligen im Himmel mit solcher Herrlichkeit versehen, daß kein Mensch das beschreiben könnte. Der heilige Gregor[81] hat fünfunddreißig Bücher geschrieben; dennoch hat er an dem geringsten Heiligen im Himmel auch nicht das Geringste gepriesen. Ebenso hat der heilige Bernhard viele Bücher geschrieben; dennoch hat auch er an dem geringsten Heiligen im Himmel nicht einmal den kleinsten Fingernagel gepriesen. Ich gehe noch weiter: der heilige Augustinus hat tausend Bücher geschrieben; dennoch hat auch er an dem geringsten Heiligen nicht einmal den kleinsten Finger gepriesen. Nun sagt selbst: wer könnte denn [dann wohl] die Glückseligkeit und die Herrlichkeit der höchsten Heiligen im Himmel, Gottes des Allmächtigen selbst und meiner lieben Frau, der heiligen Maria, angemessen preisen oder wirklich umfassend beschreiben? Sie ist so über alle Maßen erhöht, daß Mund und Zunge vor ihr versagen, ja man sie sich noch nicht einmal vorstellen kann, wie der heilige Paulus sagt[82]. Wegen all dieser Glückseligkeit nun ruft euch Gott der Allmächtige zur Buße auf, auf daß auch ihr sie für euch gewinnen möget! Wenn ihr es nun schon nicht um Gottes oder eures Seelenheils willen tun wollt, so könnte euch wenigstens das Verlangen danach, solche Glückseligkeit selbst zu erblicken, antreiben. Denn als der heilige Johannes gefragt wurde, was er im Himmelreich gesehen habe – ja, staunt nur darüber, welche Herrlichkeit und Glückseligkeit im Himmel zu finden ist! – da sagte er: »Auch wenn man das aussprechen oder aufschreiben könnte, was ich im Himmel gesehen habe, so könnte die ganze Welt, von der Erde bis zum Himmel, doch nicht so viele Bücher fassen, in welchen eben das festgehalten wäre, was ich im Himmelreich gesehen habe.«[83] – Wegen all dieser Glückseligkeit nun ruft euch Gott der Allmächtige heute dazu auf, daß ihr euch von euren Sünden und von der

martel der helle zuo den êwigen freuden und im dâ mite danket aller der liebe die er iu erzeiget hât, daz er die heiligen kristenheit, den acker, mit sîn selbes lîbe koufet hât und in alse zertlîchen erbûwen unde behüetet hât und iuch getriuwelîche geladen hât zuo sînen êwigen freuden, die er iu von anegenge der werlte bereitet hât. Daz wir alsô im des hie gedanken, daz wir an dem jungesten sîne erwelten heizen müezen, zuo den er dô sprichet: ‘kumet her zuo mir’ etc.

ewigen Höllenpein abkehrt hin zu der ewigen Glückseligkeit und daß ihr ihm damit für all die Liebe dankt, die er euch erwiesen hat: also, daß er die heilige Christenheit, den Acker, mit seinem eigenen Leben gekauft, ihn so liebevoll bebaut und behütet und euch schließlich auch wirklich in die ewige Glückseligkeit berufen hat, die er euch seit Anbeginn der Welt zugedacht hat. Dafür wollen wir ihm hier danken, auf daß wir am Jüngsten Tag zu seinen Auserwählten zählen, zu denen er sagt: »Kommt her zu mir ...« usw.[84]

Zu Text und Übersetzung

Bertholds deutsche Predigten sind in acht Haupthandschriften sowie in achtzehn bis zwanzig Handschriften einzelner Predigten überliefert; hinzu kommen noch Einzelstücke. Dem ersten Band der Ausgabe Pfeiffers von 1862 liegt die Heidelberger Hs. A (Universitätsbibliothek, Heidelberg, Cod. Pal. germ. 24) zugrunde; erst in Strobls textkritischem Apparat im zweiten Band wird auch die weitere damals bekannte Überlieferung berücksichtigt, vor allem die Brüsseler Hs. a (Bibliothèque Royale Albert Ier, Brüssel, Cod. 11083/84).

Die Hs. A ist nach einem Schreibereintrag im Jahre 1370 im Auftrag der Pfalzgräfin Elisabeth, Gemahlin Ruprechts I., Pfalzgraf bei Rhein und Gründer der Universität Heidelberg, geschrieben worden. Der Schreiber ist nicht sicher nachzuweisen

Die Brüsseler Hs. a beginnt erst mit der neunzehnten Predigt (nach Pfeiffer), ist aber vollständig und auch ursprünglich nicht umfangreicher gewesen. Sie stammt vom Anfang des 15. Jahrhunderts; als Korrektor nennt sich am Ende ein Minorit mit dem Namen Wolfhart. In seinen zahlreichen interlinearen Textbelegen aus Bibel, Patristik, zeitgenössischer Philosophie und kanonischem Recht weist er sich als ein gebildeter Mann aus; vielleicht ist er mit einem Wiener Minoriten-Prediger Wolfhart identisch, dessen theologischer Streit mit einem Wiener Weltgeistlichen urkundlich bezeugt ist.

Die in dieses Bändchen aufgenommenen Predigten sind in zwei weiteren Handschriften überliefert, die Pfeiffer und Strobl noch nicht bekannt waren: in der Berner Hs. B (Burgerbibliothek, Bern, Cod. 746) aus dem Jahre 1436, geschrieben von Johannes Liephart vom Stein zu Nürnberg, und in der Harburger Hs. Ha (Fürstlich Öttingen-Wallerstein'sche Bibliothek, Schloß Harburg, Cod. III.1.f.36) aus dem Jahre 1460, geschrieben von Albert Künlin, Wirtschaftsverwalter auf der Burg Hohenburg im Landkreis Dillingen, wohl für den »Privatgebrauch einer adligen Dame« (Dieter Richter): Agnes von Werdenberg, deren Schwager 1455 Burg Hohenburg erwarb.

Der mittelhochdeutsche Text des vorliegenden Bändchens folgt der Ausgabe: Berthold von Regensburg, *Vollständige Ausgabe seiner Predigten*, mit Anmerkungen von Franz Pfeiffer, mit einem Vorwort von Kurt Ruh, Bd. 1, Berlin: de Gruyter, 1965 (reprogr.

Nachdr. der Ausg. Wien 1962), berücksichtigt aber auch Strobls Korrekturvorschläge in Bd. 2. (Zur Erleichterung für den Benutzer sind die Seitenzahlen von Pfeiffers Ausgabe dem Text in eckigen Klammern beigefügt worden.) Die Berechtigung zu diesem Verfahren ergibt sich nicht aus dem »hohen Rang der Publikation als solcher, sondern aus dem Mangel an Besserem« (Kurt Ruh). Es muß einer neuen Ausgabe der Predigten Bertholds vorbehalten bleiben, die neu gefundenen Handschriften und Bruchstücke bei der Textherstellung zu berücksichtigen, den gesamten Handschriftenbestand neu zu kollationieren und somit die Mängel von Pfeiffers Ausgabe zu korrigieren.

Die Übersetzung bemüht sich, den Zugang zum Textverständnis zu erleichtern und zur weiteren Lektüre des umfangreichen Predigt-Corpus anzuregen, das hier nur in ganz wenigen, wenn auch eindrucksvollen Beispielen vorgestellt werden kann. Eine repräsentative Auswahl von Predigten war angesichts des geringen Umfangs dieses Bändchens und angesichts der thematischen Vielfalt in Bertholds Predigten von vornherein ausgeschlossen. Mir schien es deshalb sinnvoller zu sein, nur einen, für Bertholds Wirkung allerdings überaus relevanten Aspekt seines Œuvres zu berücksichtigen: sein Bild von Gesellschaft, von Gemeinschaft und Solidarität der Stände untereinander, von Arbeit und Herrschaft, Betrug und Raffgier, Gleichheit und Ungleichheit. Zwar bleiben noch nicht einmal die hier ausgewählten Predigten (die 2., 10., 17. und 23. Predigt) auf diese Themen beschränkt, sondern verbinden sie mit den unterschiedlichsten Bereichen einer geistlichen wie weltlichen Laienunterweisung. Gemeinsam aber ist ihnen der Entwurf einer gesellschaftlichen Ethik, der den Autoren des 13./14. Jahrhunderts an Bertholds Predigten offensichtlich besonders wichtig war (vgl. Heinrich Frauenlob u. a.) und dem wohl gerade auch im Blick auf die franziskanische Armutsbewegung, die städtische Mission der Franziskaner und ihre Predigttätigkeit für die Mittel- und Unterschichten besondere Bedeutung zukommt.

Die Schwierigkeiten einer Übersetzung, die ihre Vorlage nicht nur in Wort-für-Wort-Entsprechungen wiederholen, sondern deren sprachliche, argumentative und kompositionelle Besonderheit nachvollziehen will, sind die gleichen, auf die jede Übersetzung aus dem Mittelhochdeutschen stößt: viele Worte lauten ähnlich wie im Neuhochdeutschen, weichen aber in ihrer Bedeutung erheblich vom Neuhochdeutschen ab, die syntaktische Struktur der Sätze ist offener als im Neuhochdeutschen, indem z. B. Anredeformen innerhalb der Satzkonstruktion wechseln, einzelne Satzglieder häufig mehrfach bezogen werden können, Satzbrüche die logisch-grammatische Struktur zerreißen etc. In der Übersetzung wird versucht, den Stil der Vorlage möglichst genau zu erhalten, sie zugleich aber auch durch Einschübe und Umschreibungen zugänglicher zu machen. Denn – so Berthold selbst über die Probleme einer Übersetzung aus dem Lateinischen –: *wir haben vil wort in der latîne, die wir in tiutsche niemer ûz künnen gelegen wan mit gar vil umberede: wir sîn in latînischer sprache gar rîche unde haben vil rede mit kurzen worten begriffen, dâ man in tiutscher sprâche vil muoz gereden.* (Pfeiffer, S. 520.)

Abkürzungen und Siglen

Afk	Archiv für Kulturgeschichte
Apg.	Die Apostelgeschichte
AT	Altes Testament
1. Chron.	Erstes Buch der Chronik
DPhiA	Deutsche Philologie im Aufriß
Ez.	Ezechiel (Hesekiel)
Gal.	Der Brief des Paulus an die Galater
Hld.	Das Hohelied Salomonis
Jak.	Der Brief des Jakobus
Jer.	Jeremia
Jes.	Jesaja
Joh.	Das Evangelium nach Johannes
1./2. Kön.	Erstes und zweites Buch der Könige
1./2. Kor.	Erster und zweiter Brief des Paulus an die Korinther
Lk.	Das Evangelium nach Lukas
Mk.	Das Evangelium nach Markus
Mt.	Das Evangelium nach Matthäus
MGH	Monumenta Germaniae Historica
1.–5. Mose	Erstes bis fünftes Buch Mose
NT	Neues Testament
Offb.	Die Offenbarung des Johannes
1./2. Petr.	Erster und zweiter Brief des Petrus
Pred.	Der Prediger
Ps.	Die Psalmen
RGG	Die Religion in Geschichte und Gegenwart. 3. Aufl.
Richt.	Das Buch der Richter
Röm.	Der Brief des Paulus an die Römer
1./2. Sam.	Erstes und zweites Buch Samuel
Sir.	Das Buch Jesus Sirach
Spr.	Die Sprüche Salomonis
VL	Die deutsche Literatur des Mittelalters. Verfasserlexikon. Begr. von Wolfgang Stammler, fortgef. von Karl Langosch.
WSB	Sitzungsberichte der Kaiserlichen Akademie der Wissenschaften in Wien
ZBLG	Zeitschrift für bayrische Landesgeschichte
Zef.	Zefanja
ZfdA	Zeitschrift für deutsches Altertum
ZfdPh	Zeitschrift für deutsche Philologie

Anmerkungen

Die Bibelzitate folgen der Zürcher Übersetzung (»Zürcher Bibel«).

Die zweite Predigt

1 Eine Predigt über das Gleichnis von den anvertrauten Talenten (Mt. 25,14–30, zit. ist Mt. 25,21); es steht auch am Anfang der achten Predigt *von der ûzsetzikeit*. (Vgl. Pfeiffer, S. 110.) Ein *phunt* entspricht dem neutestamentlichen Talent, einer Münzeinheit von hohem Wert, die allerdings ganz unterschiedlich berechnet wurde. Seit der Satzung Karls des Großen machen 240 Pfennige (*Denare*) ein Pfund; doch wird im Hoch- und Spätmittelalter aus der Gewichtsbezeichnung (ein Pfund feines Silber) eine Zahleinheit, die ebenfalls nicht genau festgelegt ist. Seit dem 11. Jh. tritt neben das Pfund noch eine kleinere, aus Skandinavien stammende Münzeinheit: die *marc* (218,3 g). (Vgl. dazu J. Kulischer, »Allgemeine Wirtschaftsgeschichte des Mittelalters und der Neuzeit«, Bd. 1, Darmstadt [4]1971 [reprogr. Nachdr. der 1. Aufl. München/Berlin 1928] S. 318 f.)

2 Heilige erhalten in der Regel das Attribut *guot*. Eine mögliche Erklärung gibt die siebente Predigt (Pfeiffer, S. 94): *unde der guote sant Michahêl der ist fürste über die selben engele, die unser dâ hüetent, unde dâ von hât er den namen der guote sant Michel.* – *guot* (›hilfreich, von Nutzen‹) sind die Heiligen also als Bewahrer vor der Gewalt des Teufels, als Schutzschild gegen Gefahr und Not.

3 Der hl. Alexius, Sohn eines römischen Adligen, verläßt am Hochzeitstag Elternhaus und Braut. Nach 17 Jahren kehrt er unerkannt nach Hause zurück, wo er bis zu seinem Tod unter der Treppe von Abfällen gelebt haben soll. Die Urform der Legende ist bereits im 5. Jh. in Syrien nachweisbar. – Alexius ist der Patron der Bettler und Pilger, sein Gedenktag ist der 17. Juli. Die Alexiuslegende zählt zu den beliebtesten Heiligenlegenden des Mittelalters; die bekannteste mittelhochdeutsche Fassung ist wohl die Konrads von Würzburg nach einer lateinischen Vorlage. – Alexius zählt heute nicht mehr zu den vierzehn Nothelfern.

4 D. h. wohl mit allen Rechten und Privilegien, die einem freien Römer, hier: einem *civis Romanus* der herrschenden Oligarchie, zukommen.

5 Die persönliche Freiheit (*libertas*) unterscheidet den Adel von allen niederen Ständen.

6 Die Lehre vom freien Willen (*liberum arbitrium*) ist seit der Patristik ein immer wieder erörtertes Thema katholischer Dogmatik. Im Mittelpunkt steht dabei das Verhältnis von freiem Willen und göttlicher Vorsehung. (Vgl. dazu E. Schott, in: RGG Bd. 6, Sp. 1719–25.)

7 So auch Jak. 2,22: »Da siehst du, daß der Glaube [nur] zusammen mit seinen Werken wirksam war und aus den Werken der Glaube [erst] vollendet wurde.« (Vgl. in der vorliegenden Ausgabe dazu die dreiundzwanzigste Predigt, Anm. 18.)

8 Berthold folgt der scholastischen Stände- und Ämterlehre; ausführlicher dazu in der vorliegenden Ausgabe die zehnte Predigt, Anm. 5. Zur Bewertung der Arbeit vgl. das Nachwort zur vorliegenden Ausgabe (S. 248 f. und Anm. 67) sowie zu ihrer Bedeutung in der zweiten Predigt I. von der Lühe / W. Röcke, »Ständekritische Predigt des Spätmittelalters am Beispiel Bertholds von Regensburg«, S. 53 ff.

9 Offb. 2,10: »Sei getreu bis in den Tod, und ich will dir die Krone des Lebens geben.«

10 Das *schappel* ist ein Kopfschmuck der Frauen: ursprünglich ein Kranz aus frischen Blumen, wird er im Hochmittelalter zum kunstvollen Geflecht aus Bändern, Borten, Pfauenfedern u. a., das Berthold wiederholt als Beweis weiblicher Putzsucht und Hoffart beklagt. (Vgl. dazu in der vorliegenden Ausgabe die dreiundzwanzigste Predigt, Anm. 59.) Zur Warnung vor Würfelmachern, Schappelnähern und Messerschmieden vgl. auch die fünfunddreißigste Predigt *Von vier dingen* mit ihrer Berufslehre: *Unde dâ von sült ir an der rehten arbeit funden werden, der bûman an sînem bûwe, der koufman an sînem koufe – der sol sich aber mit triuwen halten –, der hantwerkman an sînem hantwerke, der ritter an sîner ritterschaft, der geistliche mensche an sîner arbeit, die im unser herre geordent hât. Sô sint etelîche hantwerkliute die mit ir hantwerke niemer mügent behalten werden: die sint aller der werlte unnütze, unde dâ von wirt ir ouch niemer rât mit ir arbeit mitalle. Als dise würfeler und die dâ diu spitzigen mezzer slahent unde diu schapel machent unde die dâ armbrüste machent unde swaz sô getâner hantwerke sint, diu der werlte mêr schade sint danne guot.* (Pfeiffer, S. 562.)

11 Vgl. dazu 2. Kön. 19,35: »In derselben Nacht ging der Engel des Herrn aus und erschlug im Lager der Assyrer 185 000 Mann.« Weniger wahrscheinlich ist eine Anspielung auf 1. Kön. 12,21.

12 Dazu zählen Armbrüste, Bögen, Steinschleudern u. ä.

13 Vgl. dazu das »Augsburger Stadtrechtbuch«, das in Art. 10 *Welh reht der zolner haben sůle in der stat unde da ze den bruggen* den eigentlichen Zoll (*telonium*) und das *ungeld*, eine Steuer auf den Verkauf von Lebensmitteln (*indebitum*), nach den Ein- und Ausfuhren sowie nach den verschiedenen Zollplätzen an den Brücken der Stadt regelt: *§ 1. Swelch gast* [›auswärtiger Kaufmann‹] *sin gut hie in der stat verkauffet der sol ze phunt zolle gaeben vier phenninge nach genaden. § 2. Kaufent aber zwene geste mit einander ainen kauf an dem andern, aer můz ietwederre sinen phuntzol geben, vier phenninge von dem phůnde nah gnaden. § 3. Kaufet auch ain gast mit einem burger ainen kaufschatz gegen dem anderen, des hat der zolner gewalt ze naemenne den zol von dem gaste vom dem kaufe den er dahin git oder von dem den er an sinem kaufe nimet. § 4. Kumt auch ain gast in die stat unde git sinen kaufschatz umb beraite phenninge unde kaufet mit den phenningen ainen andern kaufschatz swelher hande der ist, so hat der zolner des gewalt daz er von im nimt den zol von dem kaufschatze den er dahin gaeben hat oder von dem den er da kaufet hat* [. . .]. (»Das Stadtrechtbuch von Augsburg, insbesondere das Stadtrecht vom Jahre 1276«, nach der Originalhandschrift zum ersten Male hrsg. und erl. von C. Meyer, Augsburg 1872, S. 24 f.)

14 Die möglichen Geldstrafen sind im »Augsburger Stadtrechtbuch« – entsprechend den einzelnen Delikten – genau festgelegt. Vgl. z. B. Art. 53: *Swaer einen meinneit swert, wirt der des bewaert selbe dritte als reht ist mit den die es gehoeret habent unde gesaehen, der hat die hant verlorn mit rehte, unde sol man im die uf dem stocke abeslahen, ez ensi danne als verre ob er den clager gestille unde dem vogte gebezzer. Diu bezzerunge ist also: ist er ein wirt, so sol er dem vogte zaehen phunt nah gnaden, ist er ein kneht, so sol er im funf phunt nah gnaden.* (»Stadtrechtbuch«, S. 123) – Die *buoze* (›Sühngeld‹) ist ein möglicher Schadenersatz für eine Reihe von Vergehen. Sie ist ausgeschlossen, wenn eine Verurteilung wegen Totschlags, Diebstahls, Raubes, Brandstiftung u. a. erfolgt ist (›landschädliche Leute‹, *damnosi homines*).

15 Die zitierte Stelle ist im NT nicht belegt. Wahrscheinlich bezieht sich Berthold auf Mt. 5,29: »Wenn dich aber dein rechtes Auge zur Sünde verführt, so reiß es aus und wirf es von dir; denn es ist besser für dich, daß eins deiner Glieder verlorengeht und nicht dein ganzer Leib in die Hölle geworfen wird.«

16 Vgl. Mt. 5,30: »Und wenn dich deine rechte Hand zur Sünde verführt, so haue sie ab und wirf sie von dir; denn es ist besser für dich, daß eins deiner Glieder verlorengeht und nicht dein ganzer Leib in die Hölle kommt.«

17 *wuocher* (›Wucher‹) bezeichnet den Geldverleih zu einem hohen Zinssatz, *fürkouf* (›Vorkauf‹) das Aufkaufen einer Ware zum Zwecke des Wiederverkaufs: Mittels einer Verknappung des Warenangebots können somit die Preise gesteuert, genau festgelegte Verkaufspraktiken der mittelalterlichen Städte (feste Preise, Produktion für den Bedarf etc.) umgangen werden zum ausschließlichen Nutzen des Verkäufers, zum Schaden der Käufer. Zum Vorkauf vgl. auch das »Augsburger Stadtrechtbuch«, Art. 58: *§ 1. Ist daz ein man uf einen kauf kumt unde darobe stat, swelher hande kaufschatz daz ist, die wile er in veilet, so sol in niemen caufen; gat aber ein anderr dar unde caufet in im uz der hant, der hat den furkauf begangen unde ist dem vogte schuldik eins phundes* [...]. – Besonders berücksichtigt wird der Aufkauf von Lebensmitteln, um sie später mit Gewinn zu verkaufen: *§ 3. Swaer gen dirre stat gat mit lipnar unde kauffet die lipnar iemen der sie anderstunt verkaufen wil innerhalp einer mile al umbe unde umbe die stat, der ist dem vogte schuldic funf schillinge. Swaz der lipnar die man da hie nennet in dise stat kumt, ez sin hůnr, aier, chaese, milhsmaltz unde rűbe unde obez unde oel* [...] *swaer daz furkaufet, der ez anderstunt verkaufen wil, wirt sin der uberreit* [›überführt‹], *der ist dem vogte schuldic funf schillinge* [...]. (»Stadtrechtbuch«, S. 130 f.)

18 Vgl. dazu das »Augsburger Stadtrechtbuch«, das nach den Bestimmungen für Bäcker auch *diu recht* zusammenstellt, *diu die burger unde diu stat gemeinlichen gen den fleishaeckeln haben sol.* Es heißt da: *§ 4. Ez sol auch chein fleismanger niemen chein phinnik fleisch* [›von Bandwürmern verseucht‹] *gaeben wan mit wizen, noh chein ander fleisch wan fur daz selbe als ez ist. Swaer daz brichet, der ist dem burggrafen der galtnusse schuldic als er dur reht sol. § 5. Ez sol auch niemen cheinen rindesbuch mit cheime stro underschieben* [›füllen‹], *weder gast noh burger. Swa man daz vindet mit der warheit, der ist dem burggrafen der buzze schuldic, unde sol ieme als groz unslides* [›Talg‹] *geben als des stroes was. Ez sol auch niemen cheinen chelberbuch noch cheinen lemberbuch noch chein chitzin erschieben, wande mit dem netze daz davon chomen ist, noh blasen, noh under der hute lan hangen. Swaer daz brichet, daz fleisch ist des burggrafen.*

§ 6. Sie suln auch von ostern unze phingsten chelber unde lember slahen, unde furst [sobald als] *die phingsten vergant, so suln si chein chalp mer slahen wan mit rate* [...]. (»Stadtrechtbuch«, S 200.)

19 Vgl. »Stadtrechtbuch«, Art. 124: *Welh reht der burcgrave hat, ob er unrehtiu mez oder unrehte metzen* [›kleineres Maß‹] *oder unrehtiu geloete* [›Gewichte‹] *vindet under den litgeben* [›Schenkwirten‹], *under den becken, under den fleischekeln oder under den fuetereren* [›Futtermeistern‹]: *§ 1. Swa aber er* [der Burggraf, W. R.] *vindet unrehte maetzen under den futerern oder anderiu unrehten maz under den huckern oder under den fueterern, da sol er der stat rihten unde im selben also daz er die metzen brennen sol unde von iedem man sine funf schillinge nemen;* [...]. *Vindet er auh unrehtiu geloete under den fleismangern oder under den huckern* [›Krämern‹], *swa er daz vindet daz sol man im buzzen mit funf schillingen unde dem vogte den valsch da er ist. Unde hat der burggrafe den gewalt daz er unrehtiu geloete suchen sol einest in dem manad, swenne er wil* [...]. (»Stadtrechtbuch«, S. 203.)

20 Der *gêr* ist ein keilförmiges Stück Stoff, das unten an ein Kleidungsstück zur Verzierung oder zur Erweiterung (z. B. als Tasche) eingesetzt wird. – Mittelalterliches Handwerk ist Kundenproduktion: Der Handwerker produziert entweder auf Bestellung (*Lohnwerk*), wobei er vom Kunden die Rohstoffe geliefert bekommt, die er bearbeiten soll, oder aber er produziert auf Vorrat zum Verkauf auf dem Markt (*Preiswerk*). Vgl. J. Kulischer, »Allgemeine Wirtschaftsgeschichte«, Bd. 1, S. 210.

21 Zum »Liebespatriarchalismus« (E. Troeltsch, »Soziallehren«, S. 311) in der scholastischen Soziallehre vgl. in der vorliegenden Ausgabe die zehnte Predigt, Anm. 5; zur biblischen Grundlage, der paulinischen Lehre von der Kirche als mystischem Leib Christi, vgl. W. Heinemann, »Zur Ständedidaxe in der deutschen Literatur des 13.–15. Jh.s«, Teil 1, in: »Beiträge« [Halle] 88 (1976) S. 3 ff. So heißt es in 1. Kor. 12,12 ff.: »Denn wie der Leib einer ist und viele Glieder hat, alle Glieder des Leibes aber, obgleich es viele sind, einen Leib bilden, so [ist es] auch [mit] Christus. Denn auch wir sind in einem Geist alle zu einem Leib getauft worden, ob Juden, ob Griechen, ob Sklaven, ob Freie, und sind alle mit einem Geist getränkt worden. Denn auch der Leib ist nicht ein Glied, sondern viele [...]. Nun aber hat Gott den Gliedern eine Bestimmung gegeben, einem jeden von ihnen am Leibe, wie er gewollt hat. Wenn aber

alle ein Glied wären, wo bliebe der Leib? Nun aber gibt es viele Glieder, doch [nur, W. R.] einen Leib. Das Auge kann aber nicht zur Hand sagen: Ich bedarf deiner nicht, oder wiederum der Kopf zu den Füßen: Ich bedarf euer nicht; sondern vielmehr die Glieder des Leibes, die die schwachen zu sein scheinen, sind notwendig, und die uns die weniger ehrbaren am Leib zu sein scheinen, die umgeben wir mit desto größerer Ehre [...]. Gott hat den Leib so zusammengefügt, daß er den im Nachteil befindlichen [Gliedern, W. R.] desto größere Ehre gab, damit keine Spaltung im Leib wäre, sondern die Glieder die gleiche Sorge füreinander tragen sollten. Und wenn ein Glied leidet, so leiden alle Glieder mit; wenn einem Glied Herrliches zuteil wird, so freuen sich alle Glieder mit.« Der theologischen Begründung von Gesellschaft als brüderlichem Miteinander korrespondiert eine anthropologische: daß es »der natürlichen Bestimmung [Sperrung von mir, W. R.] des Menschen entspricht, in Gesellschaft mit vielen zu leben« (Thomas von Aquin, »Über die Herrschaft der Fürsten«, übers. von F. Schreyvogel, Nachw. von U. Matz, Stuttgart 1971, Reclams Universal-Bibliothek 9326, S. 7), er deshalb aber auch zur arbeitsteiligen Produktionsweise, zur wechselseitigen Versorgung und Hilfe und – im Interesse des Gemeinwohls – zur Unterwerfung unter das Regiment eines Herrschers gezwungen ist: »So ist das gesellige Leben eine Notwendigkeit, damit der eine von dem andern unterstützt werde und verschiedene damit beschäftigt seien, durch ihren Verstand die verschiedenen Erkenntnisse zu finden, der eine in der Heilkunde, der andere auf diesem, der andere auf jenem Gebiete [...].« (Ebd., S. 6 f.)

22 Vgl. dazu die Begründung für den Handelsgewinn bei Thomas von Aquin in Anm. 24.

23 Zur Schwert- oder Ritterweihe vgl. J. Bumke, »Studien zum Ritterbegriff im 12. und 13. Jahrhundert«, Heidelberg 1964, S. 109: »Die Einführung von christlichen Gedanken hat die alte Wehrhaftmachung zur hochmittelalterlichen Schwertleite, zur ›Ritterweihe‹ gemacht. In den liturgischen Formelsammlungen aus Handschriften des 10. und besonders 11. Jh.s, zuerst aus Deutschland, später auch aus Frankreich und England, sind Texte für die *consecratio ensis*, für die *benedictio novi militis* erhalten, Unterlagen für die kirchliche Segnung von Schwertern und ihren Trägern. In einer weit verbreiteten Fassung wird der Segen für das Schwert des neuen Ritters erfleht, damit es Vertei-

digung und Schutz sei für Kirchen, Witwen und Waisen, für alle Diener Gottes gegen das Wüten der Heiden, und den Gegnern Angst und Schrecken einflöße.«

24 Anders als Berthold hebt Thomas von Aquin die verderblichen Wirkungen des Handels auf ein städtisches Gemeinwesen hervor, hält aber dennoch – wie Berthold – ihre Tätigkeit für unverzichtbar: »Es gibt nun zwei Wege, auf denen die Stadt über einen Überfluß an allen Dingen verfügen kann. Der eine, von dem wir schon sprachen, ist, daß eine Gegend durch ihre Fruchtbarkeit selbst alles reichlich hervorbringt, was die Notwendigkeit des menschlichen Lebens verlangt. Der zweite ist der Handel, durch den alle Lebensnotwendigkeiten von verschiedenen Orten an diesen Platz gebracht werden. Und es läßt sich in unbedingter Klarheit dartun, daß der erste Weg der zweckentsprechendere ist. Denn ein Ding ist um so mehr wert, je mehr es als autark befunden wird; was eines anderen bedarf, beweist eben darin einen eigenen Mangel. Diese Selbstgenügsamkeit aber wird eine Stadt, der die umliegende Gegend für ihre Lebensbedürfnisse genügend zu bieten vermag, in weit vollerem Maße besitzen, als jene, die es nötig hat, sich von andern auf dem Wege des Handels zu erhalten. Und die Stadt, die aus ihrem eigenen Gebiete Überfluß an allen Dingen hat, ist wertvoller als eine Stadt, die nur durch die Tätigkeit der Kaufleute in dieser Lage ist. Zudem scheint das auch eine größere Sicherheit zu bieten. Durch Zufälligkeiten der Kriege oder die verschiedenen Unsicherheiten der Verkehrswege kann es sich leicht ereignen, daß die Zufuhr der Lebensmittel unterbunden wird und die Stadt durch den Mangel daran zugrunde geht. Auch für das staatliche Leben bedeutet der erste Weg einen größeren Nutzen. Denn eine Stadt, die zu ihrem Lebensunterhalt eine Menge von Kaufleuten nötig hat, muß auch ein fortwährendes Zusammenleben mit Ausländern dulden. Der Verkehr mit Ausländern aber verdirbt zumeist den Charakter der Bürger; so ist es auch die Ansicht des Aristoteles, wie er sie in seiner »Politik« äußert. Da die Ausländer unter anderen Gesetzen und Gebräuchen aufgewachsen sind, muß es dazu kommen, daß sie in vielen Dingen anders handeln, als es der Sitte der Einheimischen entspricht. So gerät, da nun diese wieder durch das Beispiel zu ähnlichem Handeln veranlaßt werden, das staatliche Leben in arge Verwirrung. Sind andererseits wieder die Bürger selbst mit dem Handel beschäftigt, so ist einer ganzen Zahl von Lastern der Weg in die Stadt offen. Da das

Streben der Kaufleute sich vor allem auf den Gewinn richtet, wird durch den Betrieb des geschäftlichen Verkehrs die Begehrlichkeit in den Seelen der Bürger erweckt. Die nächste Folge daraus ist, daß im Staate alles käuflich wird, sich alles Vertrauen verliert und für jeden Betrug Platz ist, daß jeder in Verachtung des Gemeinwohls nur seinem persönlichen Vorteil folgt und jedes Bemühen um die Tugend schwindet, da die Ehre, sonst ihr allein als Lohn vorbehalten, nun allen dargeboten wird. In einer solchen Stadt muß das öffentliche Leben notwendig zugrunde gehen.« (Thomas von Aquin, »Über die Herrschaft der Fürsten«, S. 67 f.). Es folgt aber das Zugeständnis: »Dennoch dürfen die Kaufleute nicht gänzlich aus dem Staate ausgeschlossen werden. Es wird sich nicht leicht ein Ort finden lassen, der an allen Lebensnotwendigkeiten derart Überfluß hat, daß er nicht noch irgend etwas, das erst von anderswoher beschafft werden muß, benötigt. Ebenso würden sich alle Leute an dem, was am selben Orte im größten Überfluß vorhanden ist, einen schädlichen Vorrat aufhäufen, wenn es nicht durch die Tätigkeit des Kaufmannes an andere Plätze gebracht werden könnte. Eine vollkommene Stadt muß daher auch die Kaufleute verwenden – aber im richtigen Maß.« (Ebd., S. 69.) – Auch Thomas hält also den Handelsgewinn für statthaft, vorausgesetzt allerdings, er dient der Versorgung des Gemeinwesens, der Familie, der Armen, nicht der Vermehrung des Reichtums um seiner selbst willen: »Es ist die Aufgabe der Kaufleute, sich um den Austausch von Waren zu bemühen. Nun gibt es aber nach Aristoteles (Pol. I,5 f.) eine doppelte Art des Warentausches. Die eine ist gleichsam naturgemäß und notwendig, durch sie geschieht nur ein Tausch von Ware gegen Ware oder von Ware gegen Geld wegen dringender Lebensnotwendigkeiten. Ein solcher Austausch gehört eigentlich nicht zur Aufgabe der Kaufleute, sondern mehr zu der von Wirtschaftern und Staatsmännern, die für ein Haus oder für einen Staat die zum Leben notwendigen Dinge vorzusorgen haben. Eine andere Art umfaßt den Austausch von Geld gegen Geld oder irgendwelcher Waren gegen Geld, nicht zur Befriedigung der Lebensnotwendigkeiten, sondern um einen Gewinn zu erzielen, und dieser geschäftliche Verkehr scheint im eigensten Sinne die Aufgabe der Kaufleute zu sein, wie es auch Aristoteles (l. c.) darstellt. Die erste Art ist lobenswert, denn sie dient einem natürlichen Bedürfnis. Die zweite aber wird mit Recht getadelt, denn sie dient, an sich betrachtet, nur der

Gewinnsucht, die keine Grenzen kennt und ins Unendliche weiterdrängt. So hat das Handelsgeschäft, an sich in Erwägung gezogen, irgend etwas Schimpfliches an sich, da es in seinem eigenen Wesen keinen ehrenhaften oder notwendigen Zweck beschlossen trägt. Trotzdem beinhaltet der Gewinn, der der Zweck des Handelsgeschäftes ist, wenn er auch in seinem Wesen nichts Ehrenhaftes oder Notwendiges einschließt, doch auch nichts, das lasterhaft oder der Tugend entgegengesetzt wäre. Es besteht also kein Hindernis, daß sich ein Gewinn auf ein notwendiges oder auch ehrenhaftes Endziel bezieht und so der Handel erlaubt wird. Etwa wenn jemand einen mäßigen Gewinn, den er durch Handelsgeschäfte sucht, zur Erhaltung seines Hauswesens oder zur Unterstützung der Bedürftigen verwendet. Oder auch, wenn sich jemand zum Nutzen der Allgemeinheit dem Handel zuwendet, damit der Heimat nichts fehlt, was sie zum Leben notwendig hat, und den Gewinn nicht als letzten Zweck, sondern gleichsam als Entschädigung für seine Mühewaltung anstrebt.« (Thomas von Aquin, »Summa Theologica« II, II, qu. 77, zit. nach: Thomas von Aquin, »Ausgewählte Schriften zur Staats- und Wirtschaftslehre«, hrsg. von F. Schreyvogel, Jena 1923, S. 244 f.) Zur Begründung des Gewinns als Äquivalent für die aufgewandte Mühe und die im Handel entstandenen Kosten (*labor et expensae*) vgl. E. Schreiber, »Die volkswirtschaftlichen Anschauungen der Scholastik seit Thomas von Aquin«, Jena 1913, S. 75 ff.

25 Vgl. dazu die vierte Predigt *Von den siben Planêten Wan nû iu leien himelrîches alse nôt ist als uns pfaffen, dar umbe hât iu got zwei grôziu buoch gegeben, dâ ir an lernen unde lesen sullet alle die wîsheit der iu nôt ist unde die iuch in daz himelrîche wîsen sullen: daz ist der himel unde diu erde. Dar an sult ir lesen unde lernen allez daz iu nôt ist an lîbe und an sêle.* (Pfeiffer, S. 48.)

26 *Wan ich des willen hân daz ich iu hiute eine letze welle sagen, die sult ir an dem himel lesen, an siben sternen* [...]. *Ez stênt siben sternen an dem himel, dar an sult ir lesen unde tugende lernen, wan unser herre hât uns alliu dinc ze nutze und ouch ze guote geschaffen, einhalp zuo dem lîbe und anderhalp zuo der sêle, als ich ê sprach.* (Pfeiffer, S. 49 f.)

27 Vgl. dazu das Nachwort zur vorliegenden Ausgabe, S. 250 f.

28 Die Stelle ist in den alttestamentlichen prophetischen Büchern nicht belegt. Wohl aber dient das Schicksal Samarias, Sodoms und Gomorrhas immer wieder als Beispiel übergroßer Verfehlung gegen Gott, aber auch von Gottes Strafe; vgl. z. B. Eze-

chiels Klage über das treulose Jerusalem: »Deine größere Schwester ist Samaria mit ihren Töchtern, die zu deiner Linken wohnt, und deine kleinere Schwester, die zu deiner Rechten wohnt, ist Sodom mit ihren Töchtern. Bist du nicht auf ihren Wegen gewandelt und hast du nicht nach ihren Greueln getan? Wenig fehlte, so hättest du es ärger getrieben in all deinen Wegen als sie. Ja, so wahr ich lebe, spricht Gott der Herr, deine Schwester Sodom samt ihren Töchtern hat nicht getan, wie du getan hast samt deinen Töchtern! Siehe: das war die Schuld deiner Schwester Sodom: Pracht und Überfluß und sorglose Ruhe wurden ihr und ihren Töchtern zuteil, aber sie taten dem Elenden und Armen nicht Handreichung; sondern sie wurden übermütig und verübten Greuel vor mir. Da tilgte ich sie hinweg, wie du gesehen hast. Und Samaria hat nicht halb so viel gesündigt wie du. Ja, du hast viel mehr Greuel verübt als sie beide und hast so deine Schwestern gerecht erscheinen lassen durch alle die Greuel, die du verübt hast.« (Ez. 16,46–51; vgl. dazu auch noch Jer. 23,13–15.) – Zum Untergang der Städte Sodom und Gomorrha vgl. 1. Mose 19. Samaria wurde etwa vierzig Jahre nach der Reichsteilung in Juda und Israel als Hauptstadt des Nordreichs Israel gegründet; es entzog sich schon früh dem jüdischen Jahwekult und wurde ein Zentrum des heidnischen Baalkults. Den alttestamentlichen Propheten galt es deshalb als Beispiel für Unreinheit und Abfall von Gott.

29 Zur Kritik am Turnier als Zeichen für *superbia* (›Hoffart, Selbstüberhebung‹) vgl. auch Thomasin von Zerklaere, »Der Wälsche Gast«, hrsg. von H. Rückert, V. 3831–3854: das Turnier diene lediglich der Präsentation der eigenen Stärke, dem *ruom* und der *namen girescheit*, während doch

man sol tuon reht unde wol
ân schallen deist der rât mîn,
wan ez wirt wol ze himel schîn. (3708–3710)

Zur zeitgenössischen kirchlichen Polemik gegen das Turnier vgl. R. Harvey, »Moriz von Craûn and the chivalric world«, London 1961, S. 113–126.

30 *êhaftiu nôt* meint einen juristischen Vorbehalt, der ein Erscheinen vor Gericht erzwingt und damit von anderen Verpflichtungen entlastet.

31 Der Zehnt (*decima*) ist seit dem 6. Jh. die wichtigste Abgabe der Laien an die Kirche, die vor allem zum Unterhalt der Geistlichen bestimmt ist. Man unterscheidet ein *jus decimandi plenum* über

alle Erträge und ein *jus decimandi minus plenum* nur über bestimmte Früchte. Die Höhe von 10 % Abgaben wird selten erreicht, häufig gehen sie über 1 % des Ertrages nicht hinaus.

32 Der hl. Martin von Tours (316–397) muß trotz früher Neigung zur Weltflucht Soldat werden (vgl. die bekannte Schenkung seines halben Mantels an einen Bettler bei Amiens), erhält aber nach der Taufe den Abschied. Er gründet nach 360 das erste gallische Kloster und wird 371 Bischof von Tours.

33 Der hl. Nikolaus (4. Jh.) ist vielleicht Bischof von Myra gewesen und um 350 hingerichtet worden. Von ihm sind ausschließlich Legenden überliefert.

34 Ulrich von Augsburg (890–973): Bischof von Augsburg, der 955 die neubefestigte Stadt Augsburg gegen die Ungarn verteidigt; 993 wird er heilig gesprochen, der Ulrichstag ist der 4. Juli.

35 Vgl. Ez. 33,11: »Sprich zu ihnen: So wahr ich lebe, spricht Gott der Herr, ich habe nicht Wohlgefallen am Tode des Gottlosen, sondern daran, daß sich der Gottlose von seinem Wandel bekehre und am Leben bleibe.« (Vgl. dazu auch Ez. 18,21–29.)

36 König der Reiche Israel und Juda (um 1000–960 v. Chr.), die er in Personalunion regiert. Davids Macht wird im Mittelalter teleologisch gedeutet als Hinweis auf die Königsherrschaft Christi; als Heiliger ist er nicht anerkannt.

37 Konstantin I. der Große, römischer Kaiser (283–337). Er begünstigt das Christentum (vgl. das Toleranzedikt von Mailand 313) und bereitet damit seine Entwicklung zur Staatsreligion vor. Als Heiliger war und ist er nur in der orthodoxen Kirche anerkannt.

38 Heinrich II. der Heilige (973–1024) wird 1002 deutscher König und erlangt 1014 die Kaiserkrönung. 1146 wird er heiliggesprochen.

39 Karl der Große (742–814), König der Franken und 800 zum Römischen Kaiser gekrönt. In Frankreich, Deutschland und Italien knüpfen an Karls Person und Reich für Jahrhunderte alle Reichstraditionen an; er wird als Idealfigur des christlichen Herrschers verherrlicht und bald auch als Heiliger verehrt.

40 Der hl. Oswald (635–642), König von Northumbrien, dem nördlichsten der angelsächsischen Königreiche, ist einer der ersten christlichen Könige Englands; sein Kult ist seit dem 12. Jh. vor allem in den österreichischen und alemannischen Alpenländern verbreitet. Im Spätmittelalter erfährt er hier als einer der 14 Nothelfer besondere Verehrung, sein Gedenktag ist der 5. August.

41 Stephan I. der Heilige, König von Ungarn (997–1038), öffnet Ungarn dem Christentum und wird 1083 heiliggesprochen (Gedenktag: 2. September); seitdem gilt er als Schutzheiliger Ungarns.

42 Zur Forderung nach dem standesgemäßen Auskommen vgl. auch die thomistische Lehre vom gerechten Preis: zehnte Predigt, Anm. 29.

43 Gemeint ist wohl Julius Caesar (100–44 v. Chr.), der als Adoptivvater des Augustus der Ahnher des julisch-claudischen Kaiserhauses ist. – In den mittelalterlichen Rechtsquellen wird das Halten oder Aufbewahren von Diebesgut nach dem alten Rechtsgrundsatz verurteilt und bestraft: »Der Hehler ist so gut, wie der Stehler« (zit. nach: R. His, »Das Strafrecht des deutschen Mittelalters«, T. 1, Leipzig 1920, S. 164), doch besteht keine einheitliche Regelung: Neben der peinlichen Bestrafung als Dieb findet sich auch die mildere Strafe, doppelten Ersatz für das Diebesgut zu leisten, oder sonstige Geldstrafen. (Vgl. ebd., S. 164–167.)

44 Bereits das NT kennt ein ausgeprägtes Armutsideal: der Arme stehe Gott näher als der Reiche, der nur seinen Reichtum liebe und die Gebote der Nächstenliebe mißachte (vgl. Lk. 16,19–31; das Gleichnis vom reichen Mann und vom armen Lazarus). Besonders seit dem 11. und 12. Jh. gewinnt der Gedanke freiwilliger Armut in Deutschland, Frankreich und vor allem Italien an Bedeutung, bleibt er doch nicht mehr auf die Mönchsorden oder Reformklöster (Cluny, Gorze) beschränkt, sondern erfaßt auch immer mehr Laienkreise. Wanderprediger, wie Robert von Arbrissel, und dann vor allem die Ketzerbewegung der Albigenser, Katharer und Waldenser, wenden das Armutsgebot gegen die verderbte Kirche. Erst mit den Bettelorden, und hier vor allem den Franziskanern, gelingt es, Armutsideal und Kirchenkritik in die offizielle Kirchenorganisation und -lehre zu integrieren. Denn auch die Brüder aus dem Orden des Franz von Assisi (*Ordo fratrum minorum*) predigen – wie viele Ketzergruppen – ein Leben und eine Kirche nach dem Evangelium in Armut und christlicher Liebe und gleichen ihnen auch in ihrer Lebensweise: sie betreiben Wander- und Missionspredigt, sind also nicht mehr an ein Kloster gebunden, sondern öffnen sich in Form und Inhalt ihrer Predigt der Welt mit ihren sozialen Problemen (vgl. das Nachwort der vorliegenden Ausgabe, S. 254); sie führen – zumindest in den Anfängen des Ordens – ein »Leben ohne Eigen-

tum« und Gelderwerb und finden ihren Lebensunterhalt aus milden Gaben (Bettelarmut). Gleichwohl erhält schon Franz von Assisi selbst die päpstliche Anerkennung seines Ordens; der Ketzerbewegung kann nun wirksamer begegnet werden als vorher. – Zu Ketzerbewegung und Bettelorden vgl. H. Grundmann, »Religiöse Bewegungen im Mittelalter. Untersuchungen über die geschichtlichen Zusammenhänge zwischen der Ketzerei, den Bettelorden und der religiösen Frauenbewegung im 12. und 13. Jahrhundert und über die geschichtlichen Grundlagen der deutschen Mystik«, Darmstadt 1970 (reprogr. Nachdr. der Ausg. Berlin 1935).

45 Vgl. dazu die neutestamentliche Erzählung vom Lohn der Jünger (Mt. 19,27; Mk. 10,28; Lk. 18,28). Nur Matthäus läßt Petrus nach dem Lohn fragen. »Da begann Petrus und sagte zu ihm: Siehe, wir haben alles verlassen und sind dir nachgefolgt; was wird uns also zuteil werden?«

46 Vgl. dazu die Erzählung von der Berufung der ersten Jünger (Mt. 4,20–22): Petrus und Andreas verlassen ihre Netze, Jakobus und Johannes ihren Kahn.

47 »Der Herr hat's gegeben, der Herr hat's genommen, der Name des Herrn sei gelobt.« (Ijob 1,21 b.)

48 Die Stelle ist im Johannes-Evangelium nicht belegt. Denkbar wäre ein Hinweis auf die Bildrede vom Brot des Lebens: »Ich bin das Brot des Lebens; wer zu mir kommt, wird nicht hungern [. . .].« (Joh. 6,35), wahrscheinlicher aber auf die Speisung der Fünftausend, allerdings nach der Matthäus-Überlieferung; im Johannes-Evangelium (Joh. 6,1–19) fehlt die entsprechende Aufforderung Jesu: »Doch Jesus sprach zu ihnen [seinen Jüngern, W. R.]: Sie [die fünftausend hungrigen Menschen, die ihm in die Wüste gefolgt sind, W. R.] brauchen nicht fortzugehen. Gebet ihr ihnen zu essen!« (Mt. 14,16.)

49 Auch das Pfandrecht ist im »Augsburger Stadtrechtbuch« (Art. 127) genau geregelt: *§ 1. Sint daz beslozeniu phant diu sol man aht tage gehalten unde sol si danne ienen* [dem Schuldner, W. R.] *ane bieten mit gerihte daz ers inr aht tagen loese. Tut er des niht, so mag er si mit des burggrafen urlaube wol verkauffen, ob der weibel seit daz ers in angeboten habe als vor geschrieben stat; unde sol si verkauffen ane gevaerde* [›betrügerische Absicht‹]. *Wirt im iht uber daz sol er ienem wider geben, gebristet im iht da sol im der burggrafe mer phande umbe geben. Daz selbe reht ist auh ob man im antwurtet ros oder rinder oder*

swelher leie ezzendiu phant ez sint [...]. (»Stadtrechtbuch«, S. 209 f.)

50 Vgl. dazu Mt. 22,39.

51 Das neunte Gebot des Dekalogs (2. Mose 20,16): »Du sollst nicht falsch Zeugnis reden wider deinen Nächsten.«

52 Vgl. dazu die dreiundzwanzigste Predigt *Von drin mûren*: *Dû solt alse gerne dînem naehsten gunnen daz im wol geschehe als dir selben an allen dingen, mit dînem herzen unde mit dîner triuwe unde mit dînem willen unde mit dîner erbermede, daz dich erbarmen sol sîn jâmer unde sîn kumber, alse ob ez dir selber an laege*. (S. 148 der vorliegenden Ausgabe.)

53 Vgl. dazu Mt. 6,14 f.: »Denn wenn ihr den Menschen ihre Verfehlungen vergebt, wird euer himmlischer Vater euch auch vergeben. Wenn ihr aber den Menschen nicht vergebt, wird euer Vater eure Verfehlungen auch nicht vergeben.«

Die zehnte Predigt

1 Vgl. dazu Mt. 13,44: »Das Reich der Himmel ist gleich einem im Acker verborgenen Schatz, den ein Mensch fand und [wieder] verbarg. Und in seiner Freude geht er hin und verkauft alles, was er hat, und kauft jenen Acker.« Vgl. dazu die dreiundzwanzigste Predigt *Von drin mûren*. (S. 142 in der vorliegenden Ausgabe.)

2 Im NT ist das nicht belegt, wohl aber der Acker als Bild für das Himmelreich (»Das Reich der Himmel ist gleich einem Menschen, der guten Samen auf seinen Acker säte [...]«, Mt. 13,24) oder für die Welt (Mt. 13,38).

3 Vgl. dazu Joh. 3,16: »Denn so sehr hat Gott die Welt geliebt, daß er seinen einzigen Sohn gab, damit jeder, der an ihn glaubt, nicht verloren gehe, sondern ewiges Leben habe.«

4 Die hierarchische Stufung der himmlischen Chöre geht auf die »Areopagitica« des Pseudo-Dionysius zurück: Unter dem Namen des von Paulus bekehrten Dionysius Areopagita (Apg. 17,34) erscheint nach 533 die Schriftensammlung eines unbekannten Autors zur hierarchischen Ordnung des Himmels und der Christenheit, von der erhebliche Wirkungen auf die Himmels-, Kirchen- und Soziallehre der Scholastik ausgegangen sind.

5 Zur Geschichte und Gestaltung von Ständelehre und Ständedichtung in der lateinischen und deutschen Literatur des Mittelalters vgl. W. Heinemann, »Zur Ständedidaxe in der deutschen Litera-

tur des 13.–15. Jh.s, in: »Beiträge« [Halle] 88 (1967) S. 1–90; 89, 1967, S. 290–403; 92, 1970, S. 388–437; und ergänzend W. Conze, »Beruf«, in: »Geschichtliche Grundbegriffe. Historisches Lexikon zur politisch-sozialen Sprache in Deutschland«, Bd. 1, Stuttgart 1972, S. 490–507. – Nach früheren Ansätzen ist eine universale Ständelehre erstmals im 10. Jh. bei Rather von Verona zu finden. Sie zeichnet sich zum einen durch eine recht differenzierte Berufsethik der niederen Stände aus, zum anderen durch die Betonung des wechselseitigen Dienstes aller Stände füreinander. Damit verbunden ist eine Abwertung des geburtsständischen Privilegs der herrschenden Stände. – In der Scholastik des 12. und 13. Jh.s wird das in einer Fülle von Ständelehren fortgesetzt, z. B. bei Hugo von St. Viktor, John of Salisbury und Thomas von Aquin, von dem allerdings keine geschlossene Ständelehre, sondern nur verstreute Textstellen, so aus seiner »Summa contra gentiles« [›Summe gegen die Heiden‹] heranzuziehen sind. – Ständelehre ist hier Ämter- und Berufslehre (*ambet, officium*): Die Stände (*ordines*) werden – in hierarchischer Stufung – als Funktionsgemeinschaften gefaßt, die im wechselseitigen Dienst füreinander zum Erhalt des Ganzen, zum ›Gemeinwohl‹, beitragen. – Die scholastische Stände- und Berufslehre bleibt ambivalent: Behauptet sie einerseits die Gleichheit aller Menschen vor Gott, die deshalb auch in wechselseitiger Fürsorge einander dienen sollen, so andererseits auch ihre Ungleichheit: die hierarchische Abgrenzung der dienenden von den herrschenden Ständen; »[...] der Patriarchalismus wird zum Liebespatriarchalismus gemildert« (E. Troeltsch, »Gesammelte Schriften«, Bd. 1, »Die Soziallehren der christlichen Kirchen und Gruppen«, Tübingen ^{3}1923, S. 311). In der zeitgenössischen deutschen Literatur steht Bertholds zehnter Predigt mit ihrer differenzierten Stände- und Berufslehre das sogenannte »Buch der Rügen« am nächsten, die deutsche Bearbeitung einer lateinischen Predigtanweisung (*Sermones nulli parcentes*), die 1230 von einem unbekannten Dominikaner verfaßt worden ist. Auch der deutsche, vermutlich nordbayerische Bearbeiter (1276/77) ist unbekannt. (»Buch der Rügen«, hrsg. von T. von Karajan, in: ZfdA 2, 1842, S. 6–92.)

6 Als *Luzifer* (›Lichtträger‹) umschreibt das AT den Morgenstern. In der christlich-theologischen Tradition wird dann ein Spottlied auf den Sturz des Königs von Babel (Jes. 14,12: »Wie bist du vom Himmel gefallen, du strahlender Morgenstern«) mit Jesu

Teufelvision verbunden (vgl. Lk. 10,18: »Da sprach er zu ihnen: Ich sah den Satan wie einen Blitz vom Himmel fallen«), *Luzifer* wird daraufhin zum Namen des Teufels, des gefallenen Engels. Vgl. dazu E. Osterkamp, »Luzifer. Stationen eines Motivs«, Berlin 1979. Auch in der zeitgenössischen Erzählliteratur ist das Motiv sehr beliebt, vgl. z. B. in Rudolfs von Ems »Der guote Gêrhart« die Mahnung des alten Gêrhart an seinen Sohn, auf die Ehe mit der englischen Königstochter zu verzichten:

lâ ditz mit guotem willen sîn,
wan ez ist daz gotes gebot.
dô al der welde schepher got
geschuof nâch sînem werde
engel, himel und erde,
und von Lucifers hôchvart
der zehende kôr vervellet wart
von sîner ebenmâze nider,
dô wolte in got besetzen wider
mit menschlîchem künne.

(»Der guote Gêrhart« von Rudolf von Ems, hrsg. von J. A. Asher, Tübingen 1962, V. 4332–41.)

7 Sakramente sind Formen der Heilsoffenbarung in kultischen Handlungen, d. h. von Gott eingesetzte äußerliche Akte, aus denen die Teilnehmer übernatürliche Heilsgaben empfangen: Bereits Augustin unterscheidet dabei die äußere Handlung (*signum*) von der göttlichen Gnadenwirkung (*res*), beschränkt die Sakramente aber noch auf Taufe und Abendmahl. Erst im Mittelalter wird ihre Zahl erweitert, in der Hochscholastik bildet sich die Siebenzahl heraus (Hugo von St. Viktor, *De sacramentis christianae fidei*): Taufe, Firmung, Buße, Abendmahl, Ehe, Priesterweihe, letzte Ölung. Vgl. dazu Bertholds zwanzigste Predigt *Von den siben Heilikeiten*: *Nû wil ich iu die siben heilikeit hie nennen, wie sie heizent unde welhe kraft der almehtige got dran geleit hât, dâ mit er uns gesunt hât gemachet von dem êwigen tôde, ob ir selbe wellet.* (Pfeiffer, S. 295.) Und schließlich die ganz praktische Anweisung: *Nû wil ich iu die erzenîe alle siben nennen, wie sie heizent unde weliche krefte der almehtige an sie hât geleit, an ir iegelîche, unde wie man sie enpfâhen sol mit rehte, als ez iu got gesetzet hât. Und ir sult mir die krefte gar wol merken, als ich iu nû wider sage, wie man sie enpfâhen sülle, daz ich ez iht anderstunt sagen dürfe.* (Ebd., S. 297.)

8 *Krisem* (›Chrisma‹) ist das heiligste Salböl im katholischen Kult,

aus Olivenöl und Balsam gemischt, und wird bei der Taufe, bei der Firmung und bei Konsekrationen verwendet. Durch die Salbung mit dem Chrisma soll der Heilige Geist empfangen werden.

9 Vgl. Jer. 1,5: »Noch ehe ich dich bildete im Mutterleibe, habe ich dich erwählt; ehe du aus dem Schosse hervorgingst, habe ich dich geweiht: zum Propheten für die Völker habe ich dich bestimmt.« (Auch die Vulgata schreibt *propheta*, nicht *iudex*.)

10 Orden sind Klostergemeinschaften, deren Mitglieder sich mit feierlichen Gelübden zu jeweils unterschiedlichen Formen asketisch-geistlicher Praxis verpflichtet haben, jedoch nicht geweiht sind. Neben den Mönchsorden werden »Zweite Orden« (die weiblichen Zweige der Mönchsorden) und »Dritte Orden« (*Tertiarier*: losere Zusammenschlüsse von Laien zu frommen Zwekken) unterschieden. Vor allem dem weiblichen Orden (*Klarissen*) und dem Drittorden der Franziskaner gilt das Interesse des Augsburger Franziskanerkreises, in welchem Bertholds deutsche Predigten bearbeitet worden sind: Außer einer Reihe erbaulicher Schriften sind hier auch eine Klarissen- und eine Drittordenregel geschaffen worden. (Vgl. dazu das Nachwort, S. 239, 241.)

11 Nach neutestamentlicher Lehre wird der Himmel von Engeln bewohnt; sie bilden die »himmlischen Heerscharen« (vgl. Mk. 12,25; Lk. 2,13–15). .Die Anschauung vom Himmel als Aufenthaltsort der Toten ist unbiblisch.

12 *nôt* habe ich – in Analogie zum Folgesatz – konjiziert.

13 *Mali laici – mali religiosi:* sündig im Weltstand, sündig im Ordensstand.

14 Die *libertas*, d. h. die persönliche Freiheit, unterscheidet den Adel von allen niederen Ständen, doch kennzeichnet das Wort *liber* dann vor allem auch einen bestimmten Stand in der Hierarchie des Adels: Seit dem 11. Jh. findet sich unter dem Grafen der »Freiherr«, der häufig auch *liber* (›Freier‹) genannt wird. Weitere Bezeichnungen sind: Edelfreie, Freiadlige, Freiedle etc. Vermutlich wird dieser Stand von den Resten der selbständigen und freien Grundbesitzer getragen, die als Ritter leben können.

15 Als »Gotteskindschaft« wird im NT die personale Bindung zwischen Gott und Mensch bezeichnet (vgl. die Gebetsanrede »Unser Vater [. . .]« Mt. 6,9, dann vor allem die Warnung vor irdischen Sorgen, Mt. 6,25 ff.): Sie meint die voraussetzungslose Überantwortung des sündigen Menschen an den »Vater«, der ihm zu helfen und ihn zu schützen versteht.

16 Vgl. W. Holsten, »Antisemitismus«, in: RGG Bd. 1, Sp. 456–459; E. L. Dietrich, »Judentum II. Bis zur Neuzeit (135–1789)«, in: RGG Bd. 1, Sp. 986–994.

17 Es sind dies die üblichen Ermahnungen der Fürstendidaxe, wie sie in den Fürstenspiegeln des Mittelalters immer wieder zu finden sind. (Vgl. dazu W. Berges, »Die Fürstenspiegel im hohen und späten Mittelalter«, Stuttgart 1952.) – Thomas von Aquin stellt sie in den Mittelpunkt seines Traktats »Über die Herrschaft der Fürsten«, in welchem er »den Ursprung königlicher Herrschaft und alles, was mit dem Beruf des Königs verbunden ist« (»Prolog«, S. 3), darzustellen sucht: »Es wird von den Menschen jede Privatperson gelobt, und von Gott wird es als Verdienst angerechnet, wenn sie einem Darbenden hilft, wenn sie die Uneinigen versöhnt, wenn sie einen Unterdrückten der Hand eines Mächtigeren entreißt, und überhaupt, wenn sie irgend jemand auf irgendeine Weise mit Rat oder tätiger Unterstützung zu seinem Heile verhilft. Um wieviel mehr muß aber der von den Menschen gepriesen und von Gott belohnt werden, der es bewirkt, daß sich ein ganzes Land des Friedens freut, der jede Grausamkeit hintanhält, die Gerechtigkeit wahrt und durch seine Gesetze und Vorschriften bestimmt, wie die Menschen zu handeln haben.« (Thomas von Aquin, »Über die Herrschaft der Fürsten«, übers. von F. Schreyvogel, Nachw. von U. Matz, Stuttgart 1971, S. 37.)

18 Vgl. die dreiundzwanzigste Predigt *Von drin mûren*: *Sô getörste nieman deheinen unrehten gewalt tuon an goteshiusern, daz iezuo gar unmâzen vil geschiht, daz sich der herren gar vil verwirkent an goteshiusern, an symonie, an sacrilegie, an zehenden unde swaz eht der heiligen guot heizet: des hânt die herren alse gar vil an sich gezogen.* [. . .]. (Pfeiffer, S. 363 f.; vgl. dazu S. 158 der vorliegenden Ausgabe.)

19 Zur Berufslehre vgl. Anm. 5.

20 In dem Sinne kostbar, als alle Menschen durch Jesu Leiden und Sterben vor der ewigen Verdammnis gerettet worden sind.

21 Der Ministeriale (*dienstman*, *cliens ministerialis* u. a.) ist ein Funktionsträger von unfreiem Stand, der zu ehrenvollen Diensten (Kriegsdienst, Verwaltung) herangezogen und dafür entlohnt wird. Im 11. Jh. schließen sich die Ministerialen zu einem eigenen Stand zusammen und erhalten ein besonderes ›Dienstrecht‹ (*ius ministerialium*) sowie die Erblichkeit ihrer Lehen.

22 Nach Thomas von Aquin verbietet der Mangel einer Ware ihren

Verkauf: »An einer Sache, die verkauft wird, ist in dreifacher Hinsicht ein Mangel möglich. Erstens rücksichtlich ihrer Wesenheit. Wenn der Verkäufer diesen Fehler an der Sache, die er verkauft, erkennt, so begeht er bei ihrem Verkauf einen Betrug, und der Verlust ist unerlaubt. Das ist auch der Vorwurf, den der Prophet gegen gewisse Leute erhebt (Isaias [Jes.] 1,22): ›Dein Silber ist in Blei verschlechtert und dein Wein mit Wasser gemengt‹; denn was gemischt ist, hat in seinem Wesen einen Fehler. Ein anderer Fehler ergibt sich hinsichtlich der Größe, die durch das Maß erkannt wird. Wer also wissentlich falsches Maß anwendet, begeht einen Betrug und der Verkauf wird unerlaubt. Deshalb heißt es auch in der Schrift (Deuter. [5. Mose] 25,13): ›Du sollst in deinem Sack nicht verschiedenes Maß haben, ein größeres und ein kleineres, noch soll es in deinem Hause einen größeren Scheffel geben und einen kleineren . . .‹ Und später wird hinzugefügt: ›Der Herr verabscheut den, der so handelt und wendet sich ab von jeder Ungerechtigkeit‹. Der dritte Fehler schließlich ergibt sich aus der Qualität der Sache, wenn einer etwa ein krankes Tier für gesund verkauft. Wenn er das wissentlich getan hat, begeht er bei dem Verkauf einen Betrug und der Verkauf ist deshalb unerlaubt. In allen derartigen Fällen lädt jeder durch die Bewerkstelligung eines ungerechten Kaufes nicht nur eine Sünde auf sich, sondern er wird auch zur Wiedererstattung verpflichtet. Wenn aber der verkauften Sache einer der gesagten Mängel anhaftet, ohne daß der Verkäufer es weiß, so ist er wegen des Umstandes, daß er im materiellen Sinn Unrecht getan hat, von Sünde frei, und seine Handlung war nicht gegen die Gerechtigkeit. Trotzdem ist er, sobald der Sachverhalt zu seiner Kenntnis gelangt, gebunden, den Schaden wieder gutzumachen.« (Thomas von Aquin, »Summa Theologica« II, II, qu. 77; zit. nach: Thomas von Aquin, »Ausgewählte Schriften zur Staats- und Wirtschaftslehre«, hrsg. von F. Schreyvogel, Jena 1923, S. 235 f.) Diesen drei Formen des Betrugs rechnet Berthold offenbar noch die vierte hinzu, daß ein mangelhaftes Kleidungsstück über Wert bezahlt werden soll. (Vgl. dazu Anm. 29 über die thomistische Lehre vom gerechten Preis.)

23 Vgl. dazu das Augsburger Stadtrecht, das in Art. 14 *welh reht die burger hie zer stat unde ein ieglich antwaerk an sime antwaercke haben schůle als hernach geschrieben stat* in § 13 für die Hutmacher festlegt: *Ez sol auch kein hůter kainen hut wůrken wan der gar wullin si. Wil er aber anders iht wůrken, so er hůte wůrken*

wil, die suln halp wolle unde halp har sin, unde sol auch die dafur verkaufen. Swer anders iht wůrket unde man daz hinz im bringet, daz sol er bůzzen als umbe den valsch [...]. (»Stadtrechtbuch«, S. 42.)

24 Die Begriffe »Tagwerk« und »Stückwerk« bezeichnen unterschiedliche Entlohnungsformen: wird im »Tagwerk« der Lohn für den ganzen Arbeitstag pauschal entrichtet, so im »Stückwerk« für die Anzahl der erarbeiteten Produkte.

25 Zur Kritik an den Messerschmieden und Würfelmachern vgl. auch die ausführliche Polemik in der zweiten Predigt (S. 12ff. der vorliegenden Ausgabe).

26 Zum Lob des Handels vgl. die zweite Predigt (S. 26 der vorliegenden Ausgabe).

27 War der Schilling (ahd. *skilling*) noch im karolingischen Münzsystem die der kleinsten Rechnungseinheit, dem Pfennig oder Denar, übergeordnete Münzeinheit (12 Denare entsprachen 1 Schilling, 20 Schillinge waren 1 Pfund), so tritt im 13. Jh. an seine Stelle, unter dem Einfluß Venedigs, der Groschen. Dieser wiederum wird vor allem in Norddeutschland, aber auch in Franken und Schwaben »Schilling« genannt. (Vgl. J. Kulischer, »Allgemeine Wirtschaftsgeschichte«, Bd. 1, Darmstadt ^{4}1971 [reprogr. Nachdr. der 1. Aufl. München/Berlin 1928], S. 320.)

28 Die katholische Sündenlehre unterscheidet ›Todsünden‹ *(peccatum mortale)*, die den Verlust des Gnadenstandes nach sich ziehen (Kriterium: volle Erkenntnis und Einwilligung in das sündhafte Tun), ›läßliche Sünden‹, die – anders als die Todsünden – nicht zum Verlust der Gnade führen (Kriterium: keine Einsicht und Einwilligung in sündhaftes Tun) und schließlich vor allem die sieben ›Hauptsünden‹ (›Kapitallaster‹): Hoffart, Geiz, Unkeuschheit, Neid, Maßlosigkeit, Zorn, Trägheit. Sie werden in Bertholds Predigten immer wieder erwähnt, beschrieben, gegeißelt, so z. B. in der siebten Predigt *Von den engeln*: *Diu erste untugent heizet haz unde nit* [...]. *Diu ander untugent, der ir mit tugenden widerstên sult, daz ist zorn* [...]. (Pfeiffer, S. 100f.) Es folgen: *trâkheit an gotes dienste* (S. 102), *hôhvart* (S. 104), *unkiusche* (S. 105), *gîtikeit* (S. 106f.). Ähnlich in der sechsten Predigt *Von ruofenden sünden* (Pfeiffer, S. 81) u. ö.

29 Ebenso wie der Verkäufer (vgl. Anm. 22) macht sich nach Thomas von Aquin auch ein Käufer leicht des Betrugs schuldig: »Denn es ereignet sich manchmal, daß ein Verkäufer seine Ware für weniger wertvoll hält, als sie es mit Rücksicht auf ihr Wesen

tatsächlich ist, etwa wenn jemand Gold als Messing verkauft. In diesem Fall macht der Käufer, wenn er es erkennt, einen ungerechten Tausch und wird zur Wiedererstattung verhalten. Dieselbe Überlegung gilt auch bei einem Fehler rücksichtlich der Qualität und Größe.« (»Summa theologica« II,II,qu. 77; zit. nach: Schreyvogel, S. 236) Wie aber berechnet sich ein »gerechter Preis« (*iustum pretium*)? Er fußt auf einer »Gleichheit« zwischen Ware und Preis (*aequalitas rei ad rem*), die erreicht wird durch eine »Wiedervergeltung« (*contrapassio*) des Verlusts, den der Verkäufer durch den Verkauf erleidet: »Es ist durchaus Sünde, Betrug anzuwenden, damit jemandem etwas über seinen gerechten Preis verkauft wird. Denn da täuscht einer seinen Nächsten zu dessen Nachteil. Deshalb sagt auch Cicero (de Offic. 3): ›Bei den Kaufverträgen muß alle Lüge ferngehalten werden. Der Verkäufer soll sich keinen anstellen, der scheinbar überbietet, noch der Käufer einen, der niedrigere Angebote dagegen stellt.‹ Wenn wir also vom Betrug absehen, können wir vom Kauf und Verkauf in doppelter Hinsicht sprechen. Erstens an sich: demgemäß erscheint Kauf und Verkauf zum allgemeinen Nutzen, an dem jeder einzelne teil hat, eingeführt zu sein, da doch einer die Sache des anderen braucht und ebenso umgekehrt wie es auch aus Aristoteles (Pol. I,6) hervorgeht. Was aber zu allgemeinem Nutzen eingeführt wurde, darf den einen nicht mehr belasten als den andern und darum muß zwischen ihnen ein Abkommen nach sachlicher Gleichheit geschlossen werden. Die sachliche Bedeutung einer Ware, die in menschlichen Gebrauch gelangt, wird nach dem Preise bemessen, den man für sie gibt. Dazu ist, wie es bei Aristoteles (Ethic. Nic. V,5) heißt, ›das Geld erfunden worden‹. So wird, wenn der Preis die Höhe des tatsächlichen Wertes überschreitet oder umgekehrt, der Wert der Ware durch den Preis, die ausgleichende Gerechtigkeit verletzt. Und es ist an sich ungerecht und unerlaubt, eine Sache teurer zu verkaufen oder billiger einzukaufen, als sie eben wert ist.
In anderer Weise können wir aber von Kauf und Verkauf mit Rücksicht darauf sprechen, welcher Nutzen für den einen und welcher Schaden für den anderen daraus erwächst. Gesetzt den Fall, es hat jemand dringenden Bedarf an einer Sache und der andere hat Schaden, wenn er sie entbehren soll. In diesem Falle wird sich der gerechte Preis daraus ergeben, daß nicht nur auf die Sache, die verkauft wird, sondern auch auf den Schaden, den sich der Verkäufer durch den Kauf zuzieht, Bedacht genommen

wird. Und so wird es erlaubter Weise möglich sein, eine Sache teurer als sie an sich wert ist, zu verkaufen, wenn auch nicht für mehr, als sie für den Besitzer Wert hat. Wenn aber jemand aus der Sache eines anderen, die er erhalten hat, einen besonderen Nutzen zieht, der Verkäufer dagegen dadurch, daß er sie entbehrt, keinen Schaden erleidet, so darf er sie auch nicht teurer verkaufen. Denn der Nutzen, der dem anderen erwächst, ergibt sich nicht aus dem Verkaufe, sondern aus der besonderen Lage des Käufers. Niemand aber darf einem anderen verkaufen, was nicht selbst sein Eigentum ist, wenngleich er den Schaden, den er erleidet, wohl verkaufen könnte. Wer freilich aus dem Empfang einer Sache besonders gefördert wird, kann aus freien Stücken dem Verkäufer einen höheren Preis bieten. Das gehört gleichsam zu den Forderungen des Anstandes.« (»Summa theologica« II, II, qu. 77; zit. nach: Schreyvogel, S. 230 f.)

Die Wertgröße der Ware bemißt sich des weiteren nach:

- der geleisteten Arbeit und den investierten Kosten (*labor et expensae*),
- der Eignung des Produkts zur Befriedigung menschlicher Bedürfnisse, mithin seinem Gebrauchscharakter (*conditio*),
- seiner Häufigkeit oder Seltenheit,
- den unterschiedlichen Bedürfnissen (*indigentia*) und damit dem Wertunterschied zwischen den einzelnen Berufen.

(Ausführlicher dazu: E. Schreiber, »Die volkswirtschaftlichen Anschauungen der Scholastik seit Thomas von Aquin«, S. 18–45; und S. Hagenauer, »Das *justum pretium* bei Thomas von Aquino. Ein Beitrag zur Geschichte der objektiven Werttheorie«, Stuttgart 1931.)

30 Leib und Seele werden also nicht als verschiedene Substanzen gedacht, sondern bilden die Einheit des lebendigen Leibes: »Was der Seele geschieht, geschieht immer auch dem Leib und umgekehrt.« (F. Hartmann, in: RGG Bd. 4, Sp. 289), ein Schaden des Körpers ist zugleich ein Schaden der Seele, des Gnadenschatzes Gottes. – Zur Warnung vor dem Verkauf verdorbenen Fleisches vgl. die zweite Predigt, Anm. 18.

31 Die mittelalterliche Dorfgemeinschaft wird als genossenschaftlicher Verband, als Verband der »brüderlichen« Nachbarschaftshilfe (Max Weber) verstanden. Damit ist der einzelne in die Gesamtheit der »Genossen« einbezogen, erhält Schutz und Hilfe von ihr, ist aber auch gleichzeitig dazu aufgerufen, den gemeinsamen, nicht nur den individuellen Nutzen zu mehren

und drohenden Schaden von der Gemeinschaft abzuwenden. So geht es vor allem um ein geregeltes Miteinander, wo man sich nicht zu übervorteilen, sondern wechselseitig zu unterstützen sucht. »Nachbarschaft bedeutet praktisch, zumal bei unentwickelter Verkehrstechnik, Aufeinanderangewiesensein in der Not. Der Nachbar ist der typische Nothelfer, und ›Nachbarschaft‹ daher Trägerin der ›Brüderlichkeit‹ in einem freilich durchaus nüchternen und unpathetischen, vorwiegend wirtschaftlichen Sinn des Wortes.« (M. Weber, »Wirtschaft und Gesellschaft« Tübingen o. J. (vollst. Nachdr. der Ausg. von 1922), S. 198 f.; vgl. auch K. S. Bader, »Studien zur Rechtsgeschichte des mittelalterlichen Dorfes«, T. 2: »Dorfgenossenschaft und Dorfgemeinde«, Köln/Graz 1962, S. 267 ff.)

32 Kusin (d. i. Kuschi) wird im AT nur in genealogischen Reihen erwähnt (Jer. 36,14; Zef. 1,1). Achitoffel (d. i. Ahitophel) ist der Ratgeber König Davids, der zu Absalom überging und sich erhängte, als dieser seinem Rat nicht folgte (2. Sam. 16,15–17,23).

33 *dienst* (›servitium‹) meint die Frondienste und Naturallieferungen der hörigen und unfreien Bauern für ihren Herrn.

34 *er* habe ich konjiziert.

35 Seit dem 12./13. Jh. häufen sich die Quellenvermerke, daß Bauern sich den drückenden Lasten, aber auch der Willkür und Härte ihrer Grundherrn durch Flucht entzogen haben; sei es nun unter die Botmäßigkeit eines anderen Grund- oder eines Stadtherrn. Ausführlicher dazu J. Kulischer, »Allgemeine Wirtschaftsgeschichte«, Bd. 1, S. 126 ff.

36 Dementsprechend der alttestamentliche Bericht von der Spaltung Israels in ein von Jerobeam regiertes Nordreich und ein von Rehabeam – die Vulgata hat die Namensform »Roboam« – beherrschtes Südreich nach König Salomos Tod um 930 v. Chr. (1. Kön. 12,1–20). Vgl. dazu auch die Unterscheidung von Königsherrschaft und Tyrannis bei Thomas von Aquin: Diene die Herrschaft eines Königs dem Gemeinwohl und sei deshalb als beste denkbare Herrschaftsform anzusehen (vgl. Anm. 17), so führe tyrannische Herrschaft das Gemeinwesen ins Verderben. »Der Tyrann verachtet das Gemeinwohl und sucht seinen persönlichen Vorteil. Die Folge davon ist, daß er seine Untertanen in verschiedener Weise, je nachdem er verschiedenen Leidenschaften unterworfen ist, bedrückt, um sich in den Besitz irgendwelcher Güter zu setzen. Wer von der Leidenschaft der Habgier

besessen ist, wird den äußeren Besitz seiner Untertanen an sich zu reißen trachten. Darum sagt Salomo (Spr. 29,4): ›Ein gerechter König richtet sein Land auf, ein habgieriger wird es zerstören.‹ Wenn aber einer der Leidenschaft des Jähzorns unterliegt, so vergießt er für Nichtigkeiten Blut. So heißt es bei Hesekiel ([Ez.] 22,27): ›Ihre Fürsten leben wie Wölfe unter ihnen, die Beute erraffen, um Blut zu vergießen.‹ Diese Art der Herrschaft zu meiden, mahnt auch der Weise (Sir. 9,18): ›Halte dich fern von dem Manne, der die Macht hat zu töten‹; weil er ja – wäre zu ergänzen – nicht um die Gerechtigkeit zu vollstrecken, sondern aus Lust an der Willkür tötet, da er dazu die Macht hat. Da wird keine Sicherheit sein und alles ungewiß, wenn vom Recht abgewichen wird. Nichts kann sich festigen, was auf den Willen – um nicht zu sagen auf die Laune – des anderen gestellt ist.« (»Über die Herrschaft der Fürsten« [Anm. 17] S. 15.)

37 Wohl eine Anspielung auf Salomos Abgötterei (1. Kön. 11,1–13) und die verschiedenen Aufstände gegen ihn (1. Kön. 11,14–43).

38 Vgl. dazu die zweite Predigt (S. 18 ff. dieser Ausgabe).

39 Anselm von Canterbury (1033/4–1109) beschreibt den Abfall des Menschen von Gott am Sturz Luzifers in *De casu diaboli* (›Vom Sturz des Teufels‹): Der Sünder verweigert Gott den Gehorsam und verfällt damit der Begierlichkeit (*concupiscentia*) und dem tödlichen Mangel der ursprünglichen Freiheit und Gerechtigkeit (*rectitudo*) in Gott. Gegen die patristische Lehre allerdings, daß sich der in seiner Sünde verstrickte Mensch von dieser Erbsünde (*peccatum originale*) loskaufen könne, lehrt Anselm im Anschluß an Augustin – so vor allem in *Cur deus homo* – die stellvertretende Rechtfertigung und Erlösung durch Christi Tod am Kreuz: »Was also der Mensch leisten sollte, als Sünder aber nicht vermag, und also nur Gott vollbringen kann, hat der Gott-Mensch Jesus Christus für uns vollbracht.« (G. Binding, in: »Lexikon des Mittelalters«, Bd. 1, Sp. 685.) – Das Ende von Bertholds Zitat ist in Pfeiffers Ausgabe nicht gekennzeichnet; ich schlage aufgrund der Wiederholung im Folgesatz Z. 11 vor.

40 Vgl. Anm. 28.

41 Berthold zitiert noch einmal Mt. 13,44.

42 Die katholische Lehre von der Erbsünde fußt vor allem auf Augustin: Sünde ist Abwendung von Gott (*superbia*, ›Hoffart‹) und Beharren in böser Begierde (*concupiscentia*). Damit verdirbt der Mensch sein ursprünglich sündloses Sein; die Sünde wird zur beherrschenden Macht über ihn, der er nicht mehr entrinnen

kann (*non posse non peccare*). Adam verlor durch seinen Sündenfall den ursprünglichen Gnadenstand (*iustitia originalis*), in welchem er beim Guten hätte verharren können. An dieser Schuld nun, wie auch an der Strafe Adams, haben alle Menschen Anteil. Sie werden durch Zeugung und Geburt in seine Schuld und Strafe hineinversetzt und erben somit seine *concupiscentia* und Sterblichkeit. Zum Schaden des Leibes aufgrund der Sünde, der »Krankheit der Seele«, vgl. Anm. 30.

43 Michael, einer der Erzengel und Schutzengel Israels, wird im Mittelalter als Sieger über den Teufel gefeiert (vgl. Offb. 12,7 ff.) und gilt als Beschützer der Kirche (Michaelistag: 19. September).

44 Die zeitgenössische Polemik gegen das fahrende Volk (*varnde liute*), die nicht seßhaften Musikanten, Gaukler, Schausteller und alle anderen, *die guot für êre nement*, ist weit verbreitet; vgl. z. B. Thomasin von Zerklaere, »Der wälsche Gast«, hrsg. von H. Rückert, V. 3787–98:

dar umbe sol ein ieglîch man
der an reht gedenken kan
den armen übersehen niht.
swelhen ze geben geschiht
varnden liuten, daz si von in
liegen, die haben ouch den sin
daz si der armen niht vergezzen gar,
wan si von in sagent wâr.
doch ist ez alsô komen her,
daz wir durch êre geben mêr
dan durch got: dâ von geschiht
daz unser lop mac wern niht.

In aller Schärfe verurteilt werden sie von Klerus und Kirche: *mimi*, *histriones* und *joculatores* (›Komödianten‹, ›Schausteller‹ und ›Gaukler‹) gelten als Diener Satans, ihr Gewerbe als Todsünde. (Vgl. dazu: W. Salmen, »Der fahrende Musiker im europäischen Mittelalter«, Kassel 1960, S. 61–73 u. ö.)

45 Anspielung auf das Martyrium Jesu am Kreuz.

Die siebzehnte Predigt

1 Der Satz ist im NT so nicht belegt. Berthold denkt wohl an Lk. 22,29: »Und wie mir mein Vater ein Königreich bestimmt hat, bestimme ich für euch, daß ihr an meinem Tisch essen und trinken sollt in meinem Reich und auf Thronen sitzen, um die zwölf Stämme Israels zu richten.«

2 Die Mark wird im 12./13. Jh. noch nicht einheitlich berechnet: so unterscheidet man z. B. die sog. Gewichtsmark mit 215,5 g, die Kaufmannsmark mit etwa 200 g usw. (Vgl. J. Kulischer, »Allgemeine Wirtschaftsgeschichte des Mittelalters und der Neuzeit«, Bd. 1, Darmstadt [4]1971 [reprogr. Nachdr. der 1. Aufl. München/Berlin 1928], S. 318 f.)

3 Die »Hufe« (*mansus*) ist ein Stück Land von jeweils ganz unterschiedlicher Größe: Zählt sie im frühen Mittelalter noch etwa 30 Morgen, so ist sie im hohen Mittelalter in der Regel kleiner anzusetzen.

4 Als ›Mark‹ wird ein umfangreiches, außerhalb des Reichs in erobertem Land gelegenes Gebiet mit allen Nutzungs- und Herrschaftsrechten bezeichnet, die in der Regel von einem ›Markgrafen‹ ausgeübt werden.

5 Zum Attribut *guot* vgl. die Zweite Predigt, Anm. 2.

6 Zum folgenden vgl. die Vision des neuen Jerusalem in Offb. 21,10 ff.: »Und er [ein Engel, W. R.] entrückte mich im Geist auf einen großen und hohen Berg und zeigte mir die heilige Stadt Jerusalem, wie sie von Gott her aus dem Himmel herabkam im Besitz der Herrlichkeit Gottes. Sie hat eine große und hohe Mauer, sie hat zwölf Tore und auf den Toren zwölf Engel, und Namen [sind] angeschrieben, die die [Namen] der zwölf Stämme der Söhne Israels sind [. . .].«

7 Pred. 1,5: »Die Sonne geht auf, die Sonne geht unter und strebt zurück an ihren Ort, wo sie wiederum aufgeht.« (Vgl. dazu die »Vulgata latina«: *Orietur sol et occidit; et ad locum suum revertitur.*)

8 Die *ûzsetzikeit* (›Aussatz, Lepra‹, mhd. auch *miselsuht*) ist eine im Mittelalter durch die Kreuzzüge auch in Europa verbreitete Infektionskrankheit, die in bösartigen Geschwüren Hautpartien und Glieder zerstört.

9 Zum folgenden vgl. die Himmelslehre Thomas' von Aquin, der Berthold hier wohl folgt. Thomas kennt u. a. (vgl. dazu L. Schütz, »Thomas-Lexikon. Sammlung, Übersetzung und Erklärung der in sämtlichen Werken des h. Thomas von Aquin vorkommenden Kunstausdrücke und wissenschaftlichen Aussprüche«, Paderborn [2]1895, S. 93 f.) den *caelum corporeum* (›den materiellen Himmel‹), *quod legitur secunda die factum* (›von dem berichtet wird, daß er am zweiten Schöpfungstage erschaffen worden sei‹), dann den *caelum crystallinum*, der so genannt wird, *non quia sit de aqua congelata in modum crystalli* [. . .], *sed*

propter illius caeli soliditatem (›nicht weil er aus gefrorenem Wasser nach Art des Eises besteht [...], sondern wegen der Festigkeit dieses Himmels‹), schließlich den *caelum dicitur empyreum, id est igneum, non ab ardore, sed a splendore*, (›dieser Himmel wird nicht, weil er brennt, feurig genannt, sondern wegen seines Glanzes‹); es ist der höchste Himmel: *caelum empyreum dicitur esse caelum supremum* (›man sagt, daß der feurige Himmel der höchste sei‹).

10 *hêrschaft* meint Herrengewalt über Mensch und Gut auf dem eigenen Grund und Boden, sie meint aber auch die Besitzungen selbst, in denen diese Herrengewalt ausgeübt wird.

11 Die Stelle ist in der »Offenbarung« nicht belegt, doch denkt Berthold wohl an den Schluß des Johannesevangeliums: »Es gibt noch viel andres, was Jesus getan hat; und wenn eins nach dem andern aufgeschrieben würde, glaube ich, sogar die Welt könnte die Bücher nicht fassen, die geschrieben würden« (Joh. 21,25).

12 Berthold bedient sich zur Beschreibung der Art und Weise, wie die körperlichen Bedürfnisse befriedigt werden können, der Vorstellung vom Sonderfrieden für bestimmte Orte: An den Grenzen der Sonderfriedensbezirke, also des Hauses, des Dorfs, des Ackers, der Kirche usw., beginnt das Friedensgebot. Wer hier gewaltsam eindringt, wird als Friedensbrecher verfolgt.

13 J. Strobl (vgl. seine Anm. in Pfeiffer/Strobl zu der Stelle) vermutet zu Recht, daß hier wohl ein Satz fehlt, wie ihn der Parallelismus der Konstruktion fordert. Das *Homoioteleuton* (›der ähnliche Satzschluß‹) von *dorst* (die handschriftliche Fassung in Z. 22 in Hs. A) und *vrost* (Z. 24) wird den Schreiber zum Zeilensprung veranlaßt haben.

14 Vgl. Lk. 2,14.

15 Die Formel ist allein in der Ostergeschichte belegt (Lk. 24,36; Joh. 20,19), nicht jedoch in der Erzählung von Christi Himmelfahrt.

16 Nach mittelalterlicher Münzpraxis sind die üblichen Geldmetalle Silber und Gold.

17 Vgl. Anm. 12. Die Wendung »Zorn des Vaters« bezieht sich auf den zürnenden und rächenden Gott Jahwe des AT.

18 Vgl. dazu die zehnte Predigt, Anm. 28.

19 Vgl. 1. Mose 3.

20 Vgl. dazu die zehnte Predigt, Anm. 6.

21 Vgl. dazu die zehnte Predigt, Anm. 28

22 »Fleisch« meint hier – im Sinne des NT und vor allem der

paulinischen Briefe – den sündigen und vergänglichen Körper des Menschen (σάρξ) im Gegensatz zu Seele und Geist (πνεῦμα); so z. B. Röm. 8,13: »Denn wenn ihr nach dem Fleische lebt, müßt ihr sterben, wenn ihr aber durch den Geist die Taten des Leibes tötet, werdet ihr leben.«

23 Zur Einheit von Leib und Seele vgl. die zehnte Predigt, Anm. 30.

24 Berthold kommt in seinen Predigten immer wieder auf das Beispiel von den zwei Röcken zurück (Lk. 3,11), sei es, um die rechte Nächstenliebe zu erläutern, sei es, um falsche Gleichheitsforderungen abzuwehren. So stimmt z. B. die Parallele in der vierundzwanzigsten Predigt *Von dem hêren kriuze* weitgehend mit der siebzehnten Predigt überein: *Sô sult ir iuwern ebenkristen minnen alse iuch selben, daz ir im weder nît noch haz sult tragen und im günnet daz ir iu selben günnet, unde daz ir im vergünnet daz ir iu selben vergünnet. ›Owê, bruoder Berhtolt, des tuost dû doch selber niht. Dû hâst guoter röcke zwêne unde sitzet manigez hie daz niwan einen hât, und ist der selbe vil boese, unde gizzest dir vil genuoc, unde gizze ich vil übel.‹ Daz ist vil wâr. Ich hân zwêne röcke an, ich gibe aber dir des einen niht: ich wolte aber gar gerne daz dû einen semelîchen haetest* [. . .]. Und schließlich: *Unde solte ein ieglîcher dem andern geben, ob er mê haete danne der ander, sô würde nieman behalten; unde solte ieglîchez dem andern in die hant alsô ginen, ob ez mêr haete daz ez dar gaebe, wer arbeitte danne daz die werlt hine kaeme? Ich hân zwêne röcke, gaebe ich dir der einen, sô haete ich ze wênic. Dû solt im des wol günnen, waz er êren unde guotes mêr hât danne dû, von friunden oder swâ von ez in ist an kumen.* (Pfeiffer, S. 544.)
Denn (vgl. die zehnte Predigt, Anm. 5) bei aller Gleichheit der Menschen vor Gott werden sie auf Erden hierarchisch unterschieden. Einzig die Ketzer seien daran zu erkennen, daß sie die Gleichheit des Besitzes forderten: *swer dâ sprichet, swer zwêne röcke habe, der sulle durch got einen geben: swer des niht tuo sî êwiclîche verlorn. Pfî, unsaeliger ketzer! sô möhte halt nieman behalten werden, weder geistlîche noch werltlîche liute: jâ ist einem etewenne nôt, daz er den dritten dar zuo habe.* (Pfeiffer, S. 406; vgl. Anm. 29.)

25 Vgl. dazu Mt. 22,39.

26 Vgl. dazu die Höllenbeschreibung in der neunten Predigt *Von sehs mordaeren*: *Nû wie grôz diu martel waere, daz sich unde merkez. Als der dise stat anzunte unde diu alle samt ein hûs*

waere, sô waerez doch niht danne ein fiwer. Alsô ist ez ouch umbe dich, mensche. Ob dîn hût unde dîn hâr, dîniu ougen unde dîn munt unde houbet und aller dîn lîp, bein unde fleisch und alliu dîniu gelider und alle dîne âdern, daz daz allez samt ein durchsihtic fiwer waere, als ein îsen daz durchsmolzen unde durchglüewet ist; ich spriche noch mêr: als ob alliu disiu werlt niht mêr waere dan ein einigez fiwer von ertrîche unz an den himel, unde der mitten in dem fiure waere: alse wol dem waere, sô ist dem wol hundertstunt wirs, der in der helle ist; wan sant Augustîn sprichet, daz fiwer, daz wir hie ûf ertrîche haben, daz sî wider jenem fiure als ein gemâltez an eine want. (Pfeiffer, S. 127.)

27 Die scholastische Substanzmetaphysik geht, im Anschluß an Aristoteles und Plato, von einem unveränderlichen Wesenskern aller Dinge aus: ihrer *natura, substantia* o. ä. Auch im Wechsel unterschiedlicher Bestimmungen bleibt dieser Wesenskern unvergänglich und unveränderlich und prägt so die verschiedensten Erscheinungen. Wie Gott selbst ist deshalb auch der Seele in ihrer göttlichen *natura* die Sünde verhaßt.

28 Die Stelle ist im Jakobusbrief und auch sonst im NT nicht belegt. Berthold denkt vielleicht an Jak. 4,7: »So unterwerfet euch nun Gott; widerstehet aber dem Teufel, so wird er von euch fliehen.«

29 Immer wieder kommt Berthold auf die Ketzer zu sprechen: auf ihre Gefährlichkeit, ihre Überredungstechniken, ihre Merkmale und die Strafen, die ihnen drohen (vierte Predigt, Pfeiffer, S. 52f.; neunte Predigt, Pfeiffer, S. 130; zwanzigste Predigt, Pfeiffer, S. 295; siebenundzwanzigste Predigt, Pfeiffer, S. 436 u. ö.) Am ausführlichsten aber geht er auf sie in der fünfundzwanzigsten Predigt *Saelic sint die reines herzen sint* (Pfeiffer, S. 402–407) ein; sie ist die eigentliche Ketzerpredigt, worauf die neunte Predigt auch ausdrücklich verweist: *Unde dâ von in dem sermône: »saelic sint die armen, wan daz himelrîche ist ir«, dâ stêt wol, wie man ûf die ketzer reden sol, alle die rede, die man ûf die ketzer bedarf.* (Pfeiffer, S. 130.) – Auch hier steht im Mittelpunkt die Heimlichkeit der Ketzer: sie scheuten das Licht und hätten von daher auch ihren Namen. Bertholds Erklärung der Bezeichnung ›Ketzer‹ (wohl abzuleiten von dem griechischen Wort καθαροί (›die Reinen‹), des selbstgewählten Namens der ›Katharer‹-Bewegung in Südfrankreich) ist nicht wegen ihrer Wahrheit oder Unwahrheit von Interesse, sondern wegen des Musters einer Argumentationsweise, die nurmehr abwehrt,

denunziert und Ängste mobilisiert: *Er* [unser Herrgott, W. R.] *hiez in einen ketzer. Daz tet er dar umbe, daz er sich gar wol heimelîchen gemachen kan, swâ man in niht wol erkennet, als ouch diu katze: diu kan sich gar wol ouch zuolieben unde heimlîchen, und ist dehein sô getân kunder, daz heimelîch ist, daz sô schiere grôzen schaden habe getân, und aber aller meiste und aller schierste in dem sumere. Sô hüete sich alliu diu werlt vor den katzen. Sô gêt sie hin unde lecket eine kroten swâ sie die vindet under einem zûne oder swâ sie sie vindet, unz daz diu krote bluotet: sô wirt diu katze von dem eiter indurstic, unde swâ sie danne zuo dem wazzer kumt daz die liute ezzen oder trinken suln, daz trinket sie unde unreinet die liute alsô, daz etelîchem menschen dâ von widervert, daz ez ein halbez jâr siechet oder ein ganzez oder unze an sînen tôt oder den tôt dâ von gâhens nimt* [. . .]. (Pfeiffer, S. 402.) Schließlich: *Unde dâ von heizet er ein ketzer, daz sîn heimelicheit als schedelich ist als einer katzen, und alse vil schedelîcher. Diu katze verunreinet dir den lîp: sô verunreinet iu der ketzer sêle unde lîp, der deweders niemer mêr rât wirt.* (Pfeiffer, S. 403.) Zu den sieben Charakteristika der Ketzer vgl. S. 406, zur Ketzerbewegung des 12. und 13. Jh.s H. Grundmann, »Religiöse Bewegungen im Mittelalter. Untersuchungen über die geschichtlichen Zusammenhänge zwischen der Ketzerei, den Bettelorden und der religiösen Frauenbewegung im 12. und 13. Jahrhundert und über die geschichtlichen Grundlagen der deutschen Mystik«, Darmstadt[3] 1970 (reprogr. Nachdr. der 1. Aufl. Berlin 1935); und M. Erbstösser / E. Werner, »Ideologische Probleme des mittelalterlichen Plebejertums. Die freigeistige Häresie und ihre sozialen Wurzeln«, Berlin [Ost] 1960; zu Bertholds Kampf gegen die Ketzer: A. E. Schönbach, »Studien zur Geschichte der altdeutschen Predigt«, T. 3: »Das Wirken Bertholds von Regensburg gegen die Ketzer«, Wien 1904. Zur Bestrafung der Ketzer vgl. auch das »Augsburger Stadtrechtbuch« in Art. 36: *Unde ist daz ein chetzer wirt gevangen umbe ungelauben unde wirt den phaffen geantwurtet* [zum Nachweis der Ketzerei vor einem geistlichen Gericht, W. R.], *wirt der bewaert, den sol man dem vogte antwurten mit libe unde mit gute, unde sol der uber in rihten mit der hurt* [ihn verurteilen zum Tode auf dem Scheiterhaufen], *unde swaz gutes bi im begriffen wirt daz ist des vogtes.* (»Stadtrechtbuch«, S. 106 f.)

30 Vgl. dazu Mt. 12,31 f.: »Deshalb sage ich euch: Jede Sünde und Lästerung wird den Menschen vergeben werden, aber die Läste-

rung wider den Geist wird nicht vergeben werden. Und wer ein Wort wider den Sohn des Menschen redet, dem wird vergeben werden; wer aber eins wider den heiligen Geist redet, dem wird nicht vergeben werden weder in dieser noch in der zukünftigen Welt.«

31 Die Sonntage und die (im Mittelalter recht häufigen) kirchlichen Feiertage gelten als heilige Zeit, mit denen die profane Zeit unterbrochen wird. Zur Überwindung der »Zeit der Kirche« durch Geldhandel und Wucher vgl. das Nachwort, S. 250 f.

32 So auch in der zweiten Predigt, S. 30 dieser Ausgabe.

33 Vgl. die zweite Predigt, Anm. 28.

34 Diese Selbsttätigkeit, ja Unsichtbarkeit des Gewinns bei Wucher, Vorkauf und Kreditvergabe beklagt auch Freidank mit ähnlichen Worten. (Vgl. das Nachwort, Anm. 68.)

35 Das Geld- und Kreditgeschäft liegt in den mittelalterlichen Städten, aufgrund des kirchlichen Zins- und Wucherverbots, weitgehend in den Händen der Juden. (Vgl. dazu J. Kulischer, »Allgemeine Wirtschaftsgeschichte«, Bd. 1, S. 344 f., sowie S. 269 f.) Auch das »Augsburger Stadtrechtbuch« gibt darüber in Art. 19 *Welh reht die iuden han suln die hie zer stat sitzent* Auskunft: so über das Pfandrecht (§ 3 *Umbe beslozeniu phant diu man iuden setzet*), über Auseinandersetzungen zwischen Christen und Juden (§ 4), über einen angemessenen Zinsfuß (*§ 8. Ez sol auch kain iude von eime halben phunde phenninge mer naemen ze gesůche danne zer wochen zwen phenninge unde von saehzigen einen* [. . .]) und über die Pfandleihe (*§ 9. Fliust ein iude eime christen sin phant, mag er des phandes nicht wider gewinnen, so sol ez der iude dem cristen gelten nach sime eide.*). (»Stadtrechtbuch«, S. 54–56.)

36 Die Unersättlichkeit der *gîtigen liute* hat Berthold in einer Vielzahl seiner Predigten beklagt. Sie ist die schlimmste Form des Aussatzes (achte Predigt: Pfeiffer, S. 120), zählt zu den übelsten Lastern (siebente Predigt: Pfeiffer, S. 108), die Habgierigen rechnen unter die Mörder, deren Höllenstrafe durch nichts mehr gesühnt werden kann (neunte Predigt: Pfeiffer, S. 136 ff.) usw. Immer wieder geht es um den Gewinn, der trotz Untätigkeit erfolgt, und um seine Unerschöpflichkeit; im Bild von der Heuschrecke im Gras ist beides miteinander verbunden: *War an gelîchet der heuschrecke den gîtigen? Dâ lît der heuschrecke alle wege in dem tiefen grase, dâ grôziu rinder unde ros genuoc an haeten unde schoene unde veizt unde grôz würden, unde der*

heuschrecke ist gar ein kleinez würmelîn unde lît mitten in dem tiefen grase unde wirt doch niemer veizt. Alsô ist dem gîtigen. Swie vil der guotes hât in aller der werlte, sô dunket er sich dannoch arm: alse der heuschrecke, der dâ niemer veizt wil werden, alsô wil der gîtige niemer genuoc gewinnen. (Sechsundzwanzigste Predigt *Von den vier stricken*, Pfeiffer, S. 417; ausführlicher dazu das Nachwort S. 249 ff.).

37 Vgl. dazu die Erzählung von Evas und Adams Sündenfall: 1. Mose 3; 4. Das Bild von der Frau als Verführerin des Mannes zu Sünde und Haß gegen Gott ist einer der Topoi der kirchlichen Misogynie im Mittelalter: »Und das Weib sah, daß von dem Baume gut zu essen wäre und daß er lieblich anzusehen sei und begehrenswert, weil er klug machte, und sie nahm von seiner Frucht und aß und gab auch ihrem Manne neben ihr, und er aß. Da gingen den beiden die Augen auf, und sie wurden gewahr, daß sie nackt waren [...].« (1. Mose 3,6 f.) Vgl. dazu G. Becker / H. Brackert / S. Brauner / A. Tümmler, »Zum kulturellen Bild und zur realen Situation der Frau im Mittelalter und in der frühen Neuzeit«, in: G. Becker [u. a.], »Aus der Zeit der Verzweiflung. Zur Genese und Aktualität des Hexenbildes«, Frankfurt 1977, S. 14–23, sowie die ausführliche Bibliographie, ebd., S. 441–449.

38 Vgl. die alttestamentliche Erzählung von Simsons durch übermenschliche Stärke ermöglichten Heldentaten gegen die Philister und dem Verlust dieser Kraft: Seine betrügerische Geliebte Delila beraubt ihn seiner Haarpracht, nachdem er sich hatte hinreißen lassen, ihr anzuvertrauen, daß sein Haar das Geheimnis seiner Kraft sei. (Richt. 13 ff.)

39 Vgl. 1. Kön. 11,1–4: »Der König Salomo liebte viele ausländische Frauen neben der Tochter des Pharao: moabitische, ammonitische, edomitische, sidonische und hethitische, aus den Völkern, von denen der Herr den Israeliten gesagt hatte: Ihr sollt nicht mit ihnen verkehren, und sie sollen nicht mit euch verkehren; sonst verführen sie euch, ihren Göttern zu dienen. An diesen hing Salomo mit Liebe. Er hatte siebenhundert Hauptfrauen und dreihundert Nebenfrauen, und seine Frauen verführten ihn. Als Salomo alt war, verführten ihn seine Frauen, daß er anderen Göttern diente, und sein Herz gehörte nicht mehr so ungeteilt dem Herrn, seinem Gott, wie das Herz seines Vaters David.«

40 Denn – so schon der hl. Hieronymus in »Adversus Jovianum«

I,48, PL 23, Sp. 291 – *omnia mala ex mulieribus* (»Alles Böse kommt von den Frauen«); besonders an Simsons und Salomos Schicksal sieht man das immer wieder bestätigt, doch auch der kluge Aristoteles gilt als Opfer weiblicher Hinterlist (vgl. dazu u. a. H. von Hagen, Hrsg., »Gesamtabenteuer. 100 altdeutsche Erzählungen«, Bd. 1, Darmstadt 1961 [reprogr. Nachdr. der 1. Aufl. Stuttgart/Tübingen 1850], S. 22–35: »Aristoteles und Phyllis«); und auch David unterlag den Reizen einer Frau und fiel der Sünde anheim (2. Sam. 11); vgl. dazu das im Mittelalter außerordentlich populäre Gedicht des Alexander Neckam: *De vita monachorum* (in: T. Wright, Hrsg., »The Satirical poets and epigrammatists of the 12th century«, Bd. 2, London 1872, S. 188):

Nec docto Salomone quidem tu doctior esse,
Nec David sancto sanctior esse potes,
Si Loth, Samsonem, si David, si Salomonem
Femina dejecit, quis modo tutus erit?
Numquid nec hominem mulier de sede beata
Expulit, et nostrae mortis origo fuit?

(»Du kannst nicht klüger als der kluge Salomo / und nicht gottesfürchtiger als der gottesfürchtige David sein. / Wenn schon Lot, Simson, David und Salomo / von einer Frau ins Verderben gebracht wurden, wer wird dann noch sicher sein? / Hat nicht die Frau den Mann aus dem Stand der Seligen / gestoßen und war sie nicht der Ursprung unseres Todes?« – Übers. von W. R.)

41 Vgl. dazu die Stiftung von Brot und Wein beim Abendmahl (Mt. 26,27–29): »Und er nahm den Kelch, sprach das Dankgebet darüber, gab ihnen denselben und sagte: Trinket alle daraus. Denn das ist mein Blut des Bundes, das für viele vergossen wird zur Vergebung der Sünden. Ich sage euch aber: Ich werde von jetzt an von diesem Gewächs des Weinstocks nicht trinken bis zu jenem Tage, wo ich es mit euch neu trinken werde im Reiche meines Vaters.«

42 Stephanus ist der erste Märtyrer der urchristlichen Gemeinde in Jerusalem. Angeklagt vor dem jüdischen Hohen Rat, wird er schließlich gesteinigt. (Apg. 7,54 ff.)

43 Vgl. die zweite Predigt, Anm. 33.

44 Nach katholischer Lehre vierzehn Heilige, von denen in Notsituationen besondere Hilfe erwartet wird.

45 Vgl. dazu die zehnte Predigt.

46 »Was kein Auge gesehen und kein Ohr gehört hat und keinem

Menschen ins Herz emporgestiegen ist, was alles Gott denen bereitet hat, die ihn lieben« (1. Kor. 2,9).

47 »Und ein großes Zeichen erschien im Himmel, ein Weib, angetan mit der Sonne, und der Mond unter ihren Füßen, und auf ihrem Haupt ein Kranz von zwölf Sternen« (Offb. 12,1).

48 Berthold denkt wohl an Ps. 45,10, ein Preislied zur Hochzeit des Königs: »Königstöchter schreiten einher / in deinen Kleinodien / die Braut dir zur Rechten / in Gold von Ophir.« In typologischer Interpretation steht die Braut des alttestamentlichen Königspsalms für die Gottesmutter Maria.

49 Hld. 2,2: »Wie die Lilie unter den Dornen / so ist meine Freundin / unter den Mädchen.« Eine mariologische Interpretation des Hohenliedes findet sich schon bei dem Kirchenvater Ambrosius von Mailand (um 340–397), dann aber vor allem bei dem Benediktiner Rupert von Deutz (um 1070–1129); vgl. dazu F. Ohly, »Hoheliedstudien. Grundzüge einer Geschichte der Hoheliedauslegung des Abendlands bis um 1200«, Wiesbaden 1958, S. 125 ff.

50 Maria von Magdala, eine der ersten Anhängerinnen Jesu, die zusammen mit zwei anderen Frauen das leere Grab Jesu entdeckt (Mk. 16,1 ff.).

51 Eine der vierzehn Nothelfer und Märtyrerin aus Antiochia, die um 310 unter Diokletian enthauptet wird.

52 Eine der vierzehn Nothelfer und Märtyrerin aus Alexandria (um 310).

53 Vgl. Anm. 22.

Die dreiundzwanzigste Predigt

1 Der dreiundzwanzigsten Predigt liegt derselbe Predigttext zugrunde wie der zehnten Predigt (Mt. 13,44); auch die Anfangssätze beider Predigten zeigen weitgehende Übereinstimmungen.

2 Die jüdische Theologie gilt christlichem Denken als Gesetzestheologie, das AT vor allem als Verkündigung des Gesetzes Jahwes.

3 Vgl. dazu die zehnte Predigt, Anm. 2.

4 Zwölf Pfennige werden auf den Schilling, 240 Pfennige auf das Pfund gerechnet. Sie sind in der Regel aus einer Silberlegierung geprägt.

5 Die drei Erz- oder Stammväter des AT: Abraham, Isaak und Jakob.

6 Berthold denkt wohl an die Kreuzigungsszene, wie sie das Johannes-Evangelium überliefert: »Als sie [die Soldaten, W. R.] aber an Jesus kamen, zerschlugen sie ihm die Schenkel nicht, da sie sahen, daß er schon gestorben war, sondern einer der Soldaten stach ihn mit einer Lanze in die Seite, und alsbald kam Blut und Wasser heraus.« (Joh. 19,33–34.)

7 Vgl. die neutestamentliche Erzählung von der Frage eines gesetzeskundigen Pharisäers nach dem wichtigsten Gebot und Jesu Antwort: »›Meister, welches ist das größte Gebot im Gesetz?‹ Er aber sprach zu ihm: ›Du sollst den Herrn, deinen Gott, lieben mit deinem ganzen Herzen und mit deiner ganzen Seele und mit deinem ganzen Denken.‹ Dies ist das größte und erste Gebot. Das zweite ist ihm gleich: ›Du sollst deinen Nächsten lieben wie dich selbst.‹ An diesen zwei Geboten hängt das ganze Gesetz und die Propheten.« (Mt. 22,36–40.)

8 Zum Beispiel von den zwei Röcken und der Abwehr allgemeiner Gleichheit vgl. die siebzehnte Predigt, Anm. 24.

9 Eine Anspielung auf Forderungen der Ketzer; vgl. die siebzehnte Predigt, Anm. 24 und 29.

10 Hier (S. 148, Z. 8 ff.) folge ich Strobls Textkorrektur im Anschluß an beide Hss. A, a. Pfeiffers Textfassung dagegen lautet (S. 359, Z. 31 ff.): *Er hât im aber vil wol günnet, daz er mit gote unde rehte ein semelîchez herze gein gote haete gehabt an der rihtekeit.* Das Gebot rechter Nächstenliebe, dem Nächsten die Teilhabe an den eigenen Vorteilen zwar zu wünschen, die Entscheidung darüber aber Gott zu überlassen, geht damit verloren. – Der Quellenvermerk der Hs. a: *Am puch der chunig stet das gescrbn* ist falsch. Berthold bezieht sich offensichtlich auf die Thronfolgekämpfe zwischen Saul und David nach 1. Sam. 18–31, und hier besonders auf Davids Großmut gegen Saul in der Höhle bei Engedi (1. Sam. 24) und auf dem Hügel Hachila (1. Sam. 26): »Der Herr sei Richter zwischen mir und dir, und der Herr mag mich an dir rächen, aber meine Hand soll nicht wider dich sein« (1. Sam. 24,13); Saul dagegen verstößt gegen das Gebot des Herrn (z. B. mit dem Priestermord 1. Sam. 22,11 ff.).

11 Zu Kaiser Heinrich II. vgl. die zweite Predigt, Anm 38.

12 Zum hl. Oswald vgl. die zweite Predigt, Anm. 40.

13 Hier (S. 148, Z. 24 ff.) folge ich Strobls Textkorrektur im Anschluß an die Hs. a. Pfeiffers Textfassung dagegen lautet (S. 360, Z. 6–8): [. . .] *unde solt dich über in erbarmen an lîbe unde guote oder an friunden oder an êren. Dar umbe solt dû im niht haz*

noch nît tragen [. . .]. Ich habe die von Strobl notierte Textfassung der Hs. a. Pfeiffers Ausgabe angeglichen.

14 Vgl. dazu Mt. 7,12: »Alles nun, was ihr wollt, daß es euch die Menschen tun, das sollt auch ihr ihnen tun, denn darin besteht das Gesetz und die Propheten.«

15 Die *Stola* ist ein schärpenartiges Tuch, das zum priesterlichen Meßgewand gehört: diese Priesterbinde dient Berthold als Zeichen des geistlichen Amts und der geistlichen Gewalt. Vgl. dazu die Erzählung vom Bekenntnis des Petrus und der Übergabe der Binde- und Lösegewalt: »Aber auch ich [Jesus, W. R.] sage dir: Du bist Petrus, und auf diesen Felsen will ich meine Kirche bauen, und die Pforten des Totenreiches werden nicht fester sein als sie. Ich will dir die Schlüssel des Reiches der Himmel geben; und was du auf Erden binden wirst, das wird in den Himmeln gebunden sein, und was du auf Erden lösen wirst, das wird in den Himmeln gelöst sein.« (Mt. 16,18 f.)

16 Der »Kämmerer« (*camerarius*) versieht eines der vier alten Hofämter (Kämmerer, Mundschenk, Truchseß, Marschall). Er führt die Aufsicht über die königlichen Gemächer, über die königlichen Finanzen und den königlichen Schatz. Im Kontext von Bertholds Predigt heißt das: Petrus, der Kämmerer, wacht über die geistliche Ordnung der Christenheit durch Lehramt und Gericht, er wacht vor allem auch über den geistlichen Schatz, die Seele des Christen. Ihm – und in seiner Nachfolge dem Papst – kommt deshalb die höchste Lehrautorität der Kirche und die höchste geistliche Gerichtsgewalt zu. Der Papst wird so zum Stellvertreter Jesu auf Erden (*vicarius dei*), der in seinem Namen zu binden und zu lösen vermag.

17 Pfeiffer liest das *lern* der Leiths. A als *lêren*; ich schlage statt dessen *lernen* vor (vgl. Pfeiffer, S. 361, Z. 6 – in der vorliegenden Ausgabe S. 152, Z. 4 – : Hs. A *gelern*, Pfeiffer *gelernen*).

18 Vgl. dazu den wohl nicht direkt antipaulinischen, aber gegen eine mißverstandene Paulus-Rezeption gerichteten Jakobusbrief: »Was hilft es, meine Brüder, wenn jemand sagt, er habe Glauben, aber keine Werke hat. Kann etwa der Glaube ihn retten? [. . .] So ist auch der Glaube, wenn er nicht Werke hat, in sich selbst tot. Vielmehr soll man sagen: Du hast Glauben und ich habe Werke; zeige mir deinen Glauben ohne die Werke, und ich will dir aus meinen Werken den Glauben zeigen.« (Jak. 2,14; 17–18.) Vgl. dagegen Röm. 3,28: »So halten wir nun dafür, daß der Mensch durch den Glauben gerecht gesprochen werde, ohne Werke des Gesetzes.«

19 In der kirchlichen Hierarchie kommt den »Patriarchen« ein Rang zwischen Papst und Erzbischof zu, allerdings bleibt der Titel in der Westkirche auf den Patriarchen von Aquileja, später Venedig, beschränkt; dessen Rechtsstellung entspricht der eines Erzbischofs. Der Titel ist bis ins 5. Jh. vor allem in der Ostkirche üblich: so werden die Bischöfe von Konstantinopel, Alexandria, Antiochien und Jerusalem als »Patriarchen« bezeichnet.

20 Der »Erzpriester«, bzw. »Dekan« oder »Dechant«, ist dem Bischof nach-, der Pfarrgeistlichkeit vorgeordnet: Seine Aufgaben liegen vor allem in der geistlichen und administrativen Aufsicht über eine zu einem ›Dekanat‹ zusammengefaßte Gruppe von verschiedenen Pfarreien eines Bistums.

21 Als »Abt« wird der Vorsteher eines Klosters bezeichnet; in der kirchlichen Hierarchie folgt er auf den Bischof.

22 »Pröbste« sind mit den Verwaltungsaufgaben eines Kapitels, d. h. aller Geistlichen eines Stifts, eines Doms u. a., betraut. Finanz- und Vermögensfragen stehen dabei im Mittelpunkt.

23 Vgl. Anm. 20

24 Der *underpfarrer* (*vicarius, proparochus, vicepastor*) vertritt auf Zeit oder unbegrenzt eine Pfarrstelle.

25 Berthold denkt hier wohl an den Missionsbefehl Jesu vor seiner Himmelfahrt (Mk. 16,15 f.): »Gehet hin in alle Welt und prediget das Evangelium allen, die erschaffen sind! Wer gläubig geworden und getauft worden ist, wird gerettet werden; wer aber nicht gläubig geworden ist, wird verurteilt werden!«

26 Ich folge gegen Pfeiffers Vorschlag: *diu gewahsen liute*, der Hs. a; in der Leiths. A fehlt das Akkusativobjekt überhaupt.

27 Die Hs. A schreibt *vesten gerihtes*; vgl. zu der Stelle Strobls Anm. in Pfeiffer/Strobl.

28 Die Zweischwerterlehre zum Verhältnis päpstlicher und kaiserlicher Gewalt fußt auf Lk. 22, 38; der Papst besitzt – nach im Hochmittelalter vorherrschender kirchlicher Anschauung – das geistliche und das weltliche Schwert, d. h. die Gewalt über den geistlichen und den weltlichen Bereich; er sei es, der das weltliche Schwert dem Kaiser übertrage, in seinem Auftrag habe dieser es zu gebrauchen.

29 Der Pfalzgraf ist noch in karolingischer Zeit der Vertreter des Königs bei Gericht, später dient er vor allem zur Aufsicht über das Königsgut. Mit Ausnahme des ›Pfalzgrafen bei Rhein‹, der nach wie vor als Vertreter des Königs gilt, ist der Titel seit dem 13. Jh. verschwunden.

30 Die Bedeutung des vor allem in Thüringen belegten Titels ist nicht gesichert. Wahrscheinlich bezeichnet er einen Grafen, der seine Territorialherrschaft (›Landesherrschaft‹) zu behaupten und auszubauen vermag.

31 Der ›Markgraf‹ ist in karolingischer Zeit mit der Sicherung der Herrschaft in grenznahem oder erobertem Gebiet betraut. Daraus resultieren besondere Privilegien (z. B. der Markgrafenbann), die auch später erhalten bleiben.

32 Seit den Anfängen der Reichs- und Landfriedensbewegung Ende des 11. Jh.s erstreckt sich das Friedensgebot – außer auf andere Waffenlose – auch auf die Juden; vgl. dazu bereits jenen ›Reichslandfrieden‹, den erstmals im Reich Heinrich IV. erläßt: »Im Jahre der Fleischwerdung des Herrn 1103 setzte Kaiser Heinrich zu Mainz einen Frieden ein und bekräftigte ihn eigenhändig, und die Erzbischöfe und Bischöfe bekräftigten ihn eigenhändig. Der Sohn des Königs schwor und die Großen des ganzen Reiches, Herzöge, Markgrafen, Grafen und viele andere [...]. Sie schworen, sage ich, Friede den Kirchen, Geistlichen, Mönchen und Laien, Kaufleuten, Frauen [...] und Juden. Dies ist der Eid: Keiner soll in jemandes Haus feindlich eindringen noch es durch Brand verwüsten. Keiner soll jemanden um Geldes willen fangen noch verwunden noch schlagen oder töten [...].« (Zit. nach: K. Kroeschell, »Deutsche Rechtsgeschichte«, Bd. 1: »Bis 1250«, Hamburg 1972, S. 193; vgl. auch A. Borst, Hrsg., »Lebensformen im Mittelalter«, Frankfurt a. M. / Berlin 1973, S. 604–612.)

33 Der Antichrist ist die personifizierte Macht des Bösen und des Teufels, die im Endkampf der Welt von Christus überwunden und in die Hölle verbannt wird. Vor dem jüngsten Gericht bricht er noch einmal auf und wird endgültig vernichtet. Er wird als »feuerroter großer Drache« beschrieben, »der sieben Köpfe und zehn Hörner und auf seinen Köpfen sieben Kronen hatte. Und sein Schwanz zog den dritten Teil der Sterne des Himmels nach sich; und er warf sie auf die Erde.« (Offb. 12,3 f.) Berthold bezieht sich offensichtlich auf die Schlußphase der Vision, auf das Bild des neuen Jerusalem und die Stimme des siegreichen Christus: »Wer überwindet, wird dies ererben, und ich werde sein Gott sein, und er wird mein Sohn sein« (Offb. 21,7).

34 Der »Bann« meint zunächst die Banngewalt, vor allem des Königs, also sein Recht zu gebieten und verbieten, dann aber auch die Strafe, die bei Verletzungen der Banngewalt (wie z. B. Friedensbruch) droht. Die »Acht« macht den Geächteten fried-

los und rechtlos: Er gilt als vogelfrei und kann von jedermann getötet werden, ohne daß der Mörder dafür belangt werden kann. Wer einen Geächteten aufnimmt oder sonst unterstützt, verfällt selbst der Acht; sein Hab und Gut wird zerstört (vgl. Anm. 40). Zur Aufgabe der Ritter, vor Verbrechern, Feinden und Ketzern zu schützen, vgl. C. Erdmann, »Die Entstehung des Kreuzzugsgedankens«, Stuttgart 1935 (Nachdr. Darmstadt 1955); und J. Bumke, »Studien zum Ritterbegriff im 12. und 13. Jahrhundert«, Heidelberg 1964, S. 111 f.: »Die Forschungen von Carl Erdmann haben gezeigt, daß das Eindringen christlicher Gedanken in die altadlige Wehrhaftmachung gesehen werden muß im Zusammenhang mit der großen Reformbewegung des 11. Jahrhunderts, die als eine Reorganisation des Klosterlebens begann und von da aus nach allen Seiten ausgriff, nicht nur auf die kirchlichen Institutionen, sondern auch auf die weltlichen [...]. Zum ersten Mal wurde der Laienadel einbezogen in den großen Verteilungsplan christlicher Aufgaben in dieser Welt. Anknüpfend an das alte Herrenamt, Frieden und Recht zu bewahren, wurden ihm nun die spezifisch christlichen Tugenden auferlegt: für Witwen und Waisen einzutreten, für alle Armen und Unterdrückten, die Kirchen zu schützen und ihre Diener zu achten, und die Ketzer mit Feuer und Schwert zu bekämpfen.«

35 Die päpstliche Inquisition wird im Zuge der Ketzerverfolgung im 13. Jh. begründet und im Anschluß an den Kreuzzug gegen die Albigenser 1232 institutionalisiert. Damit einher geht in Deutschland die Verfolgung der sogenannten *Luziferaner* (›Teufelsanbeter‹), denen ein geheimes Bündnis mit dem Satan nachgesagt wird. »Mit der Etablierung der Inquisition steigerte sich die Vorstellung von der Allmacht des Satans ins Unermeßliche. Immer häufiger griff die Kirche ›gegenüber den vom Pfade der Orthodoxie abweichenden Lehren [...] auf den Teufel als den Urheber und Förderer dieser Gegnerschaft zurück.‹ Die blutigen Verfolgungen wurden damit begründet, daß jede Form von Häresie Abfall von Gott, Idolatrie und Teufelsnachfolge sei.« (C. Honegger, Hrsg., »Die Hexen der Neuzeit. Studien zur Sozialgeschichte eines kulturellen Deutungsmusters«, Frankfurt a. M. 1978, S. 43.) Das aber hat Konsequenzen für die Beurteilung der Zauberei: »Mit der Potenzierung der Macht Satans geriet allmählich auch die traditionelle Zauberei unter das Verdikt der Häresie. Konnte [dem Zauberer, W. R.] ein kriminelles Vergehen nachgewiesen werden, so gehörte dessen Ahndung

in den Zuständigkeitsbereich der weltlichen Jurisdiktion. Erst mit dem Anwachsen der Sektenbewegung wurden die Zauberer von der Priesterschaft in eine immer engere Beziehung zu den Ketzern gesetzt [...]. So rückten auch die Zauberer in den Zuständigkeitsbereich der Inquisition [...].« (Ebd., S. 44.) Vgl. dazu das »Augsburger Stadtrechtbuch«, Art. 39: *Man sol daz wizzen: swer mit zauber umbe gat, wirt er an der hantgetat* [auf frischer Tat] *begriefen, ist ez ein sogtan zauber, daz dem man an den lip gat, so sol man uber in rihten mit dem rade als umbe daz mort* [...]. *Vergit aber iemen dem andern daz im an den lip gat, er genaese oder staerbe, mag er oder sine friunt daz hinz im bringen selb sibende, so sol man uber in rihten als umbe daz mort mit dem rade.* (»Stadtrechtbuch«, S. 108 f.) Auch hier also werden Zauberei und Giftmischerei einander nahezu gleichgesetzt.

36 Beim ›Kirchenbann‹ werden der kleine Bann, der Ausschluß von den Sakramenten und allen Kirchenämtern, und der große Bann unterschieden: der Ausschluß vom Gottesdienst, von kirchlichen Begräbnisssen und anderen Formen der Kirchengemeinschaft. Seit 1220 zieht der Kirchenbann die Reichsacht (vgl. Anm. 34) nach sich.

37 Vgl. die zweite Predigt, Anm. 23.

38 Nach Apg. 8,9 ff. der Verkauf geistlicher Ämter und Würden.

39 Zum »Zehnten« vgl. die zweite Predigt, Anm. 31.

40 Mit Verhängung der Acht wird der somit Geächtetete für *êlos* (friedlos) und *rehtelôs* erklärt (vgl. Anm. 34). Vgl. das »Augsburger Stadtrechtbuch«, Art. 35: *§ 1.* [...]. *Unde ist daz ein aehter gat in der stat ez si tages oder nahtes, vellet man den an unde wert er sich, wundet man in oder sleht man in ze tode oder swaz man im tut, der hat des kaine galtnusse gen dem vogte noch gen niemen. Wolt aber den aehter iemen schaermen oder wern, der ist in den selben schulden da der aehter inne ist* [...]. *§ 3. Swelh burger den aehter huset oder hofet mit wizzen, furst daz* [sobald als] *er verboten wirt, wirt er des bewaert selb dritte als reht ist, daz er den aehter hat behalten der den totslac hat getan, der sol in der selben schulde sin gen dem clager unde gen dem vogte als der, der den totslac da hat getan* [...].« (»Stadtrechtbuch«, S. 102 f.)

41 Am »Pranger«, auch als ›Schandpfahl‹ oder ›Stäupsäule‹ bezeichnet, werden Verbrecher zur Schau gestellt und öffentlich mißhandelt.

42 Vgl. dazu die zweite Regel der fünfundzwanzigsten Predigt, an der man die Ketzer erkennen soll: *Daz ander ist: swer dâ sprichet,*

ez müge dehein rihter nieman ertoeten âne houbetsünde [ohne schuldig zu werden]. *Sê, unsaeliger ketzer, sô möhte nieman genesen, solte man schedelîche liute niht von der werlte nemen. Ir rihter, swen ir mir mit rehtem gerihte von der werlt nemet, ich gibe iu als wênic buoze drumbe alse iuwerm swerte.* (Pfeiffer, S. 406.) Auch das »Augsburger Stadtrechtbuch« droht für eine Reihe von Delikten peinliche Strafen an (*des vogtes gerihte*, S. 79): Totschlag (Art. 28, S. 79), Vergewaltigung (Art. 31, S. 88), Straßenraub (Art. 32, S. 90), Brandstiftung (Art. 39, S. 93), Diebstahl (Art. 34 ff.). In Art. 38 werden sie noch einmal zusammengefaßt: *Swer den totslac getut, den sol man haupten. Swer in der aehte ist, wirt uber den gerihtet, dem sol man auch daz haupt abeslahen. Uber swen umbe die diupheit gerihtet wirt den sol man henchen. Uber swen umbe daz mort gerihtet wirt den sol man radebraechen. Uber swen umbe die ketzerie gerihtet wirt den sol man brennen. Uber swen umbe die notnumpht* [Vergewaltigung] *gerihtet wirt den sol man laebendik begraben.* (»Stadtrechtbuch«, S. 108.)

43 Vgl. dazu die Regelung im »Augsburger Stadtrechtbuch«, Art. 27: *§ 1. Der hencker hat daz reht daz er sol rihten uber allez daz an den lip gat. § 2. Wirt ein man gevangen den man hauptet oder henchet, hauptet er den, swêr in danne bereit hat* [vor Gericht angeklagt hat] *der sol im gaeben ein swert daz funf schillinge waert si oder funf schillinge.* (»Stadtrechtbuch«, S. 70.)

44 Vgl. 5. Mose 16,18–20: »Richter und Amtleute sollst du dir bestellen in allen deinen Ortschaften, die der Herr, dein Gott, dir geben wird, mit jedem deiner Stämme, daß sie dem Volke Recht sprechen mit Gerechtigkeit. Du sollst das Recht nicht beugen, die Person nicht ansehen und nicht Bestechung annehmen; denn Bestechung macht die Augen der Weisen blind und verdreht die Sache dessen, der im Recht ist. Der Gerechtigkeit und nur der Gerechtigkeit sollst du nachjagen, auf daß du am Leben bleibest und das Land zu eigen bekommst, das der Herr, dein Gott, dir geben will.«

45 Ursprünglich die Bezeichnung für einen Stamm der Mongolen, später in Europa für eine Gruppe von Mongolen, die eine Zeitlang vom Wolgabecken und der Krim aus mit dem Staat der »Goldenen Horde« ganz Rußland beherrschten; heute ein Sammelname für die v. a. in der Sowjetunion lebenden türkisierten Mongolenvölker.

46 Vgl. 1. Mose 1,26: »Und Gott sprach: Lasset uns Menschen

machen nach unserm Bilde, uns ähnlich, die sollen herrschen über das Vieh und alles Wild des Feldes und über alles Kriechende, das auf der Erde sich regt. Und Gott schuf den Menschen nach seinem Bilde, nach dem Bilde Gottes schuf er ihn; als Mann und Weib schuf er sie.«

47 Vgl. dazu die zehnte Predigt, Anm. 43.

48 In der bildenden Kunst des Mittelalters wird der hl. Michael nicht nur als Anführer der himmlischen Heerscharen, sondern auch als Vollstrecker des Jüngsten Gerichts dargestellt; seine Attribute sind Schwert und Waage, auf der die Seelen gewogen werden: auf der sinkenden Schale die Erretteten, auf der aufsteigenden die Verdammten. Mhd. *wager* ist doppeldeutig: ›Waagemeister‹ und ›Helfer‹.

49 Das Buch Tobias zählt zu den apokryphen Schriften des AT; in die neueren Ausgaben der Bibel ist es nicht mehr aufgenommen worden. Es erzählt von der Reise des jungen Tobias, der – in Begleitung des Engels Raphael – seine Kusine Sara heiratet und glücklich nach Hause zurückkehrt. Von dieser Sara wird berichtet, daß sie bereits mit sieben Männern verheiratet gewesen sei, die aber alle von einem bösen Geist erschlagen worden seien (6,15). Der Engel Raphael bewahrt den jungen Tobias vor diesem Schicksal.

50 Vgl. Mt. 13,24–30.

51 Berthold verändert Jesu Deutung des Gleichnisses vom Unkraut unter dem Weizen (Mt. 13,36–43). Endet sie bei Matthäus mit der Gerichtsdrohung für die Sünder (vgl. Mt. 13,42: »Dort wird Heulen und Zähneknirschen sein«), so legt Berthold den Akzent auf das Miteinander von Guten und Bösen.

52 Vgl. 1. Mose 4,9: »Da sprach der Herr zu Kain: Wo ist dein Bruder Abel? Er sprach: Ich weiß nicht. Bin ich denn meines Bruders Hirte?«

53 Vgl. 1. Mose 21,1–21: Abraham vertreibt, nachdem seine Frau Sara ihren Sohn Isaak geboren hat, seine ägyptische Magd Hagar mit ihrem (und seinem) Sohn Ismael in die Wüste Beerseba. Dabei handelt es sich um eine aitiologische Sage von der Herkunft der Israeliten und der Ismaeliten: nordarabischen Stämmen, die nicht dem jüdischen Jahwe-Glauben folgen und im AT als Feinde Israels dargestellt werden (z. B. Richt. 8,24; Ps. 83,7). Im Kontext der Antithesenreihe steht Isaak für den Gehorsam, Ismael für den Ungehorsam gegen Gottes Gebot. (Vgl. dazu auch Paulus in Gal. 4,22 ff.)

54 1. Mose 25,29–34: Esau verkauft seinem Bruder Jakob sein Erstgeburtsrecht für ein Linsengericht.

55 Vgl. dazu 2. Kön. 5,15–27: Der Prophet Elisa heilt den Syrer Naeman vom Aussatz und verzichtet auf jegliche Belohnung. Sein Diener Gehasi jedoch verschafft sich von Naeman auf betrügerische Weise große Reichtümer und wird für seine Habgier nun seinerseits mit Aussatz bestraft.

56 Vgl. 1. Sam. 16 ff.: David, der Gesalbte Gottes, wird von Saul mit Hinterlist und Tücke verfolgt, er dagegen vertraut voll Demut auf Gottes Hilfe (so z. B. in seinem Kampf gegen den riesigen Philister Goliath: 1. Sam. 17).

57 Isebel, die heidnische Gattin König Ahabs von Israel, gilt Berthold als Beispiel weiblicher Hoffart, Kleiderpracht, Hurerei und Verbrechen (vgl. 1. Kön. 21,1–16; vgl. Anm. 60).

58 Die hl. Elisabeth (1207–31) ist zunächst die Gattin des Landgrafen Ludwig von Thüringen. Nach ihrer Vertreibung aus Thüringen wirkt sie in Marburg vor allem in der Krankenpflege und wird 1235 heiliggesprochen.

59 Gelbe Kleider gelten in mittelalterlichen Kleiderordnungen als Dirnenkleider; vgl. dazu L. C. Eisenbart, »Kleiderordnungen der deutschen Städte zwischen 1350 und 1700. Ein Beitrag zur Kulturgeschichte des deutschen Bürgertums«, Göttingen 1962, S. 89 ff.; und Bertholds achte Predigt *Von der ûzsetzikeit*: *Daz selbe sint die frouwen allermeist, die ez dâ sô noetlîchen machent mit dem hâre unde mit dem gebende unde mit den sleigern, die sie gilwent sam die jüdinne und als die ûf dem graben gênt und als pfeffinne: anders nieman sol gelwez gebende tragen. Ir frouwen, ir sult den mannen dehein gelwez gebende vor tragen, unde des sullent sie iu ouch niht hengen. Ich sage iu, wie sie her Salomôn heizet an der heiligen geschrift: er heizet sie schentelâ. Nû wizzet ir wol, swer ein biderber man ist der heizet der meier oder der schultheize oder wie er danne heizet; sô heizet sîn hûsvrouwe diu meierin oder diu schultheizin. Als danne diu frouwe den namen verdienet, daz sie heizet schentelâ von dem gelwen gebende, sô verliuset der man sînen namen, unde der man muoz nâch der frouwen heizen. Nû wie diu frouwe heizet schentelâ, sô heizet der man mit allem rehte schandolf. Nû seht, ir herren, wie gerne ir des gestaten müget, daz ir den namen gewinnet der dâ heizet schandolf.* (Pfeiffer, S. 114 f.) Auch hier folgt als Beispiel die Erzählung vom Schicksal der Königin Isebel.

60 Isebel (vgl. Anm. 57) verfällt immer mehr der Hurerei und Zauberei (2. Kön. 9,22), schminkt sich bei der Ankunft Jehus, des neuen Königs von Israel, der – nachdem er, wie sie weiß, schon ihren Sohn und ihren Enkel getötet hat – Naboths Tod an ihr rächen soll (2. Kön. 9,30), und wird schließlich doch zu Tode gestürzt. Damit erfüllt sich Elias Prophetie (1. Kön. 21,23): »Er [Jehu, W. R.] aber sprach: So erfüllt sich, was der Herr durch seinen Knecht Elia von Thisbe geredet hat, als er sprach: ›Auf dem Feld von Jesreel sollen die Hunde das Fleisch Isebels fressen, und wie Dünger auf dem Felde soll der Leichnam Isebels sein auf der Flur von Jesreel‹, so daß man nicht sagen kann: Dies ist Isebel.« (2. Kön. 9,36 f.)

61 Mt. 26,14–16: Judas Ischarioth werden für den Verrat Jesu 30 Silberstücke versprochen.

62 Apokryphe Namen der beiden neben Jesus gekreuzigten Verbrecher: »Einer der gehenkten Verbrecher aber lästerte ihn: Bist du nicht der Christus? Rette dich und uns. Der andere jedoch antwortete und sagte vorwurfsvoll zu ihm: Hast du [denn] auch gar keine Furcht vor Gott, da du doch dem gleichen Urteil verfallen bist? Und wir zwar gerechterweise, denn wir empfangen, was unsere Taten wert sind, dieser aber hat nichts Unrechtes getan. Und er sagte: Jesu, gedenke meiner, wenn du mit deiner Königsherrschaft kommst! Und er [Jesus, W. R.] sprach zu ihm: Wahrlich, ich sage dir: Heute wirst du mit mir im Paradiese sein.« (Lk. 23,39–43.)

63 Gemeint ist die sündlose Seele.

64 *schiltknehte* sind Soldaten von geringem Ansehen, die in eigener Formation zu Fuß kämpfen: nach Bewaffnung und Kampfweise wird zwischen den leicht bewaffneten *schiltknehten* (Bögen, Wurfwaffen) und den schwer bewaffneten Rittern unterschieden. Erst ab dem 13. Jh. bezeichnet der Begriff *schiltkneht* auch den Knappen, der für den Ritter Rüstung und Pferd besorgt.

65 Ich folge hier der Hs. a, Pfeiffer liest nach A: *möhte er daz einigez für bringen* [...].

66 Hohepriester und Rat der Juden lassen falsche Zeugen aussagen, um Jesus überführen zu können (Mt. 26,59–63), Pilatus jedoch findet keine Schuld an ihm (Mt. 27,23–26). Nach Lk. 23,34 vergibt Jesus seinen Mördern.

67 Das Rechtsinstitut der ›Vogtei‹ ist zunächst beschränkt auf den kirchlichen Bereich: Ein weltlicher Herr übt in Vertretung des geistlichen die Gerichtsgewalt aus und verwaltet das Kirchengut.

Seit dem 12. Jh. wird die Vogtei in der Regel vom Landesherrn ausgeübt: Er setzt Verwaltungsbeamte und Richter ein, die in Vertretung des Landesherrn die hohe Gerichtsbarkeit innehaben (Stadtvogt, Landvogt, Reichsvogt usw.).

68 Vgl. 2. Petr. 3,9: »Der Herr verzögert nicht die Verheissung, wie gewisse Leute es für eine Verzögerung halten, sondern er ist langmütig gegen Euch, indem er nicht will, daß jemand verlorengehe, sondern daß alle zur Buße gelangen.«

69 Zur bußfertigen Sünderin Maria Magdalena vgl. Lk. 7,37 ff., zur Erwähnung der beiden neben Jesus gekreuzigten Verbrecher Lk. 23,35–43 (vgl. Anm. 62).

70 Ps. 55,18: »Abends und morgens und mittags will ich klagen und seufzen, und er wird meine Stimme hören.« (Nach der Zählung der »Vulgata Latina« Ps. 54,18: *Vespere, et mane, et meridie, narrabo, et annuntiabo; Et exaudiet vocem meam.*)

71 Vgl. Lk. 22,44: »Und er geriet in angstvollen Kampf und betete noch anhaltender; und sein Schweiß wurde wie Blutstropfen, die auf die Erde fallen.«

72 Vgl. Mt. 26,55: »In jener Stunde sprach Jesus zu der Menge (der Soldaten): Wie gegen einen Räuber seid ihr ausgezogen mit Schwertern und Stöcken, um mich zu ergreifen.«

73 Vgl. Mt. 26,48 f.: der Verräterkuß des Judas.

74 Vgl. Mt. 27,30.

75 Berthold referiert hier nicht ganz korrekt; vgl. Mt. 27,29: »[Und sie, W. R.] flochten eine Krone aus Dornen, setzten sie ihm aufs Haupt und [gaben ihm, W. R.] ein Rohr in seine rechte Hand, warfen sich vor ihm auf die Knie [...].«

76 Gemeint ist der rote Krönungsmantel des Königs (vgl. Mt. 27,28).

77 A schreibt *Suzecliche und zertliche und suzecliche*, a dagegen *suzzlichen, minneclichen und zertlichen.* Strobl schlägt daher vor, das eine *suzecliche* der Hs. A durch *minnecliche* zu ersetzen.

78 Vgl. dazu Mt. 28,1–8.

79 Vgl. dazu Apg. 1,4–14.

80 Zu den Engelchören vgl. die zehnte Predigt (S. 56 ff. dieser Ausgabe).

81 Gemeint ist wohl Gregor von Nyssa (um 334 – um 394). Zu Z. 5: das *Dovon* der Hs. A habe ich nach der Hs. a emendiert.

82 Vgl. 1. Kor. 2,9: »Was kein Auge gesehen und kein Ohr gehört hat und keinem Menschen ins Herz emporgestiegen ist, was alles Gott denen bereitet hat, die ihn lieben.«

83 Vgl. die siebzehnte Predigt, Anm. 11.
84 Vgl. Mt. 25,34: »Dann wird der König [beim Endgericht, W. R.] denen zu seiner Rechten sagen: Kommet her, ihr Gesegneten meines Vaters, ererbet das Reich, das euch von Grundlegung der Welt an bereitet ist.«

Berthold von Regensburg: Leben und Werk

I

Berthold von Regensburg ist den Chronisten des Spätmittelalters kein Unbekannter. Seit der päpstliche Legat Philipp im Jahre 1246 die »Brüder Berthold und David aus dem Orden der Minderbrüder« mit einer Untersuchung über die Zustände im Frauenstift Niedermünster zu Regensburg betraute,[1] findet dieser Bruder Berthold immer wieder Erwähnung, wird er gerühmt wegen seiner Redekunst und wird seine überwältigende Wirkung auf seine Zuhörer bestaunt. Gleichwohl ist über seine Person und sein Leben nur wenig Gesichertes bekannt, weniger jedenfalls als die ausführlichen Berichte über seine Predigttätigkeit, unter anderem in den »Annalen« Hermanns von Niederaltaich[2], in Ottokars »Österreichischer Reimchronik«[3], in der Chronik des Franziskaners Johann von Winterthur zunächst erwarten lassen.[4] Gegen 1210 wird er, vielleicht in Regensburg, geboren sein, absolviert – möglicherweise in Magdeburg – ein theologisches Studium,[5] nimmt dann 1246 an der Visitation des Frauenklosters Niedermünster teil, beginnt aber bereits 1240 mit seiner Predigttätigkeit: *Und da man zalt 1240, da prediget pruder Perchtold von Regenspurg hie zu Augspurg.*[6] Seine ausgedehnten Predigtreisen führen ihn von Augsburg nach Niederbayern (Landshut, November 1253), nach Speyer (Januar 1255), an den Oberrhein (Kolmar 1255), in die Schweiz (Winterthur, Zug, Thun), in die Steiermark, wohl auch nach Frankreich und Ungarn; 1272 ist er nach übereinstimmender Auskunft der Chronisten gestorben.

Allerdings erschöpfen sich die Berichte von Bertholds Predigttätigkeit nicht in der nüchternen Mitteilung dieser wenigen biographischen Fakten. Vielmehr warten sie mit immer neuen Beweisen von der Kraft seiner Rede auf, berichten von Wundertaten während seiner Predigt und von der eingängigen Wirkung seines Wortes. In der Berthold-Forschung des 19. Jahrhunderts ist das wörtlich genommen worden. So sieht noch Franz Pfeiffer – entsprechend der Chronik-Überlieferung[7] – Bertholds »Wort einst in den hochdeutschen Landen wie eine Fackel leuchten«[8], und in einer Reihe von Dissertationen und Schulschriften wird »eine mächtige Persönlichkeit« beschworen, die »voll Freimuth, Kraft und Fülle des Wortes, ausgerüstet mit innigem starkem Gottesglauben, nicht gelehrt, doch voll tiefer Empfindung«[9], die Zuhörer zu fesseln vermag. Hier wird fortgesetzt, womit die spätmittelalterlichen Chronikberichte vom Wirken Bertholds bereits begannen: die »natürliche und volkstümliche Beredsamkeit« des »gewaltigsten deutschen Predigers des Mittelalters« auszumalen, »welcher nie das treffende Wort fehlt, sei es, daß sie in heiligem Zorn die Sünden der Vornehmen und Geringen straft und die Schrekken der Hölle malt, sei es, daß sie die Herrlichkeit der Tugend, die erbarmende Liebe Gottes und die Seligkeit des ewigen Lebens schildert [...].«[10] So reiße der Prediger seine Zuhörer mit sich fort, und »alte verhärtete und schändliche Sünder, die ihn hörten, standen, von der Macht seiner Worte überwältigt auf, bekannten offen ihre Sünden, entsagten ihrem bisherigen Leben, baten um Verzeihung und versprachen Busse und Besserung«.[11]

Die erstaunlichen Berichte in der Chronistik des 13. bis 16. Jahrhunderts scheinen diese Vorstellung von Bertholds Wirkung zu bestätigen. Immer wieder wird als Zeichen seiner »christlichen Beredsamkeit« erwähnt[12], daß 12 000, 40 000, 60 000, ja 100 000 und sogar 200 000 Zuhörer bei seinen Predigten anwesend gewesen seien und daß er – wie ihn auch seine einzige bildliche Darstellung, eine kolorierte Federzeichnung in einer Handschrift des 15. Jahrhunderts, zeigt – »lieber auf freiem Feld predigen wollte als in Kirchen«[13]; immer wieder berichten sie auch von der wunderbaren Wirkung seiner Predigten. Da hört ein Knecht, dem sein Herr den Besuch der Predigt untersagt hatte, Bertholds Stimme während der Feldarbeit auf einem 30 Meilen entfernten Acker.[14] Da sehen die Zuhörer plötzlich leuchtende Kronen über Bertholds Kopf erscheinen.[15] Da erhebt sich während einer Predigt eine Dirne, schwört ihrem alten Leben ab, wird von Berthold als Tochter angenommen und einem Anwesenden zur Frau gegeben; die Mitgift wird durch eine Kollekte erhoben, deren Höhe Berthold voraussagt.[16] Oder eine andere Dirne bricht während einer Predigt Bertholds »vom Pfeil seines Wortes durchbohrt«[17] tot zusammen, wird von Berthold wieder zum Leben erweckt und enthüllt ihren staunenden Zuhörern, daß in ihrer Todesstunde in aller Welt insgesamt 60 000 Menschen gestorben seien, von deren Seelen sie nur drei nicht habe ins Höllenfeuer wandern sehen.

Die Wahrheit solcher Berichte nun liegt wohl weniger in ihrer faktischen Richtigkeit[18] als in dem Bemühen, das Bild von dem großen Prediger in immer neuen Zügen, in immer weitergehenden Übersteigerungen und Wunderanekdoten auszumalen. Historische Erfahrung wird so zum Ausgangspunkt einer Legendenbildung, der historische Berthold aber verschwimmt immer mehr in der Vorstellung, die seine Chronisten von seiner Wirksamkeit zu erwecken suchen. Die historische Relevanz dieser Berichte liegt deshalb weniger darin, *was* sie übermitteln, als darin, *wie* sie es tun. Zwar gehen sie von der Überzeugung der Zeitgenossen aus, »daß nach Ansicht aller seiner Zuhörer von den Zeiten der Apostel bis auf unsere Tage in deutscher Sprache keiner so gepredigt habe wie er«[19], doch soll diese Überzeugung dann auch bestätigt werden. Im liebevollen Ausmalen von Bertholds Predigttätigkeit,[20] im Bericht von den »zahllosen wunderbaren Ereignissen während seiner Tätigkeit«[21] und in der geläufigen Überzeugung von seiner prophetischen Gabe[22] entsteht so eine Kunstfigur, welche das Bild vom historischen Berthold bis ins 19. Jahrhundert nachhaltig bestimmt hat. Nicht nur die ältere Berthold-Forschung legt davon ein beredtes Zeugnis ab, sondern auch das Maß volkstümlicher Erinnerung, das ihm zuteil wurde: So bleibt mit den Stätten seines einstigen Auftretens sein Name verbunden, wie im Fall der Berthold-Linde zu Glatz, und sein Grab in der Regensburger Franziskanerkirche wird noch Generationen später von weither besucht.[23]

Auch urkundlich bezeugte Berichte von Bertholds sozialer Wirksamkeit: daß er Streitereien habe schlichten[24] oder verstockte Sünder zur Rückgabe unrechtmäßig erworbenen Gutes habe bewegen können, sind von Bertholds »legendenhaft gewordener Geschichte«[25] bereits in einem Maße geprägt, daß es »schwer fallen [...] wird, den historischen Kern von der Einkleidung zu sondern«[26]. Vor allem die Rückgabe der Feste Wartenstein an das Kloster Pfäffers in Graubünden durch den Vogt des Klosters, einen Ritter Albrecht von Sax, feiert noch Franz Pfeiffer als »das erste, urkundlich beglaubigte, wichtige Zeugnis von der überwältigenden Kraft seiner [Bertholds, W. R.] Rede und deren tief und unmittelbar ins wirkliche Leben einschneidenden Wirkung«[27]: Berthold habe – so der »Liber aureus«, eine ehemals dem Kloster Pfäffers selbst gehörende Chronik – den Klostervogt mit einer Predigt über das unrechte Gut so sehr erschüttert, daß dieser »voll zutiefst empfundener Reue über das Unrecht, das er jenem Kloster so oft zugefügt hat«[28], dem Kloster die Feste Wartenstein zurückgegeben habe. Allerdings ist in dem urkundlich bezeugten Verkauf[29] der Feste Wartenstein von einer Anregung durch Berthold nicht die Rede.[30] Nicht die Wirksamkeit von Bertholds Predigtwort ist somit nachweisbar, sondern lediglich der Rechtsakt des Verkaufs, der – so steht zu vermuten – vom Chronisten lediglich dazu genutzt wird, die Gewalt von Bertholds Rede unter Beweis zu stellen.

Eine entsprechende Verschränkung von historischer Überlieferung und Berthold-Legende gilt wohl auch für den Bericht des Johann von Winterthur, daß Berthold sich geweigert habe, in Winterthur »den Samen des Wortes Gottes auszustreuen«; bevor die »burgenses« nicht die Erhebung eines »verwerflichen Zolls« und einer »ungerechten Steuer unter den Armen« rückgängig gemacht hätten, habe er es abgelehnt, die Stadt auch nur zu betreten.[31] Die Berthold-Forschung des 19. Jh.s las solche Berichte vor allem als Beispiele für Bertholds »innige Liebe zu seinem Volk«, für ein »herzliches Mitgefühl mit seinen Leiden und Nöten«, das man dann auch in seinen deutschen Predigten »hervorleuchten« sah.[32] Doch hat sich das als Irrtum erwiesen. Nicht nur ist für die Chronik des Johann von Winterthur »ein so völliger Mangel an Kritik« gegenüber ihren Quellen charakteristisch, daß sie »mit Irrtümern und Entstellungen reichlich durchsetzt ist«[33]; auch die unter Bertholds Namen überlieferten deutschen Predigten sind nur ein höchst unsicheres Zeugnis für Bertholds »frische, belebende und ergreifende Kraft« des Wortes und der Rede.[34]

II

Denn nicht dieser »Mann aus dem Volke«[35], der »das Leben seines Volkes, seine Sitten und Anschauungen und seine Leiden« gekannt, mitgelitten und angeprangert habe,[36] ist als Verfasser der unter seinem Namen überlieferten deutschen Predigten anzusehen, sondern – so Anton E. Schönbach in seinen für die Berthold-Forschung bahnbrechenden »Studien zur Geschichte der altdeutschen Predigt« – ein »Bearbeiter«, »den man in demselben Kreise von deutschen Minoriten wird suchen müssen«, der sich unter Leitung von Bertholds *socius* David von Augsburg um die Schaffung einer deutschsprachigen, ordensnahen Prosaliteratur bemühte. »Wahrscheinlich bildete die Stadt Augsburg den Mittelpunkt dieses schriftstellerischen Wirkens im letzten Drittel des 13. Jahrhunderts.«[37] Die ältere Forschung noch war der Ansicht, daß diese Predigten, wenn schon nicht von Berthold selbst verfaßt, so zumindest als wortgetreue Nachschriften von Berthold-Reden anzusehen seien – wofür nicht zuletzt ihr lebendiger, redenaher Ton zu sprechen schien.[38] Auch diese Ansicht aber ist inzwischen aufgegeben worden: Nicht Bertholds Kanzelwort wird der unbekannte Verfasser wörtlich wiedergegeben, sondern seinen deutschsprachigen Texten lediglich Bertholds lateinische Schriftpredigt zugrunde gelegt haben.

Unter Bertholds Namen sind fünf umfangreiche und weit verbreitete lateinische Predigtsammlungen überliefert, die wohl als Predigthandbücher für Geistliche dienten und von denen zumindest drei als authentisch anzusehen sind.[39] Dennoch ist auch Bertholds lateinische Schriftpredigt ebensowenig mit Bertholds gesprochenem Wort gleichzusetzen, wie die unter seinem Namen überlieferten deutschen Predigten bloße Übersetzungen lateinischer Schriftpredigten sind. Vielmehr ist der unbekannte, wohl aber mit Bertholds persönlicher Redeweise vertraute Verfasser der deutschen Predigten durchaus selbständig verfahren: Er hat seine lateinische Vorlage gerafft oder aber – entsprechend seiner Wirkungsabsicht – ausgeweitet; er hat Formulierungen und Bilder verändert und sie damit für s e i n e Zwecke zubereitet. Aus dem homiletischen Handbuch zum kirchlichen Gebrauch werden Lesetexte zur geistlichen Erbauung, »Texte des Buches und nicht der Kanzel«[40], die sich zwar der rhetorischen Mittel der zeitgenössischen Predigt, wie z. B. eines affektiven Stils, der Verwendung von Dialogeinschüben zwischen Redner und Hörer oder der Beschwörung der Redesituation, bedienen, dabei aber als durchaus eigenständiges literarisches Genus anzusehen sind. Diese »Traktate in Predigtform«[41] stehen somit erst am Ende einer recht komplexen Entstehungsgeschichte, die zwischen Bertholds Predigtwort und den unter seinem Namen überlieferten deutschen Predigten nur noch einen losen Zusammenhang erkennen läßt. »Drei Schichten der inhaltlichen und sprachlichen Gestalt sind anzunehmen: Bertholds Kanzelwort, Bertholds lateinische Schriftpredigt – die ja ihrerseits wieder

keineswegs identisch ist mit Bertholds gesprochenem Wort – und die Person des Verfassers. Darüber hinaus sind die einzelnen deutschen Predigtsammlungen nach Verfassern zu differenzieren.«[42]
Auch die deutschen Predigten also gehören zu verschiedenen Sammlungen, die sich nach Inhalt, Stil, Form und Leserkreis unterscheiden. Die literarisch bedeutendste von ihnen, der auch die in diesem Bändchen zusammengestellten Predigten entnommen sind, ist bereits 1264, also noch zu Bertholds Lebzeiten, im Augsburger Minoritenkreis (vgl. S. 239) entstanden und steht unter allen erhaltenen deutschen Sammlungen dem Inhalt und Aufbau, der Bildhaftigkeit und dem Sprachgestus von Bertholds Predigten wohl am nächsten. Dennoch hat diese literarisch höchst artifizielle Buchpredigt, die zu Recht als »einer der Gipfel mittelalterlicher deutscher Prosa« gepriesen worden ist,[43] anders als Bertholds lateinische Predigthandbücher, nur eine ganz begrenzte Verbreitung gefunden. Populär also ist sie, ganz im Gegensatz zur enormen Popularität des historischen Berthold, wie sie zumindest von den Chronikberichten immer wieder staunend vermerkt wird, niemals gewesen. (Neben 263 Handschriften mit lateinischen Predigten sind nur 8 Haupthandschriften mit deutschen Predigten überliefert. Hinzu kommen noch 18 bis 20 Handschriften mit einzelnen deutschen Predigten.) Sie verdankt ihre Erhaltung, mit Ausnahme der Predigten aus klösterlichem Besitz, wohl eher dem literarischen Interesse adliger Auftraggeber an geistlicher Erbauung und an der Person des wortgewaltigen Predigers selbst als dem »Gedächtnis des Volkes, dem er in schwerer Zeit ein Helfer und Tröster war«.[44]
Bertholds deutsche Predigten geben kein Abbild gesellschaftlicher Verhältnisse im 13. Jahrhundert, sind keine Belegsammlung für Bertholds »Volksmässigkeit«[45] oder gar für den »sittlichen Zustand des deutschen Volks in allen seinen Gesellschaftsklassen während der 2. Hälfte des 13. Jahrhunderts«,[46] sondern erörtern bestimmte, sich stetig

wiederholende Themen, Ermahnungen, Warnungen verschiedenster Art, deren Zusammenhang zunächst nur in ihrer losen Addition oder ihrer zahlenkompositorischen Anordnung zu liegen scheint.[47] – Dennoch ist das nicht alles. Auch in der verwirrenden Vielfalt von Tugendpreis und Lasterschelte, von Geboten und Gebrechen bleibt die Struktur, bleiben Maßstab und Ziel und damit auch der historisch-gesellschaftliche Wirkungszusammenhang dieser Art Lehrdichtung erkennbar.

III

Swaz bruoder Berhtold ie gesprach vor manegem jâr,
deist allez wâr;
wan ie ze disen zîten
siht die welt man strîten
wider daz reht ze aller stunt in den landen wîten [...]
Swie hie ûf erden der lîp gevar,
her vater, nim der sêle war.
diu werlt ist gar
an triuwen bar
iedoch sô suln wir sorgen dar:
vor gotes geriht dâ stênt zwô schar,
diu ein hât grôzez leides vil diu ander in fröuden lachen.[48]

Was Heinrich Frauenlob aus Meissen, der bekannteste der deutschen Spruchdichter im Spätmittelalter, an Bertholds Predigten hervorhebt, überrascht. Nicht seine Wundertaten und seine Liebe zum Volk hält er für erwähnenswert, sondern die Themen seiner lehrhaften Ermahnung in einer aus den Fugen geratenen Welt: Niemand schert sich mehr um Rechtsordnung und Rechtsgebot; die Herren, denen der Friedensschutz aufgegeben ist, verderben statt dessen Land und Leute; Lüge und Raub, *nît und haz* herrschen allerorten. Vor allem die *triuwe* wird in dieser Welt zuschanden und von Lug und Trug verdrängt. So verbindet all die beklagenswerten Rechtsbrüche und Verstöße gegen Gottes Gebot ein Gemeinsames: daß die vormals feste Ordnung der Welt zu zerbrechen droht, die Menschheit sich statt zur ewigen Seligkeit zur ewigen Verdammnis rüstet. Die Autoren des späten 13. und des 14. Jahrhunderts haben darin den eigentlichen Inhalt der Berthold-Predigten gesehen;[49] die hier ausgewählten Predigten bestätigen das besonders deutlich.

Bertholds[50] Klage über Betrug und Übervorteilung in Handwerk und Handel, über Friedensbruch und Gewalt der Herren, über Sünden und Laster, die er in konkreten, jedermann nachvollziehbaren Situationen, Beispielen, Gesprächen des alltäglichen Lebens plastisch und detailliert vor Augen führt, bleibt denn auch keineswegs darauf beschränkt, »ein höchst anschauliches, anziehendes Sittenbild seiner Zeit«[51] zu geben oder gar Sozialkritik an den erbärmlichen Lebensbedingungen der Armen und Entrechteten in Stadt und Land zu üben. Vielmehr sieht er den Bestand der Gesellschaft selbst in Gefahr, wenn er darüber klagt, daß *liegen und triegen als gemeine werden, daz sich niemen schemen wil* (vgl. in der vorliegenden Ausgabe S. 16) und daß dadurch die von Gott gewollte Gemeinschaft aller Menschen zu zerbrechen drohe. Diese *untriuwe*, dieser Aussatz, diese Krankheit von Leib und Seele, ist Abkehr von Gott und Gefangenschaft in den Stricken des Teufels. Sie äußert sich in der Herrschaft von Haß und Neid ebenso[52] wie im Betrug des Kaufmanns und Handwerkers, im Abfall der geistlichen und weltlichen Herren von ihren Standesaufgaben[53] und in der Mißgunst der Bauern gegeneinander[54]. So entspricht der Schärfe der sozialen Anklage[55] bei Berthold immer auch der Vorwurf an die *knehte und dierne*, ihre Herren, wo sie nur können, zu bestehlen,[56] der Habgier der Mächtigen und Reichen die *untriuwe* der Armen und Entrechteten. All dies aber stellt das Miteinander aller Menschen in der von Gott gewollten Ordnung der Welt in Frage. Das Miteinander, die G e m e i n s c h a f t aller

jedoch ist gerade der Maßstab, an welchem die Vergehen aller Stände und Berufe gemessen werden.
Denn Gott hat – diese Überzeugung wird jenen Lastern immer wieder entgegengehalten – allen Menschen in ausreichender Menge geschenkt, was sie zum Leben brauchen, also die Früchte des Feldes und die Tiere des Waldes, den Reichtum der Erde und den Reichtum des Wassers: *Wan er alliu dinc mit wîsheit geschaffen hât, dâ von hât er mit wîsheit daz ouch geordent unde geschaffen, daz alliu disiu werlt gewant genuogez hât gehabet unde fleisches unde brôtes, ze trinken met unde wîn unde bier unde visch, wilt unde zam, des hât er alles samt glîch genuoc geschaffen über alle die werlt, reht als genuoc er die sternen an dem himel hât geschaffen* [...]. *Rehte als glîch als er die sternen geschaffen hât an dem himel, daz ir weder ze vil noch ze lützel ist, als glîche hât erz ûf ertrîche geschaffen, silber, golt, spîse unde gewant.* (Pfeiffer, S. 59.) Der Lebensunterhalt der Menschen ist mithin immer da: er liegt – zum Verbrauch, *ze nutze und ouch ze guote geschaffen* (Pfeiffer, S. 49) – im Boden, in der natürlichen Beschaffenheit von Acker und Flursaat, wird nur aufgelesen und nicht eigens geschaffen und dient dem Unterhalt aller Menschen gleichermaßen. Alles ist somit ausreichend vorhanden, steht – weder zu viel noch zu wenig – im wohl proportionierten Verhältnis zueinander und könnte so von allen Menschen gemeinsam angeeignet und verbraucht werden. Die diesem Zustand adäquate gesellschaftliche Form wäre nach Berthold die Versorgungs- und Solidargemeinschaft aller Menschen, in der einer für den anderen eintritt, niemand aber den anderen übervorteilt: *sô einer gnuoc hât, sô lât er ouch den andern ezzen; als im einer gnuoc gizzet, sô laet er ouch den andern ezzen.* (Pfeiffer, S. 60.) Mit diesem Verständnis von Gesellschaft als *gemeine* folgt Berthold der scholastischen Soziallehre seiner Zeit, die – beeinflußt von der aristotelischen Lehre von der Gemeinschaft (κοινωνία), der friedlichen Vereinigung in den verschiedenen gesellschaftlichen Verbänden der Polis – gesell-

schaftliches Handeln als wechselseitige Unterstützung aller Stände und aller Mitglieder der einzelnen Stände, Gesellschaft als Ordnung brüderlicher Hilfe darstellt. ›Gemeinschaft‹ (*communio, communitas*) meint – wie bereits bei Aristoteles – die genossenschaftliche Bindung in den verschiedenen gesellschaftlichen Verbänden: im Familien- und Geschlechterverband, in der Stadt- und Kirchengemeinde, in der Berufskorporation etc.[57] Vor allem die mittelalterliche Dorfgemeinschaft aber fußt auf dieser »brüderlichen« Nachbarschaftshilfe des genossenschaftlichen Verbandes[58]: »Nachbarschaft bedeutet praktisch, zumal bei unentwickelter Verkehrstechnik, Aufeinanderangewiesensein in der Not. Der Nachbar ist der typische Nothelfer, und ›Nachbarschaft‹ daher Trägerin der ›Brüderlichkeit‹ in einem freilisch durchaus nüchternen und unpathetischen, vorwiegend wirtschaftsethischen Sinne des Wortes. In der Form gegenseitiger Aushilfe, nämlich in Fällen der Unzulänglichkeit der Mittel der eigenen Hausgemeinschaft, durch ›Bittleihe‹, d. h. unentgeltliche Leihe von Gebrauchsgütern, zinslose Darlehen von Verbrauchsgütern, unentgeltliche Bittarbeit, d. h. Arbeitsaushilfe im Fall besonders dringlichen Bedarfs werden in seiner Mitte geboren, aus dem urwüchsigen Grundprinzip der ganz unsentimentalen Volksethik der ganzen Welt heraus: ›wie du mir, so ich dir‹ [. . .].«[59]

Auch Berthold also geht von diesem Verständnis von Gesellschaft als guter Nachbarschaft und wechselseitiger Unterstützung aus;[60] sie ist ebenso natürlich geboten, wie Gottes Gaben für alle Menschen gleichermaßen bereitliegen. Dennoch – und das wird in den Predigten immer wieder gegen falsche, wohl häretische Gleichheitsforderungen betont – meint das keine soziale Gleichheit. Vielmehr fußt das Gebot wechselseitiger Verantwortung aller gerade auf ihrer Ungleichheit und ihre brüderliche Hilfe auf dem unauflösbaren Gegensatz von Herrschaft und Knechtschaft, von herrschenden und dienenden Ständen. Zwar unterliegen alle Geschöpfe Gottes seiner Fürsorge, doch geschieht das auf durchaus unterschiedliche Weise. Auch das aber ist Gottes Wille und verbietet jegliches Aufbegehren gegen diese hierarchische Ordnung: *Sô wil etelîche niht genüegen daz er in gît, unde wolten alle got grôz dinc erbiten oder abe ergrînen oder abe erzürnen, unde sprechent: ›owê, herre, wie hâst dû mich sô gar unsaelic erschaffen, daz dû dem sô vil gibest unde mir sô wênic.‹ Nû zürne unde zürne unde grîne unde grîne unde zabel unde zabel allez nâch rîchtuom unde nâch grôzem guote: sô gît dir got rehte nihtes niht, danne daz er dir geben wil. Er haete dir unmâzen vil ze geben, wolte er dirz geben.* Die ständischen Grenzen dürfen deshalb, und dies auch und gerade im Interesse aller, nicht angetastet werden, sind doch alle Stände auf die Tätigkeit der jeweils anderen angewiesen: *Dû woltest gerne ein herre sîn, unde muost den acker bûwen. Sô wolte der gerne ein grâve sîn, der muoz ein schuochsûter sîn. Daz selbe spriche ich zuo allen arbeitern. Haete uns got alle ze herren gemachet, sô waere diu werlt unverrihtet unde würde ouch selten wol unde rehte stênde in dem lande.* (Pfeiffer, S. 271.) Die brüderliche Hilfe der Reichen stellt sich deshalb nur noch als Fürsorge für die Armen und Mitleid mit ihnen dar,[61] die der Armen als Zufriedenheit mit ihrem Stand und der uneigennützigen Leistung ihrer Arbeit und ihres Dienstes. Die faktische Gleichheit von Reich und Arm, Adel und Bauer, Herr und Knecht verbietet sich somit von selbst: Zwar soll, ganz im Sinne der neutestamentlichen Verkündigung, der Hungrige gespeist, der Durstige getränkt und der Nackte bekleidet werden; gleichwohl ist einer – so Bertholds immer wiederholtes Beispiel –, der zwei Röcke besitzt, durchaus nicht dazu verpflichtet, einen an die Armen zu verschenken.[62] Vielmehr sei die wechselseitige Fürsorge, die *minne* der verschiedenen Menschen, Stände und Berufe untereinander, darauf beschränkt, daß die Herren ihre Knechte und alle, die ihnen *den acker bûwen*, angemessen mit Kost, Kleidung und Behausung versorgen, diese ihnen wiederum ihre Arbeitskraft und ihre Arbeitsprodukte ohne Übervorteilung oder

Betrug zur Verfügung stellen. Der unüberbrückbare Gegensatz von Herrschaft und Knechtschaft stellt sich somit als »Liebespatriarchalismus« dar, als Liebesgemeinschaft gerade in den starren ständischen Unterschieden.[53] In Bertholds Überzeugung: *wir sîn alle einander gebrüeder in gote, unde dâ von soln wir sprechen: ›unser naehsten‹, daz ist, daz wir gebrüeder sîn* (vgl. in der vorliegenden Ausgabe S. 113), ist somit immer auch schon die Einschränkung mitgedacht, daß die Reichen und Mächtigen den Armen und Entrechteten ihre Reichtümer und Vorteile zwar wünschen, darüber hinaus aber nichts tun können.[64]

Diese Liebesgemeinschaft nun sieht Berthold bedroht: keiner der Stände und Berufe[65] kommt mehr seinen Aufgaben und Pflichten für alle nach, sondern ist nurmehr dem Eigennutz verhaftet; nicht die Fürsorge des Herrn für den Knecht, des Knechts für den Herrn bestimmt mehr das Handeln, sondern – verfangen in den Stricken des Teufels – die unnachsichtige Durchsetzung des je eigenen Vorteils. Jegliche Gemeinschaft ist damit zerstört. Sie löst sich auf in den Kampf aller gegen alle, wo Erfolg und Nutzen schwerer wiegen als die Rücksicht auf Nachbarschaft und wechselseitige Hilfe. – So scheren sich z. B. die Bauern nicht mehr um die Gebote brüderlicher Nachbarschaftshilfe, sondern sind so sehr bereits der *untriuwe*, dem dauernden Verstoß gegen die Regeln genossenschaftlichen Miteinanders, unterworfen, *daz sie vor nîde unde vor haz niht einander an gesehen mügent. Sô trîbet einz dem andern sîn vihe ze schaden unde ze leide, unde koufet einer den andern von sînem hove, alles von untriuwen* [...]« (Pfeiffer, S. 479). Umgekehrt entziehen die Herren den Tagelöhnern ihren sauer verdienten Lohn, so daß sie auch nicht einmal mehr notdürftig ihr Leben fristen können (Pfeiffer, S. 58), und beschneiden denen, die für sie arbeiten müssen, sogar noch ihre tägliche Essenration: *dû solt in grôze schüzzeln für setzen, unde dar ûf gar genuoc legen, unde niht ein bein drûffe legen als ez benagen sî; daz soltû dînem hunde dar werfen* (Pfeiffer,

S. 91). Vor allem die vielfältigen Betrügereien der Handwerker und Händler aber, die hier ihr Material verfälschen, dort den Käufer betrügen und bestehlen,[66] zeigen überscharf, daß Arbeit nicht mehr dem wechselseitigen Nutzen aller dient, sondern nur noch dem Egoismus des Einzelnen, daß nicht die wechselseitige *triuwe* den Bauern und den Herrn, den Handwerker und den Kaufmann aneinander bindet, sondern – im Gegenteil – ihre *untriuwe* sie in wechselseitige Übervorteilung treibt. Die gesicherte Ordnung aller Berufe (*officium, ambet*), also *der bûman an sînem bûwe, der koufman an sînem koufe* [...], *der hantwerkman an sînem hantwerke, der ritter an sîner ritterschaft, der geistlîche mensche an sîner arbeit, die im unser herre geordent hât* (Pfeiffer, S. 562), ist damit aufgegeben, fußt sie doch gerade auf ihrer wechselseitigen Ergänzung: die verschiedenen Formen der Arbeit sind als *ambet* jeweils Teilfunktionen der Ständeordnung, die jedem mit seinem *ordo* auch seine besonderen Aufgaben und Pflichten für die Gemeinschaft vorschreibt.

Die besondere Bedeutung menschlicher Arbeit im Rahmen dieser Berufsethik ist offensichtlich: Arbeit gilt nicht mehr nur als Sündenfluch, sondern im stärker naturrechtlichen Sinn als Mittel zum Lebensunterhalt aller, dem alle Menschen, wenn auch nur in dem von Gott zugewiesenen Stand, genügen sollen. Vor allem Thomas von Aquin hat dieses Verständnis von Gesellschaft als einem arbeitsteiligen System wechselseitigen Nutzens verschiedentlich angesprochen; Berthold ist ihm darin gefolgt. »Wenngleich nämlich dem Menschen von Natur aus der Trieb inne wohnt, was zum Leben notwendig ist, zusammenzusparen [...], so ist das doch nicht dermaßen der Fall, daß sich jeder mit dieser Arbeit beschäftigen müßte. Denn auch unter den Bienen beschäftigen sich nicht alle mit der Aufgabe, sondern einige sammeln Honig, einige wieder bauen aus dem Wachs ihr Gehäuse; die Königin aber befaßt sich auch damit nicht. Und ebenso muß es sich bei den Menschen verhalten. Weil nämlich vieles dem menschlichen Leben nötig ist, wofür ein Mensch für sich nicht genügen könnte, ist es nötig, daß von Verschiedenen Verschiedenes geschieht; zum Beispiel, daß einige Äcker bebauen, einige Tiere hüten, einige Baumeister sind und so fort. Weil aber das menschliche Leben nicht nur das Körperliche braucht, sondern mehr das Geistige, ist es auch nötig, daß sich Leute mit den geistigen Dingen zur Besserung der anderen beschäftigen [...]. Diese Verteilung verschiedener Geschäfte auf verschiedene Personen geschieht nach der göttlichen Vorsehung dadurch, daß einer sich mehr zu diesem Berufe hingezogen fühlt als zum anderen.«[67] – Faulheit und Verschwendung, Raffgier und Übervorteilung sind deshalb die von Berthold am häufigsten und am schärfsten verurteilten Laster; im Bild der Heuschrecke, die, faul im Grase liegend, dennoch nur immer mehr für sich zu ergattern sucht und damit allzuviele in den Ruin treibt, werden sie einprägsam gestaltet. Berthold kennzeichnet das als *gitikeit*; dieses Laster vor allem prangert er in immer neuen Bildern, Drohungen und Verwünschungen als Herrschaft des Teufels, und d. h. als Verkehrung der brüderlichen Gemeinschaft aller, an.

War an gelîchet der heuschrecke den gîtigen? Dâ lît der heuschrecke alle wege in dem tiefen grase, dâ grôziu rinder unde ros genuoc an haeten unde schoene unde veizt unde grôz würden, unde der heuschrecke ist gar ein kleinez würmelîn unde lît mitten in dem tiefen grase unde wirt doch niemer veizt (Pfeiffer, S. 417). Auch dieser *gîtige* aber, der Raff- und Habgierige, dessen Höllenstrafen nicht mehr gesühnt werden können (Pfeiffer, S. 136 f.) und dessen Aussatz so schlimm ist, daß sein Leichnam nur noch über die Schwelle geschleift und in ungeweihte Erde geworfen werden darf (Pfeiffer, S. 394 f.), ist zugleich – wie die Ameise, das Gegenbild der Heuschrecke (Pfeiffer, S. 561) – unermüdlich tätig. Allerdings liegt gerade darin sein Verhängnis. Denn er schafft nicht zum Nutzen aller, sondern nur, um seine unersättliche Habgier zu befriedigen, und arbeitet nicht wirklich, sondern – so Bertholds entscheidender Vorwurf – verkauft lediglich, was ihm nicht gehört: die Zeit. Denn die gehört Gott allein; der *gîtige*, der sie seinem Nutzen unterwirft, vergreift sich am Eigentum Gottes selbst: *Pfî, gîtiger! war an lît dînes herzen ruowetac? Wie dû einem sîne armuot an gewinnest mit wuocher oder mit fürkoufe oder mit dingesgeben inz jâr umbe tiuwerrez, unde verkoufest gote sîne zît. Sô alliu diu werlt hât ruowe, sô gelît dîn pfluoc niemer: der gewinnet niemer deheine ruowe weder tac noch naht. Ez sî winter oder sumer, ez sî heilic oder niht, ez sî guot wetter oder boesez, sô gewinnet dîn verdamptiu arbeit niemer ruowe* (Pfeiffer, S. 271).[68]

gîtikeit meint also vor allem die Spekulation auf die Zeit[69]: den Geldverleih zu Wucherzinsen, den Ankauf von Gütern, um sie zu überhöhten Preisen wieder verkaufen zu können, die Pfandleihe etc.; sie meint wirtschaftliche Verfahrensweisen, die seit dem 13. Jahrhundert auch in Deutschland immer mehr an Bedeutung gewinnen. Sie werden von Berthold schärfstens verurteilt, obwohl er – wie auch die kirchliche Soziallehre seiner Zeit – die Tätigkeit des Kaufmanns für notwendig und Handelsgewinn in einem angemessenen Umfang für durchaus statthaft erklärt.[70] Beidem jedoch, der Tätigkeit und dem Gewinn des Kaufmanns, wird demgegenüber mit jener Verdammung jeglicher Spekulation auf die Zeit der Boden entzogen.

»Denn die Zeit des Händlers« – so Jacques Le Goff über den Unterschied zwischen der »Zeit der Kirche und [der] Zeit des Händlers im Mittelalter« – »ist unmittelbar mit potentiellem Gewinn verbunden. Der Gläubiger hofft, aus dem Warten auf die Rückzahlung der Schulden Profit ziehen zu können, und allgemein baut der Kaufmann seine ganze Tätigkeit auf Hypothesen, deren Raster die Zeit ist: Hortung in Erwartung von Hungersnöten, An- und Verkauf zu günstigen Zeitpunkten, praktische Folgerungen aus der Kenntnis der ökonomischen Konjunktur und der Gesetzmäßigkeiten des Lebensmittel- und Silbermarktes [. . .]«.[71]

Gerade damit aber – so Berthold – vergreift sich der *gîtige* an der Zeit, die doch Gottes Eigentum ist, einzig und allein von seinem Handeln geprägt ist und nur von ihm beherrscht wird: Der Habgierige mißt und kalkuliert sie und unterwirft sie somit seinem eigenen Vorteil. Armut und Not werden dadurch aber überhaupt erst hervorgebracht. Denn statt von Gottes reichen Gaben gemeinsam mit allen anderen zu zehren, sucht sie der *gîtige* nur für sich allein zu vereinnahmen, sie also seinem Nächsten zu entziehen[72]. Das gilt für alle Gaben Gottes, mithin auch für die Zeit; besonders der *gîtige* handelt widernatürlich und verstößt, indem er »etwas verkauft, was notwendigerweise aller Kreatur gehört, [. . .] gegen alle Kreatur, sogar gegen die Steine. Woraus folgt, daß, selbst wenn die Menschen schweigen sollten, die Steine schreien würden, wenn sie es könnten, und das ist einer der Gründe, warum die Kirche die Wucherer verfolgt.«[73]
Dennoch hat sie nicht zu verhindern vermocht, daß seit dem 12. und 13. Jahrhundert gerade die unterschiedlichsten Formen der Spekulation auf die Zeit: der Ankauf von Waren in der Hoffnung, durch künstliche oder natürliche Verknappung einen größeren Gewinn herauszuschlagen, Kreditvergabe, Pfandleihe etc., mithin gerade die hier beklagten Verstöße gegen Natur und alle Kreatur, in immer weiterem Umfang die wirtschaftlichen Aktivitäten bestimmen.[74] Es beginnt – wenn auch regional ganz unterschiedlich – ein »Zeitalter der Geschäftsleute«[75], in dessen Verlauf immer mehr Lebensbereiche in Stadt und Land – dörfliche Genossenschaft und Zunfthandwerk, Grundherrschaft und Stadtherrschaft – von Geldzirkulation, Warentausch und Kreditgeschäft durchdrungen und verändert werden.[76] – Diese »entscheidende Wende in der europäischen Witschaftsgeschichte«[77] beginnt in Oberitalien früher als in Mitteleuropa. Aber auch in diesem Raum wird seit dem 12. Jahrhundert das Geld nicht mehr nur als Maßeinheit für Handel und Geschäft, sondern immer mehr als »ein wirklicher Wert

[angesehen], von dem man Früchte erwarten konnte.«[78] Sie werden – trotz der kirchlichen (und auch schon aristotelischen) Lehre von der Unfruchtbarkeit des Geldes[79] – vor allem von den Händlern und reichen Kreditgebern in den Städten geerntet, die dem verarmten Pächter, der mit seiner Pacht in Verzug gerät, ebenso Kredit gewähren wie dem Junker, der seinen Repräsentationspflichten nachzukommen sucht, dem Knecht ebenso wie dem Herrn. Geldbesitz und Geldgeschäft verhelfen so zu bisher ungeahnten Möglichkeiten, Einfluß und Macht unabhängig von personalen Bindungen, von Privilegien oder gar adliger Geburt auszuüben. Klug verwendet, und das meint vor allem: nicht zum Schatz gehortet, sondern in den prinzipiell unabschließbaren Kreislauf von Investition und Geschäft, Kreditvergabe und Gewinn geworfen, kann Geld nun in beliebiger Höhe akkumuliert werden. Es weckt, unabhängig von seinem bestimmten Zweck, den Wunsch nach Reichtum als solchem, Gelderwerb einzig um seiner selbst willen, und verlangt, will man Erfolg haben, gerade jene Formen der *gîtikeit*, die Berthold als Teufelswerk verdammt: Gewinnkalkulation und Profitdenken, Übervorteilung und Betrug.

Eben diese Rastlosigkeit des Gelderwerbs aber, dem es nicht mehr um die Befriedigung eines bestimmten Bedürfnisses geht, ist die schlimmste aller Sünden und ein Verbrechen gegen Gott selbst: *Swie vil der* [*gîtige* W. R.] *guotes hât in aller der werlte, sô dunket er sich dannoch arm: alse der heuschrecke, der dâ niemer veist wil werden, alsô wil der gîtige niemer genuoc gewinnen* (Pfeiffer, S. 417). Während allerdings seit dem 12. Jh. auch in Mitteleuropa »die weitsichtigsten Bürger allmählich merkten, daß die gesamte ökonomische Vitalität und damit auch der Erfolg ihrer eigenen Unternehmungen von der Lebhaftigkeit eines solchen Kreislaufs [von Investition und Gewinn, W. R.] bestimmt wurde«[80], beschränkt sich Berthold darauf, die Härte und Rücksichtslosigkeit dieser geschäftstüchtigen Bürger immer wieder neu zu verdammen, die sogar noch den schlimmsten

Hammerschlägen trotzen würden: Predigt, Beichte und Sakrament seien hier ganz vergebens.
In Augsburg, der nach Regensburg wohl wichtigsten Stadt für Bertholds Leben und Wirken,[81] dann aber vor allem für die Sammlung und gründliche Bearbeitung seiner Predigten, bietet sich dafür ein reiches Beobachtungsfeld. Die Beschreibung der sozialen und wirtschaftlichen Verhältnisse der *metropolis Sueviae* im 13. Jahrhundert allerdings, ihrer Formen von Handel und Gewerbe, Geldverkehr und Kreditwesen, stößt auf Schwierigkeiten: zum einen aufgrund der schlechten Quellenlage, zum anderen, weil die stadtgeschichtliche Forschung, »fasziniert von der weltweiten Bedeutung und Wirksamkeit Augsburger Handelsherren im ›Zeitalter der Fugger und der Welser‹ wenig neue Studien über die Anfänge von Bürgertum und Stadt vor der eigentlichen Glanzzeit aufzuweisen hat [. . .].«[82] Gleichwohl belegen bereits die wenigen vorhandenen Zeugnisse den hohen Entwicklungsstand von Handel und Geldwirtschaft und dementsprechend die Macht, die Kaufleute und Kapitaleigner im Augsburg des 13. Jahrhunderts erreicht haben.
Nach Karl Bosl sind bei den städtischen Oberschichten Augsburgs zu unterscheiden: einerseits das älteste Patriziat, das – weitgehend aus der bischöflichen Stadtministerialität erwachsen – seinen Reichtum aus Ämterverwaltungen, Geldleihaktionen und sonstigen Kreditgeschäften schöpft, andererseits ein jüngeres Patriziat, das vor allem durch den Fernhandel, aber auch durch Geldverleih reich geworden ist. Noch im 13. Jh. gelingt es diesen *cives*, dem bischöflichen Stadtherrn immer mehr Rechte zu entreißen und ihre Spitzenstellung in der Bürgerschaft zu festigen: 1260 z. B. wird den Schongauers, einer der mächtigsten altpatrizischen Familien im Augsburg jener Zeit, das Burggrafenamt übertragen, 1263 den Stolzhirschs das Amt des Stadtvogts, und 1273 sieht sich der Bischof gezwungen, auch noch auf das so ungemein einträgliche Münzrecht zu verzichten; über den Teufelskreis von Kreditgewährung, hohem Zinsfuß, erneu-

ter Kreditgewährung und schließlich der erzwungenen Verpfändung stadtherrlicher Rechte an Zöllen und Lehnsabgaben gerät er immer tiefer in die Schuld seiner patrizischen Geldgeber, bis von einer bischöflichen Stadtherrschaft nicht mehr die Rede sein kann. Verwaltung von Geld, Zoll und Münze einerseits, Kredit- und zunehmend auch Handelsgeschäfte andererseits sind die Grundlagen dieses Machtzuwachses. – Auch in Augsburg allerdings mündet noch lange Zeit – ablesbar etwa an den frommen Schenkungen der reichen Kauf- und Geschäftsleute – »alles, was im Leben des Einzelnen einer Profitwirtschaft nahekam, in den meisten Fällen kurz vor dem Tod in eine Schenkungsökonomie«.[83] So stellt sich die stetig wachsende Bedeutung von Geldzirkulation und Gewinnspekulation keineswegs als gradliniger Neubeginn dar, sondern als allmählicher und durchaus widersprüchlicher Wandel vormals selbstverständlicher Überzeugungen und Geisteshaltungen. Bertholds Predigten suchen in diesen Wandel einzugreifen und gewinnen daraus ihren historischen Sinn. Weder erschöpfen sie sich darin, kirchliche Lehre nur zu popularisieren, noch malen sie ein Sittengemälde des deutschen Volkes in der Zeit des Interregnums. Vielmehr suchen sie der allgemeinen Herrschaft von Haß und Neid, *untriuwe* und Geldgier mit der Lehre eines wahrhaft evangelischen Lebens zu begegnen, das nicht – so das erklärte Ziel der Mendikanten – auf den engen Kreis von Kloster und mönchischem Leben beschränkt bleiben, sondern sich der Welt öffnen soll, das nicht die Flucht aus der Welt, sondern ihre Heiligung predigt: *diu werlt diu nimt an triuwen abe und treit ein valsch gemüete.*[84]

Anmerkungen

1 F. Pfeiffer, »Historisches Zeugnis«, Nr. 1 (»Historische Zeugnisse«, in: Pfeiffer, XX–XXXII). Bertholds Mitbruder ist wohl David von Augsburg, sein *socius* oder ›Assistent‹ (so F. Banta in: VL, Bd. 1, 2. Aufl. 1978, Sp. 818), nicht sein Lehrer, wie lange vermutet worden ist. Auch später begleitet dieser David von Augsburg Berthold auf seinen Predigtreisen und bleibt ihm freundschaftlich verbunden. Er verfaßt neben verschiedenen lateinischen und wohl auch deutschen Traktaten vor allem ein verbreitetes Werk in lateinischer Sprache über Praxis und Ziel klösterlichen Lebens und gilt als Mittelpunkt eines Augsburger Kreises von Gebildeten, der sich im 13. Jh. um die Popularisierung einer praktisch-theologischen Literatur in deutscher Sprache bemüht. Vgl. dazu K. Ruh, »David von Augsburg und die Entstehung eines franziskanischen Schrifttums in deutscher Sprache«, in: »Augusta 955–1955«, München 1955, S. 71–82.

2 F. Pfeiffer, »Historisches Zeugnis« [Anm. 1], Nr. 2, 3, 9. Vgl. dazu die neuhochdeutsche Übersetzung von L. Weiland / O. Holder-Egger in: »Die Geschichtsschreiber der deutschen Vorzeit«, Bd. 78, Leipzig [3]1941; zu Person und Werk W. Wattenbach / F. J. Schmale, »Deutschlands Geschichtsquellen im Mittelalter«, Bd. 1, Darmstadt 1976, S. 181–188.

3 F. Pfeiffer, »Historisches Zeugnis« [Anm. 1], Nr. 18. Vgl. dazu J. Seemüller (Hrsg.), »Ottokars Österreichische Reimchronik«, Dublin/Zürich 1974 (Nachdr. der 1. Aufl. 1890). Ottokar (um 1260/5 – um 1319/21) behandelt die Geschichte Österreichs und der Steiermark in den Jahren 1246–1309.

4 F. Pfeiffer, »Historisches Zeugnis« [Anm. 1], Nr. 17. Vgl. dazu F. Baethgen (Hrsg.), »Die Chronik Johanns von Winterthur«, Berlin 1955.

5 Einer von Bertholds Lehrern wäre dann Bartholomaeus Anglicus gewesen, aus dessen Naturlehre »De proprietatibus rerum« Berthold seine vielfältigen, in seinen Predigten immer wieder verwendeten naturkundlichen Kenntnisse gewonnen haben könnte.

6 Nach einer anonymen Augsburger Chronik über die Jahre 991–1483, in: »Die Chroniken der deutschen Städte vom 14. bis zum 16. Jahrhundert«, Bd. 22: »Augsburg« III, hrsg. durch die Historische Kommission bei der Bayerischen Akademie der Wissenschaften, Göttingen 1965, S. 458 (reprogr. Nachdr. der 1. Aufl. Leipzig 1892).

7 F. Pfeiffer, »Historisches Zeugnis« [Anm. 1], Nr. 26: *verbum ejus quasi facula ardebat.* (Zit. nach: Matth. Raderus, »Bavaria sancta«, Monaci 1615, Bd. 1, S.294).

8 F. Pfeiffer, »Einleitung zur Ausgabe«, in: Pfeiffer, S. V.

9 R. Piffl, »Einiges über Berthold von Regensburg. (Auf Grund seiner Predigten)«, Programm Prag 1890, S. 3.

10 Th. Gärtner, »Berthold von Regensburg und die Zustände des deutschen Volkes im 13. Jhdt.« Beilage zum Jahresbericht des Gymnasiums zu Zittau 1890, S. 1.

11 K. Goedeke: »Grundriß zur Geschichte der deutschen Dichtung«, Bd. 1, Dresden ^{2}1884, S. 207.

12 F. Pfeiffer, »Historisches Zeugnis« [Anm. 1], Nr. 7.

13 F. Pfeiffer, »Historisches Zeugnis« [Anm. 1], Nr. 25.

14 C. Hofmann, »Neue Zeugnisse über Berthold von Regensburg«, in: »Sitzungsberichte der Bayerischen Akademie der Wissenschaften«, Phil.-Hist. Klasse, Bd. 2, München 1867, S. 376 f., gibt den Bericht aus der »Cronica« des Franziskaners Salimbene de Adam wieder. Vgl. dazu: »Cronica fratris Salimbene de Adam ordinis minorum«, hrsg. von O. Holder-Egger, Tl. 1–3, Hannover 1905–13 (Nachdr. 1963) (MGH, Reihe A: Scriptores, Bd. 32), S. 560; und die neuhochdeutsche Übersetzung von A. Doren in: »Die Geschichtsschreiber der deutschen Vorzeit«, Bd. 93/94, Leipzig 1914.

15 F. Pfeiffer, »Historisches Zeugnis« [Anm. 1], Nr. 8, 26, 29.

16 F. Pfeiffer, »Historisches Zeugnis« [Anm. 1], Nr. 17.

17 F. Pfeiffer, »Historisches Zeugnis« [Anm. 1], Nr. 8.

18 So Berthold selbst, der, auf eine solche Wundergeschichte angesprochen, gegenüber dem französischen König geäußert haben soll: »Das dürft Ihr nicht glauben, guter Herr, und Berichten dieser Art kein Vertrauen schenken [. . .]. Es sind da nämlich einige Leute, die wollen Geld verdienen oder haben irgendeinen anderen nichtigen Grund, daß sie mir unter der übrigen Menge folgen und gelegentlich solche Sachen erfinden und anderen erzählen.« (»Analecta Franciscana«, Bd. 1, Quaracchi 1885, S. 417. [Übers. von W. R.])

19 »Cronica fratris Salimbene de Adam [Anm. 14], S. 559. Vgl. dazu auch das bedeutsame Zeugnis Roger Bacons, daß Berthold »mit seiner Predigt als einzelner mehr Nutzen gestiftet hat als fast alle anderen Brüder beider Orden [der Franziskaner und der Dominikaner, W. R.] zusammen.« (Übers. nach: C. Hofmann [Anm. 14], S. 375.)

20 F. Pfeiffer, »Historisches Zeugnis« [Anm. 1], Nr. 17: »Nachdem er den auf freiem Feld für ihn errichteten Predigtstuhl dort zum Predigen bestiegen hatte, pflegte er durch eine Feder, die er an einen Faden gebunden und in die Luft geworfen hatte, die Richtung zu prüfen, aus der der Wind wehte, und wies das Volk an, auf der entgegengesetzten Seite Platz zu nehmen.« (Übers. von W. R.) Ähnliches berichtet Salimbene de Adam in seiner »Cronica« [Anm. 14], S. 560.

21 F. Pfeiffer, »Historisches Zeugnis« [Anm. 1], Nr. 8.

22 F. Pfeiffer, »Historisches Zeugnis« [Anm. 1], Nr. 18. Ottokars »Österreichische Reimchronik« [Anm. 3], V. 89732–49:

der minner brüeder orden
het erzogen einen man,
dem het got getān
genâden genuoc.
an pheflicher kunst was er kluoc,
man jach ouch, daz er waere
ein gar guot predigaere
kristenlicher lêr;
und swaz an sîner predig er
kunftiger dinge seit,
daran hât man die wârheit
sît ganzlichen funden.
Dô man nâch Krists geburt
der jâre zal spurt
zwelf hundert jâr
und funf und funfzig für wâr
dô fuor er hie durch diu lant
bruoder Perchthold was er genant.

Nach Seemüllers Erläuterung zur Stelle (ebd.) macht es die allerdings unkorrekte Jahreszahl – der im folgenden erwähnte *chünig mit dem ainen ougen* (V. 89757), Wenzel I., starb bereits 1253 – wahrscheinlich, daß Ottokar für diesen Abschnitt auf eine Quelle zurückgreifen konnte. Allerdings stehe auch fest, daß bereits um 1300 die »volkstümliche Vorstellung von Bruder Bertholds Prophetengabe vorhanden« gewesen sei, an die sich Ottokar hier offensichtlich halte. Zu seiner literarischen Technik, »seine Vorlagen willkürlich [zu] ändern und poetisch auszuschmücken«, vgl. auch A. Krüger in: VL, Bd. 54, Berlin 1955, Sp. 838.

23 Vgl. dazu F. Pfeiffer, »Einleitung zur Ausgabe« [Anm. 8], S. XVIII.

24 F. Pfeiffer, »Historisches Zeugnis« [Anm. 1], Nr. 21: Berthold habe den Streit zwischen einem Ritter Ludwig von Liebenzell und der Gräfin Irmingard von Baden um den Zehnten in Uffenheim gütlich beilegen können.
25 C. Hofmann, [Anm. 14], S. 389.
26 C. Hofmann, [Anm. 14], S. 382.
27 F. Pfeiffer: »Einleitung zur Ausgabe«, [Anm. 8], S. XIII f.
28 F. Pfeiffer, »Historisches Zeugnis« [Anm. 1], Nr. 20 (übers. von W. R.).
29 So auch der »Liber aureus« (F. Pfeiffer, »Historisches Zeugnis« [Anm. 1], Nr. 20): Albert habe die Feste »für 50 Mark in Silber [. . .] vernünftig verkauft«.
30 So H. Stahleder, »Das Weltbild Bertholds von Regensburg«, in: ZBLG. 37 (1974) S. 761.
31 F. Pfeiffer, »Historisches Zeugnis« [Anm. 1], Nr. 17 (übers. von W. R.).
32 Th. Gärtner [Anm. 10], S. 1.
33 F. Baethgen, »Einleitung zur Chronik Johanns von Winterthur« [Anm. 4], S. XXVIII: Auch für Johanns Darstellung sei kennzeichnend, daß er in seine Chronik »eine Menge von Wundergeschichten, Fabeleien und Anekdoten einflocht, die auf den Geschmack der breiten Volksschichten berechnet waren«.
34 F. Pfeiffer, »Einleitung zur Ausgabe« [Anm. 8], S. XIX.
35 R. Piffl [Anm. 9], S. 3.
36 Th. Gärtner [Anm. 10], S. 1.
37 A. E. Schönbach, »Studien zur Geschichte der altdeutschen Predigt«, Bd. 6, Wien 1906, S. 1.
38 Vgl. dazu schon Jakob Grimms Überzeugung, daß die überlieferten Predigten »aller wahrscheinlichkeit nach [. . .] nicht von Berthold selbst, sondern von einem zuhörer seiner reden aufgeschrieben worden [sind, W. R.] [. . .]. Hinzufügen muß ich jedoch, daß ich die niederschreibung für höchst treu halte und daß sie die eigentümlichkeit des redners in wendungen, ausdrükken und selbst im mundartischen genau erfaßt haben wird [. . .], die möglichkeit getreuer vollständiger aufnahme einer eben gehaltenen predigt aus dem blossen gedächtnisse durch einen fähigen zuhörer leidet keinen Zweifel.« (Rez. der Ausgabe der »deutschen Predigten« Bertholds von C. F. Kling, Berlin 1824. In: J. Grimm, »Kleine Schriften«, Bd. 4. Berlin 1869, S. 352.)
39 Vgl. dazu Bertholds bekannte Notiz in seiner Vorrede zur ersten Sammlung, dem »Rusticanus de Dominicis«, er habe seine *ser-*

mones schriftlich festhalten müssen, »weil, als ich sie in aller Öffentlichkeit gepredigt habe, einige einfache Geistliche und Religiose, die nicht begreifen, in welchen Begriffen und Sätzen nun jeweils die Wahrheit liegt, sich das aufschreiben, was sie verstehen konnten, und somit sehr viel Falsches aufgeschrieben haben [. . .]. Aus diesem Grund bin ich gezwungen gewesen, selbst schriftlich festzuhalten, was ich gepredigt habe [. . .].« (Übersetzt nach D. Richter, »Die deutsche Überlieferung der Predigten Bertholds von Regensburg«, München 1968, S. 230.)

40 D. Richter [Anm. 39], S. 236.

41 P. G. Völker, »Überlieferungsformen mittelalterlicher deutscher Predigten«, in: ZfdA 93 (1963) S. 224. Zur zeitgenössischen Predigt vgl. R. Cruel, »Geschichte der deutschen Predigt im Mittelalter«, Darmstadt 1966 (Nachdr. der Ausg. Detmold 1879); A. Linsenmayer, »Geschichte der Predigt in Deutschland von Karl dem Großen bis zum Ausgang des 14. Jahrhunderts«, München 1886; und W. Stammler, »Mittelalterliche Prosa in deutscher Sprache«, in: DPhiA Bd. 2, Berlin ^{2}1960, Sp. 980–1004.

42 D. Richter [Anm. 39], S. 240.

43 D. Richter [Anm. 39], S. 239.

44 F. Pfeiffer, »Einleitung zur Ausgabe« [Anm. 3], S. V.

45 M. Rieger, »Vorwort«, in: W. Wackernagel (Hrsg.), »Altdeutsche Predigten und Gebete aus Handschriften«, Hildesheim 1964 (reprogr. Nachdr. der Ausg. Basel 1876), S. IX.

46 H. Gildemeister, »Das deutsche Volksleben im 13. Jahrhundert nach den deutschen Predigten Bertholds von Regensburg«, Diss. Jena 1889, S. 6.

47 Vgl. z. B. die 2. Predigt *Von den funf phunden*, die 3. Predigt *Von drin lâgen*, die 4. Predigt *Von den siben planêten* usw.

48 F. Pfeiffer, »Historisches Zeugnis« [Anm. 1], Nr. 33. Vgl. dazu »Heinrichs von Meissen des Frauenlobes Leiche, Sprüche, Streitgedichte und Lieder«, erl. und hrsg. von L. Ettmüller, 1843 (Nachdr. 1966), S. 42, Spruch Nr. 22. (Sperrung von mir, W. R.)

49 Vgl. dazu auch F. Pfeiffer, »Historisches Zeugnis« [Anm. 1], Nr. 35, Heinrichs des Teichner Spruchgedicht *Von der schalkchaftigen welt.* Ich zitiere nach der Ausgabe von H. Niewöhner (Hrsg.), »Die Gedichte Heinrichs des Teichner«, Bd. 3, Berlin 1956, Nr. 674, 56–73:

davon sich nympt wundern darf
das dy schalkchait ist so scharf,
seint dy warhait, trew und mynn
ist gein himelreich von hin.
nu verstet in welhen jarn
trew und warhait hab gefarn
aus der welt ze himel gar:
prueder Perchtold sait furwar,
wann die newn sit der gewant
und dy kurczen rokch auf stant,
so hab dy warhait ab gankch.
das ist war, es ist nicht lankch
das man lennger rokch sach tragen.
da was trew und warsagen
etwas dannoch auf erdreich.
nu ist es alles ungeleich
warden pey der churczen wat.

Zum Verstoß gegen die Kleiderordnung vgl. z. B. Pfeiffer, S. 396; S. 483; S. 526 u. ö. – Hingewiesen sei hier auch auf die Bearbeitung von Bertholds zweiundvierzigster Predigt durch den Landsberger Heinrich Kaufringer: »Die drei Nachstellungen des Teufels«, in: Heinrich Kaufringers Werke, hrsg. von P. Sappler, Tübingen 1972, Nr. 16. Bertholds zweiundvierzigste Predigt ist eine kürzere Fassung seiner dritten Predigt, die Kaufringer aber – darauf hat K. Euling in der Einleitung zu seiner Ausgabe (»Heinrich Kaufringers Gedichte«, hrsg. von K. Euling, Tübingen 1888), S. XII, hingewiesen – erst zum Schluß seiner Bearbeitung verwendet (774–791 entspricht Pfeiffer, S. 47, Z. 4–9.)

50 Ich bleibe, um aufwendige Umschreibungen zu vermeiden, hier und im folgenden bei dem Verfassernamen Berthold; vgl. dazu die Erörterung des Verfasserproblems S. 239 ff.

51 H. Gildemeister [Anm. 46], S. 6.

52 *Die êrsten* [der sieben Typen von Sündern, W. R.] *sint alle, die haz unde nît an ir herzen tragent und ir ebenkristen niht mügent an gesehen vor haz unde vor nîde unde habent haz unde nît ûf sie, ob sie ein wênic baz mügen an friunden oder an guote oder ob sie mêr gelückes ze ir koufe haben.* (Pfeiffer, S. 187)

53 So z. B. in der zehnten Predigt (vgl. S. 62 ff.).

54 So z. B. Pfeiffer, S. 212; 479 u. ö.

55 *Ir rouber, ir abbrecher, unrehte vögte und unrehte rihter und ir*

gîtigen wuocherer, waz wellet ir gote ze antwürte geben an dem jungesten tage, sô disiu armen gotes kinder über iuch ruofent an dem jungesten tage? Wan der sitzet maniger vor mînen ougen, der iezuo hundert pfunt solte hân von sînen arbeiten, der hât sô vil niht, daz er sich des frostes müge ernern. Und ist maniger dâ her geloufen in disem kalten rîfen barfuoz in vil dünner waete. (Pfeiffer, S. 58.)

56 So vgl. z. B. Pfeiffer, S. 84: *Aber armes volkeleches ein michel teil und aller meist halt wirt mit der selben sünde verdampt. Unde heizet untriuwe. der ist als vil sô kneht unde dierne, die stelnt ir hêrschefte alles des ein teil, dâ mite sie wandelnt und umbe gênt. Sie stelnt daz holz, sie stelnt daz smalz, sie stelnt daz korn, sie stelnt daz mel; sô stilt der daz, sô stilt der diz; sô stilt der brôt, sô stilt der kaese, sô daz fleisch, sô daz ei: sie stelnt eht allez daz, dâ mite sie umbe gênt, unde verdiubent daz unde vermarkent ez heimlîchen unde ungetriuwelîchen ir hêrschaft, die in allez ir dinc bevelhent ûf ir triuwe und in dar zuo spîse unde lôn gebent.*

57 Vgl. dazu M. Riedel, »Gesellschaft, Gemeinschaft«, in: »Geschichtliche Grundbegriffe. Historisches Lexikon zur politisch-sozialen Sprache in Deutschland«, hrsg. von O. Brunner / W. Conze / R. Koselleck, Bd. 2, Stuttgart 1975, S. 801–862.

58 K. S. Bader, »Studien zur Rechtsgeschichte des mittelalterlichen Dorfes«, Tl. 2: »Dorfgenossenschaft und Dorfgemeinde«, Köln/Graz 1962, S. 267.

59 M. Weber, »Wirtschaft und Gesellschaft«, Tübingen 1972 (Nachdr. der 1. Aufl. 1922), S. 198.

60 So z. B. in seiner Ämter- und Berufslehre in der 2. Predigt (vgl. S. 8 ff.).

61 So z. B. in der dreiundzwanzigsten Predigt (vgl. S. 146 ff.), dann auch Pfeiffer, S. 280 u. ö. (*Daz ander gebraeche ist: daz dû dîn reht gewunnen guot niht ze gîteclîche halten solt unde dû ez den armen liuten mite teilen solt.*)

62 Diese Irrlehren verrieten jedoch den Ketzer: *swer dâ sprichet, swer zwêne röcke habe, der sulle durch got einen geben: swer des niht tuo sî êwiclîche verlorn. Pfî, unsaeliger ketzer! sô möhte halt nieman behalten werden, weder geistlîche noch werltlîche liute: jâ ist einem etewenne nôt, daz er den dritten dar zuo habe.* (Pfeiffer, S. 406). Vgl. dazu die siebzehnte Predigt, Anm. 24, S. 216.

63 E. Troeltsch, Gesammelte Schriften«, Bd. 1, »Die Soziallehren

der christlichen Kirchen und Gruppen«, Tübingen ^{3}1923, S. 296.

64 So z. B. in: Pfeiffer, S. 62 u. ö.

65 Zur Tradition der Stände- und Berufslehre vgl. die zehnte Predigt, Anm. 5, S. 202 f.

66 Vgl. dazu besonders die zweite und die zehnte Predigt (S. 16 ff. und S. 70 ff.).

67 »Summa contra gentiles« III,134; nach Friedrich Schreyvogel (Hrsg.), »Ausgewählte Schriften zur Staats- und Wirtschaftslehre des Thomas von Aquino«, Jena 1923, S. 169 f. Vgl. dazu auch W. Bienert: Arbeit (Theologisch). In: RGG Bd. 1, Sp. 543; E. Troeltsch [Anm. 63], S. 311 ff. und 342 ff.; K. Bosl, »Die Grundlagen der modernen Gesellschaft im Mittelalter. Eine deutsche Gesellschaftsgeschichte des Mittelalters«, Tl. 2, Stuttgart 1972, S. 261 ff.

68 Ähnlich auch »Fridankes Bescheidenheit«, hrsg. von H. E. Bezzenberger. Aalen 1962 (Nachdr. der Ausg. 1872):

Des wuochers pfluoc ist sô beriht,
ern slâfet und envîret niht:
er gewinnet nahtes alsô vil
sô tages, der ez merken wil.
sîn gewin allez für sich gât
sô al diu werlt ruowe hât (27,15–21).

69 Zum Bedeutungsfeld von *gîtikeit* bei Berthold vgl.: I. von der Lühe / W. Röcke, »Ständekritische Predigt des Spätmittelalters am Beispiel Bertholds von Regensburg«, in: D. Richter (Hrsg.), »Literatur im Feudalismus«, Stuttgart 1975, S. 61 ff.

70 So z. B. in der zehnten Predigt: *Die dritten daz sint alle die mit kouf umbe gênt. Der möhte man deheine wîse gerâten.* (S. 76). Vgl. dazu auch E. Schreiber, »Die volkswirtschaftlichen Anschauungen der Scholastik seit Thomas von Aquin«, Jena 1913, S. 30: Thomas schließt in seine Zustimmung zum Handelsgewinn den Gewinn aus Geldhandel, Geld- und Pfandleihe ein. Dabei unterscheidet er zwei mögliche Formen des Zinses: einerseits als Entschädigung für einen erlittenen Verlust, z. B. im Falle der Nichteinhaltung des Zahlungstermins *(damnum emergens)*, andererseits als Entschädigung für einen wegen der Darlehensvergabe verpaßten Gewinn *(lucrum cessans)*: solcher Art Entschädigung für mögliche Verluste sei nicht als ›Wucher‹ *(usura)* anzusehen, sondern als angemessenes Mittel, um Verluste zu vermeiden (nach J. Kulischer, »Allgemeine Wirtschaftsge-

schichte des Mittelalters und der Neuzeit«, Bd. 1. Darmstadt [4]1971 [reprogr. Nachdr. der 1. Aufl. München/Berlin 1928], S. 348.) – Zum kirchlichen Wucherverbot, seiner Tradition und Begründung, aber auch zu den vielfältigen Formen, es zu umgehen, vgl. M. Neumann, »Geschichte des Wuchers in Deutschland bis zur Begründung der heutigen Zinsengesetze«, Leipzig 1969 (Nachdr. der Ausg. Halle 1865).

71 J. Le Goff, »Zeit der Kirche und Zeit des Händlers im Mittelalter.« In: C. Honegger (Hrsg.), »Schrift und Materie der Geschichte. Vorschläge zur systematischen Aneignung historischer Prozesse«, Frankfurt 1977, S. 393 f.

72 So z. B. Pfeiffer, S. 59 f.: *Etslîcher leget mit gîtikeit über einander, ez haeten tûsent dar an gnuoc ze rehter wîse, wan er hât eht sîn alles gnuoc geschaffen unser herre, unde dâ von, daz ein ander, ein gîtiger, ze vil hât, des habent eteswâ hundert ze wênic, oder ez hât einer daz drîzic solten hân, unde laet ez ê ob im erfûlen, ê dan er ez den liuten lâze ze nutze werden.*

73 Wilhelm von Auxerre (1160–1229), »Summa aurea« II,21 (zit. nach: J. Le Goff [Anm. 71], S. 410).

74 Zur Entwicklung des Geld- und Kreditwesens im Mittelalter vgl. den Überblick bei J. Kulischer [Anm. 70], S. 106 ff., und bei H. Pirenne, »Sozial- und Wirtschaftsgeschichte Europas im Mittelalter«, München [2]1971, S. 117–137.

75 G. Duby, »Krieger und Bauern. Die Entwicklung von Wirtschaft und Gesellschaft im frühen Mittelalter«, Frankfurt 1977, S. 278.

76 Zu den Konsequenzen des vermehrten Geldumlaufs und des Kreditwesens für die grundherrliche Wirtschaftsorganisation vgl. H. Pirenne [Anm. 74], S. 82 ff. und J. Kulischer, [Anm. 70], S. 106 ff.; zur wachsenden Bedeutung der Konkurrenz auch in der Zunft-Korporation H. Bechtel, »Wirtschaftsstil des deutschen Spätmittelalters. Der Ausdruck der Lebensform in Wirtschaft, Gesellschaftsaufbau und Kunst von 1350–1500«, München/Leipzig 1930, S. 246 ff.

77 G. Duby [Anm. 75], S. 277.

78 G. Duby [Anm. 75] S. 268 f.

79 Vgl. dazu M. Neumann [Anm. 70], S. 4 u. ö

80 G. Duby [Anm. 75], S. 261.

81 Zu Regensburg vgl. vor allem K. Bosl, »Die Sozialstruktur der mittelalterlichen Residenz- und Fernhandelsstadt Regensburg. Die Entwicklung ihres Bürgertums vom 9.–14. Jahrhundert«, in:

»Untersuchungen zur gesellschaftlichen Struktur der mittelalterlichen Städte in Europa. Reichenau-Vorträge 1963–1964«, Stuttgart 1966, S. 93–213. Zu Augsburg vgl. W. Zorn, »Augsburg. Geschichte einer deutschen Stadt«, Augsburg o. J., und K. Bosl, »Die wirtschaftliche und gesellschaftliche Entwicklung des Augsburger Bürgertums vom 10.–14. Jh.«, München 1969 (Sitzungsberichte der Bayerischen Akademie der Wissenschaften, Phil.-Hist. Klasse, H. 3).

82 K. Bosl [Anm. 81], S. 6.

83 G. Duby [Anm. 75], S. 267. Vgl. dazu W. Zorn [Anm. 81], S. 119: 1288 stiftet Hartmann Langenmantel – die Familie ist durch ausgedehnte Geldleihaktionen bekannt – das Siechenhaus St. Servatius.

84 Heinrich von Meissen Frauenlob [Anm. 48], S. 43, Spruch Nr. 23.

Literaturhinweise

Die Bibliographie beschränkt sich auf eine knappe Auswahl aus der älteren und neueren wissenschaftlichen Literatur über Berthold von Regensburg. Zur Ergänzung sei verwiesen auf K. Morvay / D. Grube, »Bibliographie der deutschen Predigt des Mittelalters. Veröffentlichte Predigten«, hrsg. von der Forschungsstelle für deutsche Prosa des Mittelalters am Seminar für deutsche Philologie der Universität Würzburg unter Leitung von Kurt Ruh, München 1974, S. 37–44, sowie auf die umfassende Bibliographie bei D. Richter, »Die deutsche Überlieferung der Predigten Bertholds von Regensburg«, S. 286–292. Weitere Literaturhinweise finden sich in den Anmerkungen zu Übersetzung und Nachwort; sie sind in diese Bibliographie nicht noch einmal aufgenommen worden.

Ausgaben und Übersetzungen

Berthold, des Franciskaners deutsche Predigten, aus der 2. Hälfte des 13. Jahrhunderts, theils vollständig, theils in Auszügen hrsg. von Christian Friedrich Kling, mit einem Nachw. von August Neander. Berlin: Dümmler, 1824.

Berthold von Regensburg: Vollständige Ausgabe seiner Predigten mit Anmerkungen von Franz Pfeiffer. Mit einem Vorw. von Kurt Ruh. Bd. 1. Berlin: de Gruyter, 1965. (Deutsche Neudrucke. Reihe: Texte des Mittelalters. Reprogr. Nachdr. der Ausg. Wien 1862.) [Zit. als Pfeiffer.]

Vollständige Ausgabe seiner deutschen Predigten mit Einleitungen und Anmerkungen von Franz Pfeiffer und Joseph Strobl. Mit einer Bibliogr. und einem überlieferungsgeschichtlichen Beitr. von Kurt Ruh. Bd. 2. Berlin: de Gruyter, 1965. (Deutsche Neudrucke. Reihe: Texte des Mittelalters. Reprogr. Nachdr. der Ausg. Wien 1880.) [Zit. als: Pfeiffer/Strobl.]

Bertholds von Regensburg, des Franziskaners Predigten. Zum ersten Mal vollständig hrsg. und übertr. von Franz Göbel. 2 Bde. Schaffhausen: Hurter 1850–51. [In 2. Aufl. unter dem Titel: Berthold von Regensburg, des Franziskaners Missionspredigten. Regensburg: Manz 1857. 3. Aufl. ebd. 1873. Danach unter dem Titel: Predigten auf die Sonn- und Festtage des Kirchenjahres zeitgemäß bearbeitet. Regensburg: Manz, 1884. In 4. Aufl. Regensburg: Verlagsanstalt, 1906. In 5. Aufl. unter dem Titel: Die

Predigten des Franziskaners Berthold von Regensburg. Regensburg: Verlagsanstalt, 1929.]

Abhandlungen

Banta, Frank G.: Berthold von Regensburg. In: Die deutsche Literatur des Mittelalters. Verfasserlexikon. Hrsg. von Karl Langosch, 2., völlig neu bearb. Aufl. Bd. 1. Berlin / New York 1978. Sp. 817–823.

Bernhardt, Ernst: Bruder Berthold von Regensburg. Ein Beitrag zur Kirchen-, Sitten- und Literaturgeschichte Deutschlands im 13. Jahrundert. Erfurt 1905.

Gärtner, Theodor: Berthold von Regensburg über die Zustände des deutschen Volks im 13. Jhdt. Programm des Gymnasiums Zittau. Zittau 1890.

Gildemeister, Hermann: Das deutsche Volksleben im 13. Jahrhundert nach den deutschen Predigten Bertholds von Regensburg. Diss. Jena 1889.

Grimm, Jakob: Rez. der Ausgabe C. F. Klings. In: J. G.: Kleine Schriften. Bd. 4. Berlin 1869. S. 296–360.

Hofmann, C.: Neue Zeugnisse über Berthold von Regensburg. In: Sitzungsberichte der Bayerischen Akademie der Wissenschaften, Phil.-Hist. Klasse. Bd. 2. München 1867. S. 374–394.

Klapper, Josef: Berthold von Regensburg. In: Die deutsche Literatur des Mittelalters. Verfasserlexikon. Hrsg. von Wolfgang Stammler. Bd. 1. Berlin/Leipzig 1933. Sp. 213–223.

Lühe, Irmela von der / Röcke, Werner: Ständekritische Predigt des Spätmittelalters am Beispiel Bertholds von Regensburg. In: Dieter Richter (Hrsg.): Literatur im Feudalismus. Stuttgart 1972. S. 41–82.

Mertens, Volker: B[erthold] von Regensburg. In: Lexikon des Mittelalters. Bd. 1. München 1980. Sp. 2035 f.

Piffl, Rudolf: Einiges über Berthold von Regensburg. (Auf Grund seiner Predigten.) Obergymn. der Kleinseite. Prag 1890.

Rehorn, K.: Die Chronistenberichte über Bruder Bertholds Leben. In: Germania 26 (1881) S. 316–338.

Richter, Dieter: Die deutsche Überlieferung der Predigten Bertholds von Regensburg. Untersuchungen zur geistlichen Literatur des Spätmittelalters. München 1968.

Rieder, Karl: Das Leben Bertholds von Regensburg. Diss. Freiburg 1901–02.

Rockinger, Ludwig von: Deutschenspiegel, sogenannter Schwabenspiegel, Bertholds von Regensburg deutsche Predigten in ihrem Verhältnis zueinander. München 1903–04. (Abhandlungen der Bayerischen Akademie der Wissenschaften, Phil.-Hist. Klasse. Suppl., Bd. 23,2.) S. 211–300. Ebd. 1905–06. (Abhandlungen [...]. Bd. 32,2.) S. 473–536.

Schönbach, Anton E.: Rez. der Ausgabe Pfeiffer/Strobl. In: AfdA 7 (1881) S. 337–385.

Schönbach, Anton E.: Studien zur Geschichte der altdeutschen Predigt. Bd. 2: Zeugnisse Bertholds von Regensburg zur Volkskunde. Wien 1900. (WSB. Bd. 142,7.) – Bd. 3: Das Wirken Bertholds von Regensburg gegen die Ketzer. Wien 1904. (WSB. Bd. 147,5.) – Bd. 4–6: Die Überlieferung der Werke Bertholds von Regensburg. Tl. 1–3. Wien 1905–06. (WSB. Bd. 151,2; 152,7; 153,4.) – Bd. 7–8: Über Leben, Bildung und Persönlichkeit Bertholds von Regensburg. Tl. 1–2. Wien 1906–07. (WSB. Bd. 154,1; 155,5.)

Sokol, Anthony Eugene: Das Grundproblem der Gesellschaft im Spiegel Bertholds von Regensburg. In: Germanic Review 11 (1936) S. 147–163.

Stahleder, Helmuth: Arbeit in der mittelalterlichen Gesellschaft. München 1972, S. 158–313.

Stahleder, Helmuth: Das Weltbild Bertholds von Regensburg. In: ZBLG 37 (1974) S. 728–798.

Stammler, Wolfgang: Albert der Große und die deutsche Volksfrömmigkeit des Mittelalters. In: Freiburger Zeitschrift für Philosophie und Theologie 3 (1956) S. 287–319.

Stammler, Wolfgang: Mittelalterliche Prosa in deutscher Sprache. In: DPhiA Bd. 2. 2. Aufl. Sp. 749–1102.

Stromberger, Christian Wilhelm: Berthold von Regensburg, der größte Volksredner des deutschen Mittelalters. Gütersloh 1877. (Nachdr. Wiesbaden 1973.)

Mittelalterliche Literatur Deutschlands

IN RECLAMS UNIVERSAL-BIBLIOTHEK

Das Annolied. Mhd./Nhd. Hrsg., übers. und komm. von Eberhard Nellmann. 1416 [3]

Die deutsche Literatur. Ein Abriß in Text und Darstellung. Bd. 1: Mittelalter I. Hrsg. von Hans-Jürgen Koch. 9601 [4] Bd. 2: Mittelalter II. Hrsg. von Hans-Jürgen Koch. 9605 [4]

Deutscher Minnesang (1150–1300). Mhd./Nhd. Hrsg. von Friedrich Neumann. Nachdichtung von Kurt Erich Meurer. 7857 [2]

Gottfried von Straßburg: Tristan. Mhd./Nhd. Nach dem Text von Friedrich Ranke neu hrsg., übers. und komm. von Rüdiger Krohn. Bd. 1: Text. Verse 1–9982. 4471 [6] – Bd. 2: Text. Verse 9983 bis 19548. 4472 [6] – Bd. 3: Komm., Nachw. und Register. 4473 [4]

Hartmann von Aue: Der arme Heinrich. Mhd. Text und Nacherz. der Brüder Grimm hrsg. von Friedrich Neumann. 456 – Gregorius, der gute Sünder. Mhd. Text nach der Ausg. von Friedrich Neumann. Übers. von Burkhard Kippenberg. Nachw. von Hugo Kuhn. 1787 [3]

Heinrich der Glîchezâre: Reinhart Fuchs. Mhd./Nhd. Hrsg., übers. und komm. von Karl-Heinz Göttert. 9819 [3]

Heinrich von Morungen: Lieder. Mhd./Nhd. Text, Übers. und Komm. von Helmut Tervooren. 9797 [4]

Heliand und die Bruchstücke der Genesis. Einl. und Übers. von Felix Genzmer. 3324 [2]

Herzog Ernst. Ein mittelalterliches Abenteuerbuch. Mhd/Nhd. Hrsg. und übers. von Bernhard Sowinski. 8352 [6]

Das Innsbrucker Osterspiel. Das Osterspiel von Muri. Mhd/Nhd. Hrsg., übers. und komm. von Rudolf Meier. 8860 [2]

Johannes von Tepl: Der Ackermann aus Böhmen. Mhd. Text nach Arthur Hübner. Übers., Nachw. und Anm. von Felix Genzmer. 7666

König Artus und seine Tafelrunde. Europäische Dichtung des Mittelalters. In Zsarb. mit Wolf-Dieter Lange nhd. hrsg. von Karl Langosch. 9945 [10]

Konrad von Würzburg: Heinrich von Kempten. Der Welt Lohn. Das Herzmaere. Mhd. Text nach Edward Schröder. Übers., Anm. und Nachw. von Heinz Rölleke. 2855 [2]

Kudrun. Übers. von Karl Simrock, Einl. von Friedrich Neumann. 465 [3]

Meister Eckehart: Vom Wunder der Seele. Nhd. hrsg. von Alfred Schmid Noerr. 7319

Meistersang. Meisterlieder und Singschulzeugnisse. Hrsg. von Bert Nagel. 8977 [2]

Der münch mit dem genßlein. 13 spätmittelalterliche Verserzählungen. Hrsg. von Rolf Max Kully und Heinz Rupp. 9379 [3]

Neidhart von Reuental: Lieder. Ausw. Mit den Noten zu neun Liedern. Mhd./Nhd. Hrsg. und übers. von Helmut Lomnitzer. 6927 [2]

Das Nibelungenlied. Übers., Anm. und Nachw. von Felix Genzmer. 642 [4]

Oswald von Wolkenstein: Lieder. Ausw. Mhd./Nhd. Hrsg., übers. und komm. von Burghart Wachinger. 2839 [2]

Das Redentiner Osterspiel. Mnd./Nhd. Übers. und komm. von Brigitta Schottmann. 9744 [4]

Reineke Fuchs. Aus dem Niederdt. übers. und komm. von Karl Langosch. 8768 [4]

Sachsenspiegel (Landrecht). Hrsg. von Cl. Freiherr von Schwerin. Einleitung von Hans Thieme. 3355 [2]

Wernher der Gärtner. Helmbrecht. Mhd./Nhd. Hrsg., übers. und komm. von Fritz Tschirch. 9498 [3] – Meier Helmbrecht. Versnovelle. Übers. von Johannes Ninck. 1188

Wolfram von Eschenbach: Parzival. Mhd./Nhd. Übers. und Nachw. von Wolfgang Spiewok, Bd. 1: Bücher 1–8. 3681 [8] – Bd. 2: Bücher 9–16. 3682 [8] – Parzival. Ausw. Nach der Übers. von W. Hertz hrsg. von Walther Hofstaetter. 7451

Philipp Reclam jun. Stuttgart

Lateinische Literatur des Mittelalters und des Humanismus

IN RECLAMS UNIVERSAL-BIBLIOTHEK

Heinrich Bebel, Comoedia de optimo studio iuvenum / Über die beste Art des Studiums für junge Leute. Lat./Dt. (Barner u. a.) 7837 [2]

Einhard, Vita Karoli Magni / Das Leben Karls des Großen. Lat./Dt. (Coleman) 1996

Erasmus von Rotterdam, Colloquia familiaria / Vertraute Gespräche. Lat./Dt. (Rädle) 9822 – Familiarium colloquiorum formulae / Schülergespräche. Lat./Dt. (Wirth-Poelchau) 7784 – Das Lob der Torheit. (Gail) 1907 [2]

Hrotsvitha von Gandersheim, Dulcitius. Abraham. Zwei Dramen. (Langosch) 7524

König Artus und seine Tafelrunde. Europäische Dichtung des Mittelalters. (Lange/Langosch) 9945 [10]

Lateinische Gedichte deutscher Humanisten. Lat./Dt. (Schnur) 8739 [7]

Die Lieder des Archipoeta. Lat./Dt. (Langosch) 8942

Ludus de Antichristo / Das Spiel vom Antichrist. Lat./Dt. (Engelsing) 8561

Marsilius von Padua, Der Verteidiger des Friedens. (Kunzmann/Kusch/Rausch) 7964 [3]

Johannes Reuchlin, Henno. Komödie. Lat./Dt. (Schnur) 7923

Ruodlieb. Mittellat./Dt. (Knapp) 9846 [4]

Thomas von Aquin, De ente et essentia / Das Seiende und das Wesen. Lat./Dt. (Beeretz) 9957 [2] – Über die Herrschaft der Fürsten. (Schreyvogl/Matz) 9326

Waltharilied und die Waldere-Bruchstücke. (Genzmer) 4174

Jakob Wimpheling, Stylpho. Lat./Dt. (Schnur) 7952

Widukind von Corvey, Res gestae Saxonicae / Die Sachsengeschichte. Lat./Dt. (Rotter/Schneidmüller) 7699 [4]
